● 高等院校应用型专业心理学系列教材

沟通心理学

PSYCHOLOGY OF INTERPERSONAL COMMUNICATION

主　编　龙长权　张　婷

西南师範大學出版社
国家一级出版社　全国百佳图书出版单位

图书在版编目(CIP)数据

沟通心理学 / 龙长权，张婷主编. —重庆 ：西南师范大学出版社，2014.1

ISBN 978-7-5621-6512-5

Ⅰ. ①沟… Ⅱ. ①龙… ②张… Ⅲ. ①心理交往—社会心理学—通俗读物 Ⅳ. ①C912.1—49

中国版本图书馆 CIP 数据核字(2013)第 269416 号

沟通心理学

GOUTONG XINLIXUE

龙长权　张　婷　主编

责任编辑： 钟小族

封面设计： 尚品视觉 周　娟　钟　琛

排　　版： 王　兴

出版发行： 西南师范大学出版社

地址：重庆市北碚区天生路 1 号

邮编：400715　市场营销部电话：023-68868624

http：//www.xscbs.com

经　　销： 新华书店

印　　刷： 重庆紫石东南印务有限公司

开　　本： 760mm×990mm　1/16

印　　张： 14

字　　数： 282 千字

版　　次： 2014 年 5 月第 1 版

印　　次： 2022 年 1 月第 3 次印刷

书　　号： ISBN 978-7-5621-6512-5

定　　价： 36.00 元

前 言

如何提高沟通能力，是很多人感兴趣的话题。工作顺利、家庭美满、人际关系和谐、个人生理与心理健康，都与沟通有密切的关系。美国国会2008年的一项报告中，把沟通能力和解决问题的能力作为人才的核心竞争力。这些都表明沟通在我们的生活中起着非常重要的作用。

那么究竟该如何提高我们的沟通能力呢？沟通是为了在谈话中"赢"吗？沟通技巧的使用，是为了在人际交往中让他人无条件地按照我们自己的意愿行事吗？我们拒绝从这样的角度来理解沟通和沟通技巧。我们倾向于把沟通看成是一种实现我们个人成长的方式。沟通涉及的是自我与他人在环境中互动。在这种互动中，我们的沟通能力提升，人格得以完善；人格的完善又进一步提升我们的沟通能力。因此，我们主张在沟通中，既重视自我表达，也尊重他人并重视实现自我、他人与环境的和谐。萨提亚所倡导的表里一致的沟通，即在言语上尊重现实、尊重自己、尊重别人；情绪上稳定、乐观、开朗、自信；行为上接纳压力和困难、顾全大局、乐于助人；内心感受虽有时惶恐，但仍充满勇气和信心，有坚强的毅力，当时和事后心灵充满了坦然和安稳；心理反应合情合理、心平气和、泰然处之的沟通模式，正是我们所追求的目标。

基于对沟通的上述理解，我们主要从心理学的角度，同时也参考了应用语言学、社会学、人际关系学的研究成果，编写了本书，期待与广大的读者分享我们的理解，并提出了一些提高沟通能力的技巧与方法。全书分为八章。第一、二章重点在于揭示我们对沟通的理解，后面的六章重点介绍如何提高沟通能力的技巧与方法，并通过沟通技巧的练习和运用，促进个人的自我成长与完善。第一章“沟通概述”，由张恩泰编写；第二章“沟通中对他人与自我的认知”由王洪和马一丁编写；第三章“倾听”由郑红兰编写；第四章“言语表达”由吴利华和张婷编写；第五章“非语言交流”由王洪编写；第六章“沟通中的个体差异”由龙长权、王蔚默和陈刚编写；第七章“沟通中的情绪”由付彦编写；第八章“沟通中的冲突及其应对”由陈刚和王蔚默编写。全书由龙长权统稿，王洪和王蔚默协助统稿。本书在编写过程中力求通俗易懂，但又不以损失学术性为代价，因此不仅适合大专院校作为教材使用，也适合一般读者阅读。

感谢郑持军和任志林老师的支持。郑持军老师 5 年前就鼓励和敦促我们编写此书，现今虽说初步完成，仍是惴惴不安，实在是水平有限，有负郑老师的期许。也特别感谢郑老师对我们在生活和学术上的支持和鼓励。感谢任志林老师，没有任老师的大力协助，特别是在我们编写此书精疲力尽之时的鼓励，此书尚不知何日才能完成。感谢李靖同学，她通读了此稿，从一个普通读者的立场提出了很多意见和建议。感谢我的学生们。我多次开设此课程，学生们提出了很多建设性的意见，激励我在此领域继续努力学习。沟通心理学深刻地改变了我，使我能够更加坦荡地面对人生，也期待本书的出版能够影响到更多的人。

编者

2013 年 9 月 27 日

目　录

第一章　沟通概述

假如一个人一生下来就没有了与他人的交流，他的生活会变成什么样子呢？也许，他的生活将与动物没有区别。没有交流，人就不知道世界是什么样子，更不知道自己是谁，不知道为什么活在这个世界上。在本章中，你将会学习沟通的含义是什么，沟通的重要性体现在哪些方面，沟通有哪些要素，有哪些类型，沟通中主要的误区是什么，我们该怎样积极地沟通。

第一节 沟通的性质与过程

我们每天都要和人打交道。在家里会和爸爸妈妈、爷爷奶奶打交道，在学校里要和老师同学打交道。我们用语言传达信息，表达情感。从我们每个人的内心来说，我们都盼望自己是受欢迎的，希望别人能喜欢自己。老师希望受学生欢迎，学生也希望老师能喜爱自己。这样，大家都能处在一个温暖和睦的环境中，都会觉得很舒服，很开心。沟通具有一种魔法一样的能量，如果你有良好的沟通能力，你的学习和生活就会顺利。如果沟通能力欠缺，你就会觉得生活当中多多少少有些缺陷。我们的幸福和快乐、痛苦和烦恼、成功和失败，都和我们的沟通能力有关。

一、沟通的含义

1.沟通的定义

沟通是一个大家耳熟能详的词语，但究竟什么是“沟通”却众说纷纭。据不完全统计，“沟通”的定义有上百种之多。那么沟通的定义究竟是什么呢？我们可以先从“沟通”的渊源说起。

沟通之说其实自古有之，占传统文化主导地位的儒家学说，对礼仪、沟通、和谐等方面更是极为看重。《论语》中就有“忠告而善道之，不可则止，无自辱也”这样关于沟通技巧和沟通禁忌的记载。

《现代汉语词典》中关于沟通的解释是：“沟通：使两方能通连。”沟通本意是指开沟使两水相通，后来泛指两方相通，也有彼此疏通的意思。《左传・哀公九年》曰：“秋，吴城邗，沟通江淮。”后人因为看到水渠交叉，互相连通，于是联想到人与人的交流像水渠一样交汇往来，互相贯通，达到彼此一致，所以就用这个词来形容个人或群体中信息、思想和情感的传递，并且达成共同协议的过程。近现代以来，在一些著作和文章中更是频频出现沟通一词。

英文“communication”这个词既被译作沟通，同时还有交往、交流、交通、传达、传播等意。这些词语在汉语中意思尽管不尽相同，但是它们本质上都涉及了信息交换和交流，其基本含义是和他人分享共同的信息。

《大英百科全书》中将沟通定义为：“用任何方法，彼此交换信息，即指一个人与另一人之间用视觉、符号、电话、电报、收音机或者电视机等为媒介，所从事交换信息的方法。”

《韦氏大词典》认为：“沟通就是文字、文句和消息之交通，思想或意见之交换。”

斯蒂芬・罗宾斯认为，沟通就是“意义的传递和理解”。

赫伯特·西蒙认为,沟通可以被视为任何一种程序,借此程序,组织中的每一成员,将其所决定的意见或前提,传送给其他成员。

哈罗德·拉斯韦尔则认为,沟通就是"什么人说什么、由什么路线传至什么人,达到什么效果"。

库利认为沟通指的是人与人之间的关系赖以成立和发展的机制,包括一切精神象征及其在空间中得到传递、在时间上得到保存的手段。

此外,沟通还被解释为用语言、书信、信号、电讯进行的交往,是在组织成员之间取得共同的理解和认识的一种方法。

尽管对于沟通的理解不尽相同,但是,有一点是明确的并得到了多数人的认可:沟通是信息从发送者到接收者的传递过程。在这个过程中,人们进行交流,取得彼此的了解和信任,完成某种任务或达到特定的目的,或者建立良好的人际关系。

基于目前我们对沟通本质的理解,我们从心理学角度把沟通定义为:沟通是一种交流过程,在这个过程中,信息发送者凭借一定的符号载体,在个体或群体间向接受者进行传递并被理解的过程。在交流过程中,参与者经过交换信息、思想、情感和愿望的交流而建立社会关系的过程,会受到外在的、生理的、心理的因素的干扰。

2.沟通的实质

沟通是人类行为的基础,并且涉及各式各样的活动,如交流、谈判、劝说、讲授等。一个人要在这些活动中游刃有余,培养出高效的沟通技巧,首先就必须理解沟通的实质和内涵。

2.1 沟通是一种社会活动

沟通是人的沟通,而人是具有社会性的,这就从本质上赋予了沟通社会性的本质特征。对于个人或者组织而言,在所有的素质和技能中,沟通技能显得特别重要。世界上很多著名的大公司都把沟通技能当成招聘员工的一个重要标准。很多研究表明,合格人才最主要的特点之一就是具有较强的沟通能力,沟通能力将成为未来世界竞争的重要武器之一。之所以如此,是由沟通的社会性决定的。人是社会的人,就要与同事、朋友、组织等进行交际和联系。而沟通就是人与人之间、人与组织之间、组织与组织之间传播信息、思想,完成特定目标,实现共同发展的桥梁。

2.2 沟通是信息的传递

沟通用最通俗的文字表达就是信息交流,指的是主体将某一种信息传递给客体,并期望客体能做出相应反应的过程。如果仅仅停留在浅层次的理解上,人们会认为沟通既简单又平凡,例如,有的人认为沟通就是"说话"。其实不然,说话是个人或群体之间仅仅将信息进行了传递,并不能称为沟通,这就是"说话"和"沟通"的区别。

沟通首先是信息的传递。信息,从根本上来讲是一种符号象征。而信息的传递其实就是符号的传递。动作是符号,语气语调也是符号。在实际沟通中人们需要表达思想和感情,而思想和感情是人类高级的精神活动,本身看不见摸不着,要表达它们就需要借助某种可见的载体，于是人们发明了语言和文字。语言和文字的出现让人们之间的沟通更高效、更便捷，也成为沟通中信息传递的最重要的符号。

2.3 沟通要达到一定效果

如果有了信息的传递，是不是就一定是沟通呢？这还要看传递是不是有效果。例如，一个不认识汉字的人，当他看到“狗”这个符号时，理解的是什么呢？只是一个符号而已，没有任何意义。同样的，对于一个不懂英文的人来说，“dog”这个词只是一串字母而已，无任何意义。

要实现有效沟通必须具备两大条件：首先，信息发送者清晰地表达了信息的内涵，以便信息接收者能够确切理解；其次，信息发送者重视信息接收者的反应，并根据其反应及时修正信息的传递，免除不必要的误解。二者缺一不可。著名管理学大师德鲁克提出了有效沟通有四个基本要素：(1)受众能感受到沟通的信息内涵；(2)沟通是一种受众期望的满足；(3)沟通能激发听众的需要；(4)所提供的信息必须是有价值的。

二、沟通的重要性

生活离不开沟通，无论是生理健康还是心理健康，沟通都具有重要的作用，沟通还是人际交往的基础，是自我认同与自我成长的途径，是事业成功的得力助手。

1.生理健康离不开良好的沟通

沟通与我们的生存密切相关。一些有关孤儿院和收养中心的研究发现了人类的交流对婴儿的存活以及发育和成长都非常重要。例如，心理学家以早产儿为对象所进行的实验发现，增加与早产儿的沟通，并对他们进行按摩，有助于提高早产儿的存活率并帮助他们最终实现正常发展，而没有做这种实验处置的早产儿，则多数有这样或那样的问题。

沟通除了对婴儿的生存和发展有重要作用之外，对成人的生理健康也有影响。例如，一些研究表明，当人们长期被阻止与他人进行交流时，他们的身体健康状况将会恶化。同样，研究表明那些缺乏亲密友谊和家庭关系等充足社会联系的人，比那些拥有良好社会关系的人更容易患心脏病、高血压等重大疾病，更容易过早死亡，并且他们也更加容易受到感冒等日常疾病的侵扰，需要更长的时间从疾病和伤害中恢复过来。一项长达22年的研究发现，无论是50、60或70岁的男人，整体上已婚者都比未婚者活得久。那些在70岁之前就离婚的男性，比没有离婚的男性更容易因病去世。离婚男性、单身男性比婚姻中的男性患高血压、中风、心脏病的概率高2倍。美国路易斯维尔大学研究人员对过去60年中的研究进行了综合分析，涉及的研究对象约5亿人。结果发现，单身女性比已婚女性寿命平均低7～15年，单身男性比已婚男性寿命低8～17年。单身男性和单身女性的死亡危险分别高出已婚男性和已婚女性的32%和23%。在30～39岁的人群中，单身者死亡危险是已婚者的128%。一项针对8500位男性的研究发现，没有患十二指肠溃疡的男性如果报告太太对他们的爱和支持很低，5年后他们患十二指肠溃疡的概率，是其他人的2倍。离了婚的男性与女性，患癌症的概率是已婚人士的5倍。对澳大利亚1447人长达10年的研究中，通过控制年龄、收入、疾病、烟酒、运动等多个变量之后，发现良好的沟通对寿命是有益的。那些沟通良好的人有更长的寿命预期。总之，这些研究资料都表明，沟通与我们的生理健康有密切的关系。

2.健康的心理离不开良好的沟通

良好的沟通不仅有利于我们的生理健康，也有利于我们的心理健康。在智力活动和智力发展方面，沟通是必要的前提。人们对于因战争而独居深山数十年的特殊案例进行过研究，发现缺乏沟通对于人们的语言能力及其他认知能力都有损害。缺乏沟通机会的孤儿与保持正常沟通的儿童相比，智力发展明显延后。那些由非人类抚养长大的儿童，他们的智力不能达到正常儿童的水平。例如，媒体报道的"猪孩"王显凤的母亲痴呆，父亲是聋哑人，她最亲的两人都不能给予她应有的交流与教育，这使得王显凤自出生就没有机会接触语言与交流，11年与猪为伍，被发现时其智商只有39。此外，人们也发现了一些由狼、熊、羊等抚养的小孩，这些小孩的智力都受到了严重的损害。最为著名的狼孩卡玛拉经过7年的教育，才掌握4～5个词，勉强学会几句话，她死时估计已有16岁左右，但其智力只相当三四岁的孩子。

沟通对人的社会性活动也有重要的影响。大脑的发育，人的成长是建立在与外界环境广泛接触基础之上的。只有通过社会化的接触，更多地感受到和外界的联系，人才可能拥有更多的力量，更好地发展。有研究发现，那些长期生活在孤儿院的儿童，由于缺乏与他人的沟通与交流，他们难以入睡，不适应环境，缺乏自我控制，过分依赖成人，缺乏对他人的基本信任感，情绪上退缩，而且这些情况可以一直持续到成年时期。从这些事例可以看出，人类早期的社交活动，不仅对个体当时的生理和心理发展有影响，对他以后的发展也有重大意义。

沟通也影响成年人的心理健康。加拿大麦吉尔大学的心理学家赫布和贝克斯顿在1954年征募了一些大学生为被试进行了一项研究。在这项研究中，这些大学生每忍受一天的感觉剥夺，就可以获得20美元的报酬。当时大学生打工的收入一般是每小时50美分，因此一天可以得到20美元对当时的大学生来说可算是一笔不小的收入了，而且在实验中，大学生的工作好像是一次愉快的享受，因为实验者要他们做的只是每天24小时躺在有光的小房间里的一张极其舒服的床上，只要被试愿意，就可以躺在那儿白拿钱。

在实验的过程中，给大学生被试一定的吃饭时间、上厕所时间，但除此之外，严格地控制被试的任何感觉输入，为此，实验者给每一位被试戴上了半透明的塑料眼罩，可以透进散射光，但图形视觉被阻止了；被试的手和胳膊被套上了用纸板做的袖套和手套，以限制他们的触觉；同时，小房间中一直充斥着单调的空调的嗡嗡声，以此来限制被试的听觉。

参加实验的大学生们本以为实验为他们提供了一次安安心心睡上一觉的机会，他们正可以利用感觉被剥夺后的清静安宁，思考学业或整理毕业论文的思路，但学生们不久就发现，他们的思维变得混乱无章，没过几天就不得不要求立刻离开感觉剥夺的实验室，放弃20美元的报酬。实验后，学生们报告说，他们对任何事情都无法做清晰的思索，哪怕是在很短的时间内；他们感觉自己的思维活动好像是“跳来跳去”的，进行连贯性的集中注意和思维十分困难，甚至在剥夺实验过后的一段时期内，这种状况仍持续存在，无法进入正常的学习状态。还有部分被试报告说，在感觉剥夺中体验到了幻觉，而且他们的幻觉大多都是很简单的，比如有闪烁的光，有忽隐忽现的光，有昏暗但灼热的光。只有少数被试报告说他们体验到了较为复杂的幻觉，比如曾有一个被试报告说他“看到”电视屏幕出现在眼前，他努力尝试着去阅读上面放映出的不清楚的信息，但却怎么也看不清。

后续的大量的感觉剥夺实验都显示了在感觉剥夺情况下，人会出现情绪紧张、记忆力减退、判断力下降，甚至出现各种幻觉、妄想，最后难以忍受，不得不要求立即停止实验，把自己恢复到有丰富感觉刺激的生活中去。这些研究都一致显示，沟通对人的心理健康有非常重要的影响。

3.良好的人际关系离不开良好的沟通

我们每个人都生活在一定的社会群体之中，人际关系是个人和社会的一个纽带。人际关系并不是凭空建立的，沟通在其中起了非常重要的作用。美国石油大王洛克菲勒说：“假如人际沟通能力也是同糖或咖啡一样的商品的话，我愿意付出比太阳底下任何东西都珍贵的价格来购买这种能力。”由此可见，沟通是十分重要的，那些成功者是懂人际沟通、珍视人际沟通的人。

在现代社会，不善于沟通的人不但会失去很多机会，而且也将导致自己无法与别人协作。我们每一个人都不是生活在孤岛上的，只有与他人保持良好的协作，才能获取自己所需要的资源，才能获得人生的成功。现实中大多数的成功者都擅长人际沟通、珍视人际沟通。一个人能够与他人准确、及时地沟通，才能建立起牢固的、长久的人际关系，进而能够使自己在事业上左右逢源、如虎添翼，最终取得成功。

和谐美好的人际关系是我们心情愉快、感觉幸福的重要因素。大约有70%的人认为，自己的幸福感来源于良好的人际关系。那些快乐的人通常都认为自己拥有丰富的社交生活。而研究发现，沟通不畅是导致离婚或者亲密关系终止的重要因素，在离婚家庭中，大约45%的受访者认为沟通不良是他们离婚的重要因素。只要我们有诚意地去沟通，就能化解矛盾，减少冲突，构建良好的人际关系。

4.沟通是自我认同与自我成长的途径

苏格拉底的名言是：“认识你自己。”我们每个人都有认识自己的需要，我们每个人都想知道自己是一个什么样的人。例如，我们想知道自己是乐观的还是悲观的、是否聪明、是否有吸引力、是否值得信赖等。心理学家埃里克森把认识自己是谁、想成为什么样的人等关于自我的问题作为青少年所要解决的核心问题。心理学把我们认为自己会是怎样的一个人定义为自我认同感。没有建立良好自我认同感的人，他们的自尊很低，往往对生活没有明确的目标，不知道自己想要干什么，很迷茫，不能很好地胜任社会中的各种角色(例如，做一个好父亲、做一个好老师等)。那么，我们是怎么获得自我认同感的呢？沟通扮演着十分重要的角色。弗洛姆说，人类与生俱来就具有关系需求，强调每个人都会期待与他人产生情感上的关联，并借此来确定自己的角色、地位与存在的价值。我们可以通过与他人交流，通过他人的回应来认识自己，建立自我认同。如果人们把你当作害羞的人，那么你也会认为自己害羞。我们与他人的沟通方式，在塑造自我认同感的过程中，发挥着极为重要的作用。例如，自我认同感一部分是在与他人对比中形成的。如果你认为你是一个聪明的人，那么你也会认为自己比周围的人更加聪明一些。如果你认为你慷慨大方，说明你认为别人比你更吝啬一些。同时，我们的自我认同也是不断变化的，也需要在沟通中不断地进行完善，在沟通中展示自我认同。

自我认同的一个重要方面就是不断地完善自己，积极寻求生活的目的与人生的意义，形成完善的人格，成为理想中的自己。一项超过 112000 名美国大学生参加的调查显示，大约 75%的受访者会去探求生活的目的和人生的意义，并且曾尝试着和朋友们讨论这些问题。超过 60%的人认为，心灵愉悦、人格完善是生活快乐的重要源泉，大概 50%的人表示他们会寻找机会来完善自己。在人际沟通中，我们可以通过理解他人、认识自己、管理情绪等多个方面来完善自己，完善自己的人格。

5.事业成功离不开良好的沟通

哈佛大学教授、心理学家霍华德·加德纳提出了人类智力多元论，即人类有 7 种智力：语言智力、音乐智力、逻辑智力、空间智力、运动智力、人际关系智力和内省智力。语言智力主要是口述和文字语言的表现；而人际关系智力包括领导能力、交友能力、解决纷争的能力、分析社会生态的能力。加德纳对人际关系智力的定义是："能够认知他人的情绪、性情、动机、欲望等，并能做出适度的反应。"

在现实生活中，我们也可以发现，一个人的专业水平和沟通水平是相辅相成的。如果一个人只会干不会说，就不容易得到他人的理解和支持。一个人在科学技术上有了重大发明或发现，如果不能恰当地表达出来，那么，不管他的发明或发现多么了不起，也无法得到社会的认可。

沟通能力是人际交往的工具和桥梁，也是一个人综合素质的外化表现。许多人相信，有效的沟通是人们在工作和事业上取得成功的关键。在对 1000 位人事经理的调查中发现，被调查的经理们均把口头沟通和倾听能力列为工作所需的最重要技能。在另一项调查中，某大学的校友们回答，他们工作中最重要的技能是陈述、提问和回答问题及小组讨论。美国哈佛大学就业指导小组对几千名被解雇的男女雇员进行了综合调查，发现其中人际关系不好者比业务不称职者高两倍多；每年调动人员中因人际关系不好而无法施展其所长的占90%以上。美国一家杂志社的调查就发现，那些获得高额薪水的人，一个很重要的特点是他们有好的人际沟通，人际关系给了他们帮助。可见，沟通能力及人际关系与一个人的事业成败是息息相关的。如果一个团队能够沟通顺畅，上下合力，就能爆发出惊人的力量。所以沃尔玛公司总裁沃尔顿说："如果你必须将沃尔玛管理体制浓缩成一种思想，那就是沟通。因为它是我们成功的真正关键之一。"

生活中的心理学

即时通信技术的发展对沟通的影响

随着科学技术的发展，通信技术也得到前所未有的更新。除了传统的面谈、电话、传真、电报、书信等通信方式以外，新技术带来了诸如电子邮件、MSN、QQ、微博、微信、博客等新的以即时通信为代表的沟通媒介。即时通信技术下的沟通有大量的优势。即时通信具有信息易传输、高保真、容量大、处理快等特点，使人类的信息沟通超越了时空的限制，扩大了沟通方式的规模，加快了信息的传递，而联络方式的成本也更加经济，极大地提高了沟通效率，节约了沟通的成本。同时，即时沟通将"人—人"交流关系演变成"人—机—人"的关系，在沟通的过程中，主观上可以拉近或放远沟通的距离，穿越了时空的限制，且有着灵活性和自由性的特点。特别是即时沟通中匿名性的非面对面的沟通使人们在交流时不用太顾忌社会规范压力，能够充分宣泄和表达自己的情感，使交流的内容、范围得以扩大。早期人们担心即时通信技术的发展会使人们花大量的时间在使用网络上，从而减少了现实生活中与人的互动，影响他们的沟通质量与人际关系。然而，最新的一系列研究却显示即时沟通在很多情形下对人的沟通有正面的影响。例如，一些研究发现即时通信技术的发展并不会减少人们与家人和朋友的互动，他们会更加珍视与朋友在网络之外的互动。有研究报道那些经常在电脑上与朋友接触的人，会经常与朋友通电话或者见面来维持关系。由于部分即时通信技术的非同步性和文本性质，使得部分沟通者能够花更多的时间考虑如何更好地表达自己，从而提高了他们的沟通能力。部分即时通信技术的匿名性使得部分人更容易结交新朋友，扩大了他们的社会网络，同时也使他们得以在虚拟世界中展示不同的自我，从而使他们在现实中更好地认知自我，更好地提升沟通能力。

即时通信技术的发展对沟通也有消极的影响。即时通信带来便捷的同时也使人们越来越难以将生活与工作分开。例如，当你正在度假时，公司却通过电话、电子邮件来要求你处理工作。一项对1300名工作者的调查显示，那些越频繁使用电话的人，他们的幸福感就越低，与家庭成员的关系就越不和睦。导致这一现象的一个重要原因是频繁的电话使他们难以在非工作时间关注自己的家庭生活。这种影响对男女两性都存在，但对女性的影响更大。

三、沟通的要素

整个沟通过程由七个要素组成，包括信息源、信息、通道、信息接收人、反馈、障碍和背景。

1.信息源

信息源是具有信息并试图进行沟通的人。他们开启沟通过程，决定以谁为沟通对象，并决定沟通的目的。沟通的目的可以是为了提供信息，也可以是为了影响别人，使别人改变态度，或是为了与人建立某种联系，或纯粹为了娱乐。作为信息源的沟通者在实施沟通前，必须首先在自己丰富的记忆里选择出试图沟通的信息。然后，这些信息还必须转化为信息接收者可以接受的形式，如文字、语言或表情等。沟通准备过程的一个直接效果，是使人们对自己身心状态认识得更为准确。一个人每天获得的知觉、思想观念和感受是很多的。但是，在人试图将这些经验转化为可沟通的形式之前，这些经验是混沌的，缺乏足够的结构化。比如我们读一本小说，小说中情节和绝妙好词很多，但我们只有倾向性的印象，而缺乏确切的观念。只有在我们试图把小说讲给别人听，精心整理出思路、给出自己的评价和感受时，我们才真正了解了小说，了解了自己对小说的评价。有过准备讲稿经验的人有深切的体会，只有确切了解了某个时期或某种知识，你才讲得出，写得好。如果没有长时间的沟通准备过程，就常常会觉得有千言万语要说，但就是什么也说不出来。

2.信息

从沟通意向的角度来说，信息是沟通者试图传达给别人的观念和情感。由于个人的感受不能直接为信息接收者接受，因而它们必须转化为各种不同的可为别人觉察的信号。在各种符号系统中，最为重要的是语词。语词可以是声音信号，也可以是形象（图像、文字或手势）符号，因而它们是可被察觉、可实现沟通的符号系统。更为重要的是，语词具有抽象指代功能，它们可以代表事物、人、观念和情感等自然存在的一切。因此，它们也为沟通在广度和深度上提供了最大的可能性。

语词沟通是以共同的语言经验为基础的。没有相应的语言经验，语词的声音符号就成了无意义的音节，形象符号也成了无意义的图画。如果对不懂中文的人讲中文，那对方就不能从你的声音符号里面获得意义，沟通也就不能实现。另一方面，即使是使用同一种语言的人，对于同一个语词，不同的人在理解上常常是有区别的。因为对于任何一个语词的意义，不同的人都有不同的经验背景。由于不同的人在理解上存在差异，实际上完全对应的沟通是很少的，更多的沟通都发生在大致对应的水平上。日常生活中人们时常出现沟通的误解，也往往是由于对同一语词的理解不一致引起的。

3.通道

通道就是指沟通信息所传达的方式。我们的五种感觉器官都可以接受信息，但最大量的信息是通过视听途径获得的，日常生活中所发生的沟通也主要是视听沟通。

沟通方式不仅有面对面的沟通，还有以不同媒体为中介的沟通。电视、广播、报纸、电话等，都可以被用作沟通的媒体。下面介绍几种常见的沟通通道。

3.1 电脑媒介沟通

电脑媒介沟通包括使用 E－mail（电子邮件）、QQ、MSN、微博、微信、博客等。其中电子邮件得到了最广泛的应用，已经成为一种非常流行的沟通方式。现在许多员工上班的第一件事就是打开电脑，看一看自己的电子邮件。大多数的电脑媒介沟通，如电子邮件、博客、微博等采用的是书面语言沟通。这些沟通媒介的优势是可以传递大量的、准确的信息，甚至可以传递视频、音频。要进行大量信息的沟通时，电脑媒介沟通是非常好的一种方法。电脑媒介沟通一个非常明显的不足之处就是当你和对方要交流情感信息时，采用这种方式是不合适的。如果你和你的亲人朋友长期不见面，采用电脑媒介来沟通，时间长了，你的感情也可能会慢慢地淡化。

3.2 电话

电话是传统而常见的一种沟通方式。我们知道电话沟通也是语言沟通的一种，但是电话的语言沟通里不仅包含你说的内容，也包含了你说话时抑扬顿挫的语气，能够传递给对方一定的情感和思想。当然，电话与电子邮件相比，信息量会少一些，有时候可能会更不准确一些，因为口头语言不如书面语言准确。由于在电话沟通中，对方不可能一下子记住大量的信息，他会遗忘，所以说电话是一种传递一些短小的信息、简单思想情感的有效方式，如“你是否在家”“明天你是否来加班”等，工作中在确认某件事情的时候，用电话是非常好的。同时，电话有一个特别好的优势，就是它的反馈速度快，能够及时地做出某一个决定。当我们遇到紧急情况，首先想到是拨打 110、119 而不是发 E－mail。

3.3 面对面谈话

现在的通信设备发展迅速，很多人在沟通的过程中，由于习惯，他首先会选择电话或者选择 E－mail。但是，心理学家的研究发现，在各种方式的沟通中，影响力最大的仍是面对面的原始的沟通方式。面对面沟通时除了语词本身的信息外，还有沟通者整体心理状态的信息。这些信息使沟通者与信息接收者可以发生情绪的相互感染。此外，在面对面沟通的过程中，沟通者还可以根据信息接收者的反馈及时调整自己的沟通过程，使其变得更适合于听众。由于面对面沟通能够更有效地对信息接收者发生影响，即便是在通信技术高度发达的美国，总统大选时候选人也总是不辞劳苦地奔波各地去演讲。

4.信息接收者

信息接收者指接受来自信息源的信息的人。信息接收者在接受携带信息的各种特定音形符号之后，必须根据自己的已有经验，将其转译成信息源试图传达的知觉、观念或情感。这是一个复杂的过程，包括一系列注意、知觉、转译和储存心理动作。由于信息源和信息接收者拥有不同的心理世界，因此，信息接收者转译后的沟通内容与信息源原有的内容之间的对应性是有限的。不过，这种有限的对应在更多的情况下足以使沟通的目的得以实现。

5.反馈

反馈的作用是使沟通成为一个交互过程。在沟通过程中，沟通的每一方都在不断地将信息送回另一方，这种返回过程就称作反馈。反馈可以反映信息接收者接受和理解每一个信息的状态。如果反馈显示信息接收者接受并理解了信息，这种反馈为正反馈；如果反馈指示的是信息源的信息没有被接受和理解，则为负反馈。显示信息接收者对于信息源的信息反应处于不确定状态的反馈叫作模糊反馈。模糊反馈往往意味着来自信息源的信息不够充分。成功的沟通者对于反馈都十分敏感，并会根据反馈不断调整自己的信息。

反馈不一定来自对方，我们也可以从自己发送信息的过程或已发出的信息获得反馈。当我们发现所说的话不够明确，或写出的句子难以理解，自己就可以做出调整。相对于外来反馈，心理学家称这种反馈为自我反馈。

6.障碍

人类的沟通经常发生障碍，因此，分析沟通过程不能不分析障碍问题。我们可以将人类的沟通系统比作电话回路。在电话回路中，任何一个环节都可能出现问题，对沟通形成障碍。在人类的沟通过程中也有大致相同的情况。信息源的信息不充分或不明确（如得了相思病而整日坐立不安的人，会认为自己是病了而不是爱上一个人）、信息没有被有效或正确地转换成可以沟通的信号（如爱的感受没有被转换成让被爱者可以理解的语词表达）、误用的沟通方式（如以不当的讨好来表达爱慕）、信息接收者误解信息（如将爱慕者表达的关怀和帮助解释成他希望通过这种方式得到自己的帮助）等，都可能对沟通造成障碍。

此外，沟通者之间缺乏共同的经验，也难以建立沟通，来自两个完全不同的文化背景的沟通者是很难有效地交流信息的。例如，一个外国旅游者在一个乡村小店想喝牛奶，在纸上画了一头牛，结果店主真的牵来了一头大水牛。其实，即使在同一个国家，由于不同地区、不同民族有其独特的文化，类似的笑话也是经常发生的。足够的共同经验，是沟通得以实现的必要前提。

7.背景

沟通过程的最后一个要素是背景。背景是指沟通发生的情境。它是影响沟通的一个因素，同时也是影响整个沟通过程的关键因素。在沟通过程中，许多意义是由背景提供的，甚至语词的意义也会随背景改变而改变。同样一句“你真够坏的！”，如果是亲密朋友在家里密切交谈的背景下，那么这句话并不是谴责的意思，而可能意味着欣赏、赞美。可以设想，如果将这句话用于其他情境，例如，一种争吵的情境下，意义可能会是批评、指责，其所指的对象可能会做出辩解、愤怒等反应。

四、沟通的类型

沟通的类型是十分复杂的，我们的日常生活几乎与每种类型的沟通都有着密切的联系。在这里，我们主要讲几种人际沟通的分类。

1.语词沟通和非语词沟通

语词沟通是指以语词符号实现的沟通。而通过非语词符号，比如动作、表情、接触、姿势以及非语词的声音和空间距离等实现的沟通叫作非语词沟通。

语词沟通是沟通可能性最大的一种沟通，它使人的沟通过程可以超越时间和空间的限制。人不仅可以通过文字记载来研究古代人的思想，还可以将当代人的成就传给后代。借助于传播媒介，一个人的思想可以被很多人分享。所有这些，没有语词都无法实现。

非语词沟通的实现有三种方式。第一种方式是通过动态无声性的目光、表情动作、手势语言和身体运动等实现沟通；第二种方式是通过静态的无声性身体姿势、空间距离和衣着打扮等实现的一种沟通，这两种非语词沟通被统称为身体语言沟通。而第三种非语词沟通的方式是通过非语词的声音来实现的，如重音、声调的变化、停顿、哭、笑等。心理学家将非语词的声音信号称为副语言。比如一句简单的口头语“真棒”，当音调较低、语气肯定时，“真棒！”表示由衷的赞赏；而当音调升高、语气抑扬时，则可能会变成刻薄的讥讽和幸灾乐祸。

2.口语沟通和书面沟通

口语沟通和书面沟通是语词沟通的基本形式。口语沟通是指借助于口头语言实现的沟通。通常提及口语沟通时，一般都是指面对面的口语沟通，而通过广播、电视等实现的口语沟通通常被称为大众沟通。

开会、讲课、讨论、交谈等都属于口语沟通。口语沟通是保持整体信息交流的最好方式。口语沟通时，可以及时得到反馈并据此对沟通过程进行调节。口语沟通中，沟通者之间相互充分作用，因而沟通影响力大，不过，与书面沟通相比，口语沟通中的信息保留全凭记忆，因而容易失误。鉴于此，在正式的公共场合人们多采用口语沟通和书面沟通相结合的方式。

书面沟通即借助于书面文字材料实现的信息交流。通知、广告、报纸、杂志、文件等都属于书面沟通形式。书面沟通由于有机会修正内容和便于保留，因此沟通不易失误，准确性和持久性也较高。同时，由于阅读接受信息的速度远比听讲快，因而单位时间内的沟通效率也高。但是，由于书面沟通缺乏信息提供者背景信息的支持，因而其信息对人的影响力较低。当然，有一种情况是特殊的，即权威的文件所激发的重视程度远比口头传达强。

3.有意沟通和无意沟通

在多数情况下，沟通都是具有一定目的的，这种沟通是有意沟通。但是，有时我们虽然事实上在和别人进行着信息交流，而我们却没有意识到沟通的发生，在这种情况下，沟通就是无意沟通。

有意沟通很容易被理解，每一个沟通者，对自己沟通的目的都会有所意识。通常情况下的谈话、打电话、发信、讲课、写文章、发微博，甚至闲谈，都是有意沟通。表面上，闲谈好像没有目的，实际上，闲谈本身就是沟通目的，沟通者可以通过闲谈消磨时光、排解孤独。

无意沟通常常不容易被人所认识。事实上，出现在我们感觉范围中的任何一个人，都会与我们存在某种信息交流。心理学家发现，如果你一个人在路上跑步或骑车，那速度常常较慢。如果有人（无论你认识与否）和你一起跑，或者一起骑车，你的速度会不自觉地加快。同样的现象也发生在别人身上。显然，你们彼此有了信息沟通，发生了互相影响。你走在大街上，无论来往行人的密度有多大，你也很少与别人相撞，因为你与他人在走路过程中，随时调整彼此的位置，你在与许多人保持着信息交流。

4.正式沟通与非正式沟通

正式沟通指在正式社交情境中发生的沟通，而非正式沟通指在非正式社交情境中发生的沟通。每个人在日常生活中都离不开这两种沟通。在正式沟通中，如参加会议、发表讲话等，我们对于语词性的、非语词性的信息都会高度注意。语言上用词也会更加准确，并会注意语法的规范化。此外，对于衣着、姿势和目光等也会十分注意。人们希望通过这些表现为自己营造出一个好的形象，以便给别人留下良好印象。而在非正式沟通过程中，如小群体闲谈、夫妻居家生活等，人们的行为会更放松，沟通者对于语词和非语词信息的使用都比正式沟通随意。

5.个人内沟通和人际沟通

沟通不仅可以在个人和他人之间发生，也可以发生在个人自身内部。发生在个人自身内部的沟通过程就是个人内沟通或自我沟通。

自言自语是最明显的自觉的个人内沟通过程。一个人在做事时，时常对自己发出各种命令，自己选择接受或者拒绝。小孩搭积木时，常常会念念有词："这块应该放这。不对，应该放这。对，就是这。"这就是典型的自我沟通过程。

自我沟通过程是一切沟通的基础。事实上，人们在对别人说出一句话或做出一个举动前，就已经经历了复杂的自我沟通过程。只不过，只有你在必须对一句话反复斟酌，或对一个举动反复考虑时，你才清楚地意识到这种过程的存在。自我沟通过程是其他形式的人际沟通成功的基础。精神分裂症患者由于自我沟通过程出现了混乱，因而不能与别人有真正的沟通。

人际沟通则特指两个或两个以上人之间的信息交流过程。这是一种和日常生活关系密切的沟通，我们与别人关系的建立和维系，都必须靠这种沟通来实现。

复习巩固

1.沟通的重要性体现在哪些方面？
2.完整的沟通过程包含哪些要素？
3.人际沟通的主要类型有哪些？

第二节　沟通的基本原则

在日常生活中，自始至终保持有效沟通、保持一团和气的人际关系是不现实的。在现实生活中，和有些人一起，我们会觉得比较舒服、开心，能一起商量解决问题。和另外一些人在一起，我们会觉得不舒服，觉得没办法谈拢。对于这两种情况，有的人会说，这就是"缘分"。我们交往得好，沟通得好，说明我们投缘；如果不能，说明我们没有缘分。其实，人和人的关系虽然是双方面的，可是，只要有一方努力，也能改善关系。因为我们改变自己的行为，别人也会做出相应的回应。最为重要的是，我们的确可以通过提高我们的沟通技巧，来改善与他人的关系。

一、沟通中的误区

在沟通中，有两种常见的通病，妨碍了沟通。

1.没有考虑到每个人对问题的不同看法

第一种沟通中的通病，是没有考虑到每个人对问题的看法不同。我们都想与他人能够通过沟通来解决可能发生的任何问题。但在努力实现这一目标时，我们很可能不会意识到，对方看待问题的角度与我们的不同。通常，我们都会认为自己做的事情是正确的。然而，我们自己认为对的，并不一定是对的。有这样一个故事。和尚跟屠夫是好友。和尚早上要起来念经，而屠夫要起来杀猪。为了不耽误各自工作，便约定早上互相叫对方起床。多年后和尚与屠夫去世了，佛祖让屠夫去了天界，和尚却下了地狱。和尚很不理解，他觉得他天天念经，应该他去天界才合理啊。佛祖却说，屠夫天天做的是善事，因为他是叫和尚起来念经；相反，和尚做的事情，却是天天叫屠夫起来杀生。有时，双方的观点都可能是对的。例如，你看下面这幅图，你觉得图上画的是一个什么人呢？

少女老妇两可图

你可能觉得图上画的是一个老妇人，而另外的人会觉得画的是一个少女。无论觉得图上画的是老妇人，还是少女，其实都是正确的。之所以出现这种分歧，是因为彼此观察的角度不同。换言之，事情并不总是非此即彼的，可能大家的看法都正确，只是观察的角度不同。同样的，在生活中不同的人也会对同一问题有不同的看法。例如，你可能会觉得某部电视剧非常不错，可另外的人会觉得那部电视剧不好看。只有理解了这些不同之处，双方才有可能解决所面临的问题。通常，我们在看问题时，会不知不觉地夸大自己，贬低别人，从而加剧了彼此之间的冲突，导致沟通变得困难。例如，在人际沟通中，如果你看重合作、理解和诚实等品质，你几乎可以肯定地认为自己更易与他人合作、更具理解力、更注重诚实。然而，对方可能并不这样看你。同样，如果你和对方关系不佳，又存在严重的冲突，那么对方也就会认为你缺乏这些品质。这时，沟通的双方都很容易把沟通中出现的问题推给对方，认为是对方的过错。即使认识到自己错了，也会觉得自己比对方强得多，甚至会认为对方根本就听不进去意见，不值得交谈，使沟通变得更加困难。讨论不同意见可能会使沟通过程不那么愉快，然而这是唯一能够成功解决问题的办法。

2.过分看重对等

沟通中的第二种常见的通病是过分强调在沟通中要对等，认为良好的沟通就是“你想人家怎样对待你，你也要怎样待人”。良好的沟通，也确实通常是互利的。就比如我们认为如果昨天同学借了我一支铅笔，后天我向同学借一块橡皮擦，这是没问题的。因此，我们会不由自主地认为，良好的沟通是建立在互利互惠的基础上的。其实，这种想法有时会妨碍沟通。完全寄希望于别人采取与自己相同的做法是不牢靠也是不明智的。不要以为如果你投别人所好，别人也会以同样的方式回报你，这一点非常重要，特别是各方所持观点不同时尤其如此。有时即使你觉得自己的行为符合标准，别人还是有可能认为你做得挺糟，甚至会因此感到愤怒，转而采取敌对方式。

更为严重的是，把“你想人家怎样对待你，你也要怎样待人”作为沟通中的法则的人，甚至会在沟通中出现“以牙还牙”的敌对行为。采取这种方式，多半是出于没有善待对方的心理，或者是基于这样一种想法，即只有惩罚你的恶劣行为，你才能善待我。但无论如何，这种做法于事无补。我往坏处去解释你的行为，并以同样坏的方式对待你，你则以其人之道还治其人之身，结果是彼此没法沟通，误解增多，信任消失。这种情形下的一个典型例子就是两个人都等着对方先道歉。随着时间一分一秒地过去，彼此的怨气在上升，便越发拿定主意不先道歉。一声迟来的、极不情愿的道歉使得原来早能解决的问题变得难以解决。

二、沟通中常见的困惑

沟通的困惑，更多地来自朋友间的沟通。两个人一起合作，参加市里组织的机器人大赛，比赛结果不理想。如果两个人的关系很好，他们可能会觉得输了比赛不要紧，好好地总结，争取下次赢得比赛。而关系不怎么好的两个人，则可能引发一场激烈的争吵，相互指责、挑毛病，结果不欢而散。因此，很多人都希望既能良好地沟通以解决冲突和分歧，又可以保持良好的友谊。由此，他们也就产生了很多常见的困惑。

1.沟通中应该无条件地赞同对方吗

很多人认为，友谊最理想的情况就是我们关系非常好，两个人对任何事情和事物的看法都相同，没有任何分歧。因此，在与朋友打交道时，他们会认为言听计从的关系是好的友谊。一些人倾向于在生活中要么无条件地支持他们的朋友，要么就执意要求他的朋友同意自己的观点以促成他们之间的良好友谊。他们害怕如果和对方发生争执，会损害彼此之间的友谊。而当另外一方的行为使自己感到不满时，为了表示对另一方行为的强烈不满，他们通常会终止与对方的交往，说：“他做的这件事情太过分了，我再也不想理他，再也不想和他玩了！”

其实，这是人际交往中的一种误会，是对良好友谊的一种错误认识。良好的友谊并不依赖于意见是否一致。通常，人们会认为尊重“诤友”是一种高贵的品格。“诤友”就是那些能当面提出不同意见的朋友，这种朋友往往比那些没有什么分歧的朋友更加珍贵。此外，不管我们多么坚定地认为对方应该怎么做才是最好，都不能把自己的观点强加于别人，否则不仅不能改善关系，而且还容易为将来更大的冲突埋下种子。

拒绝与对方打交道并不是一个好主意。因为拒绝与对方打交道无助于问题的解决，特别是对那些以后在日常生活中还必须继续打交道的人来说，拒绝与其打交道一定会影响今后问题的解决。同时，认为好的友谊就应该赞同他人，也是用沟通的好坏来衡量友谊关系的一种误解。有时候，“相互之间不说话”并不意味着关系已经破裂；“无所不谈”也并不表明双方关系很亲密。因此，良好的友谊并不是良好沟通的前提，良好沟通也并非是良好友谊的充分条件。

2.沟通中应该不断让步吗

朋友间沟通的另一困惑是“为了保持友谊，我是不是需要在沟通时不断地让步？”一些人确实把对方做出实质性让步作为实现“良好”友谊的条件。例如，他们会说：“如果你让我抄作业，我就和你做好朋友。”另一些人则相信他们可以通过实质性让步“换取”良好友谊。每当别人提要求时，他们会不断地让步，表现得很顺从。例如，对方说：“我想溜出去玩，你就帮我向老师请病假嘛。”他会说：“哦，这是很小的事情，我会帮你办。不值得让这个问题破坏我们的友谊。”

喜欢在交往中通过让步来建立良好关系的人，通常会认为在人际交往中，双方让步越多，矛盾就越少，因而就越容易建立良好的关系。诚然，有时在某些问题上做些让步是明智的。但是，通常让步只是为了解决存在的问题，不能指望用它来改善双方的关系。寻求良好的人际关系，实际上是一个做出双方都能接受的解决方案的过程。这个过程需要双方能够彼此谅解、彼此信赖、和谐沟通，光靠在实质问题上不断让步是不能获得这些的。

在人际交往中不断地做出实质性的妥协，对方就会知道，在你们之间的交往中，他们可以指望我们做出让步。通过让步来换取一种关系，就好像向勒索者屈服一样，你付得越多，对方索价就越高。向对方妥协或要挟勒索，就不可能为将来公平解决问题打下基础，一个公平合理地解决问题的机制就永远也建立不起来。导致的后果是双方解决新问题的能力被削弱，且无助于建立一种解决未来问题的机制。同时，只要在人际交往中任何一方有被勒索的感觉，那么他的情感就会受到伤害，从而破坏关系。良好的关系并不是一件商品，是不能买卖的。没有人喜欢被收买的感觉。因此，为了拥有良好关系而做出实质性让步，只能适得其反。例如，在朋友关系中，所有的事情你都做出让步，刚开始的时候，你们的关系可能进展顺利，可是时间久了，对方会觉得你的存在是可有可无的，因为你的朋友需要一个有思想、有观点、有情趣的人。

3.自己主动沟通，还是等对方先做出想沟通的举动

人际沟通中一个很大的困惑是自己想主动沟通，以解决问题，改善关系，可是对方似乎没有这方面的意愿。出现这种情况该怎么办呢？是自己主动出击呢，还是等对方先有行动再说？当我们希望解决问题，改善同别人的关系时，我们往往会问：“他们应该做什么？”这种习惯性的想法反映了人们普遍持有的一种观点，即解决问题、改善关系应当由对方来努力。换言之，就是既然一方想主动沟通，改善关系，他必须为此付出一定的代价。不管双方提出的要求是多么正当合理，但通过迫使一方付出代价来解决问题、改善关系，对双方将来处理分歧没有任何好处，甚至可能会导致双方提出更多的单方面要求，彼此都不是以共同合作的态度来解决问题，从而破坏关系。有效维护共同的利益、明智解决彼此的冲突对双方都有利。没有理由让某一方做出单方面实质性让步从而使双方满意。良好沟通的基础是平等，即使短期内一方从中获得的好处多于另一方，从长期来看，双方应该是平等互惠的。

在与他人沟通时，我们更能掌握自己的行为而不是别人的，因此，我们更应该想一想自己究竟能做些什么来改善沟通。虽然良好沟通的建立至少需要两个人，但是如果想改善沟通，一个人的努力就已经足够了。只要我们对建立良好的沟通持积极主动的态度，就能够改善沟通。因为一个人的积极行为，往往会导致对方也做出积极的回应。良好沟通的关键是对建立和维持良好的沟通持积极的态度，对双方都有利的事情，一定要去做；损人不利己的事情，一定不要做。

总结沟通中常见的困惑和误区，我们可以看到，在良好的沟通中，我们需要做到：

(1)摆脱偏见。我们必须考虑到双方看问题的角度不同。我们需要摆脱那种以为自己拥有真知灼见、出错总在对方的观点。尽管每次我们都坚信自己是正确的，但是如果总认为对方错误的话，双方根本就无法交往。

(2)持开放的态度。我们应当随时修正自己的看法，不要形成对人对事的固定看法。你的对手也可能有一天会成为伙伴。你现在不能接受的观点，以后也许会接受。

(3)放弃对等原则。我们不应当等待对方先作出表率，也不要认为对方会以我们为榜样。

(4)不受意见不一的影响。良好的沟通并不要求沟通双方意见完全一致。诚然，双方意见一致，相处起来会容易得多；分歧越是严重，就越是需要有良好的沟通。

(5)做出让步并不是必须的。良好的沟通并不一定需要任何一方做出让步。

(6)积极主动。良好的沟通，依赖于我们积极主动的行为。我们积极主动的行为，通常也会带来对方积极主动的回应。

三、良好沟通的基本原则

想要有良好的沟通，想要处理好人际冲突，就要有一种基本的原则，就是无论与谁交往，我们都要努力采取既有助于与对方合作，促进彼此之间的关系，又能给自己带来好处的措施。即使对方不这样做，不遵循这样的原则，我们也要坚持。这就是说，良好的沟通，要以积极的心态开始。以积极的心态开始沟通，具体包括：保持理智与情感的平衡，试图理解对方，做决定之前征求和倾听对方的意见，让人信赖，不强迫，接受他人。

1.保持理智与情感的平衡

人都是有感情的。在人际交往中，也会有感情的因素。情感的范围很广，有些情感是积极的，例如，我们在沟通中感到愉快、高兴；有些情感是消极的，例如，我们在沟通中感到沮丧、害怕、愤怒。我们在沟通中有情感是正常的、必要的。我们感到高兴或愤怒，就像我们感到饿了、渴了一样，是一种自然的反应。情感也是不可选择、不以我们的意愿为转移的，因此，也就不必对情感做出评价，认为高兴等积极的情感就是好的，悲伤等消极的情感就是不好的。关爱和同情可以帮助我们加强沟通，愤怒的情绪也能激励双方积极合作以打开局面。无论是积极的还是消极的情感，都是真实的，都是我们自然而然的感受。

情感在人际沟通中起着非常重要的作用，因为情感能够帮助我们了解自己和他人。事实上，理智也离不开情感，光有道理也不足以保证良好的沟通。因此，我们的理智与情感要保持平衡，既要有情感充实的理智，也要有受理智引导的情绪。这样，才能进行更加良好的沟通。

任何激动情绪一旦控制了我们的行为，就会破坏沟通。正在气头上的时候，我们可能不会愿意与对方沟通。大发雷霆的时候往往不能做出明智的决定。甚至过分积极的情感，也可能使我们盲目地行动。几乎所有人都有这样的经历，在友谊的光环下或一时兴奋之中做出的承诺往往一经考虑就会追悔莫及。

过于强烈的情绪会使问题恶化，但我们不能因此而压抑情感。情感是动力之源。我们愿意做某件事是因为我们乐意，或者觉得它具有挑战性。情感过于冷淡，也会影响沟通和人际关系。如果没有一定程度的感情投入，包括对彼此的关心，双方就很难进行良好的沟通。完全用冷静、理性的眼光来看待世界，会使我们不能体验到重要的人生经历，没有这些情感经历，我们可能无法理解他人，从而无法有效地处理分歧。因为在良好的沟通中，至少在某种程度上，我们应该体会一下对方的心情。如果我们对别人的感受不闻不问，双方之间的沟通就会受到影响。有了感情的指引，我们才能体会到别人如何对待我们以及我们需要的是什么，才能够实现良好的沟通。

因此，在沟通中，无论在何种情况下，情感和理智应当相辅相成，而不应让任何一方占据上风。要做到情理通达，合情合理，以加强双方共同解决分歧的能力。

2.试图理解对方

有时，不良的沟通可能来源于误解。有位爸爸，他的儿子不认真吃饭，吃饭的时候不断从椅子上下来玩玩具。当时爸爸在另一个房间看书，叫儿子回到椅子上老老实实吃饭。没一会儿，孩子从厨房里出来跑到爸爸身边。爸爸往厨房里一看，盘子里还剩着饭菜，便打了孩子，叫他回去吃饭。事实上，儿子嘴里含了一大口饭，跑过来让爸爸看他正吃着呢。如果父亲能很好地理解儿子，这个误会就不会产生。在沟通中，很多时候我们可能没有注意到对方看问题的角度，也没有意识到理解对方的想法有多么重要。要想有效地沟通，我们应当时时认为自己了解对方还不够，应该更多地去了解对方。理解越多，冲突就越少。一般来说，我们总是自然地认为需要对方了解更多的情况，而没有意识到自己同样也需要更多地去了解。

然而，要完全了解所有跟我们打交道的人是不现实的。那我们在沟通中要把注意力集中在与解决问题有最直接关系的那一面：眼下你想通过沟通达到什么目标？你对于自己和这个问题是怎么看的？你最关心的根本问题又是哪些？为了理解对方看问题的视角，我们需要放弃一些先入为主的观念。不要认为别人的视角很“奇怪”，因为他们自己完全不这么想。我们应当了解对方是怎么合乎情理地持有这些观点的，以及他们持这些观点的原因。

3.做决定前征求和倾听对方的意见

通常来说，如果我们在沟通中希望更好地解决彼此之间存在的问题，那么我们在做出与对方有关的决定之前，应先同对方商量，征求对方的意见。如果你是在做出决定之后才告诉对方，这显然是不合适的。

协商并不要求双方取得一致意见，只是保证一定会采用对方的建议，但应该将待定的事情告诉对方，征求并听取对方的意见和观点，并在做决定时将这些意见考虑进去。这样的协商应成为建立良好沟通与合作关系的标准。

协商有助于控制情绪，使自己做出合情合理的决定。做决定前征求和倾听对方的意见，会给予我们更多思考的时间，减少仓促做出决定所导致的风险。同时，协商的做法也利于我们控制情绪，避免不良情绪对双方沟通造成破坏性影响，以及这种情绪化的沟通给双方关系带来不良后果。

协商有助于促进了解。假如我在做出影响到你的重大决定之前都事先同你商量，久而久之，双方之间的相互了解就会加深。我让你知道我的计划和想法，同时征求你的看法、观点和建议，倾听并重视你的观点。这种做法会增进彼此的了解。

协商以增加可信度。如果没有事先通知就做出与你有关的决定，你会感到惊讶甚至愤怒。将单方面做出的决定摆在你面前，且不容修改，会让你有种被强迫接受的感觉。假如这种情况经常发生，你就会觉得对方的行为令人捉摸不透，不值得信赖。你会慢慢地开始不信任对方。如果对方在做决定前先征求你的意见，预先告诉你计划的内容并且确保不临时变卦，这样你就能信赖对方。

4.让人信赖

信任通常被认为是实现良好沟通最重要的因素。几乎在所有情况下，双方都愿意看到彼此拥有更多的信任。如果高度信任对方，就可以毫不怀疑地接受对方之言，相信对方的承诺。反之，极度不信任会导致摩擦，使问题难以解决。如果我不信任你，我也许根本就不愿意同你打交道。因此，以积极的心态沟通，重要的一步是让他人觉得自己值得信赖。如果我们值得对方信任，不管对方是否同样值得我们信任，我们的言行肯定会减少争端。我没有欺骗你，你就没有理由生我的气或反过来欺骗我。如果我诚信可靠，你也知道这一点，我的话对你影响力就更大。你会更加看重我说话的真实性和做出的允诺，你也没什么可疑神疑鬼的，双方能更好地解决问题。怎么让别人觉得自己值得信赖呢？有四个法宝能使别人更加信赖我们，这就是靠得住、不含糊、守信用、重诚实。

4.1 靠得住

如果我们的行为反复无常，那么我们将无法取得别人的信任。当我们做事让人摸不着头脑、犹豫不决或时常出岔子，我们就该注意了。有时我们随便说的一句话，别人却当了真，这就会破坏我们的可信度。例如，有朋友问你，你什么时候回家，你随口回答说:“上午9点应该到家了。”你朋友可能当真了,9点15分到你家来跟你玩。结果,你9点半才到家。你朋友当然很生气,你却认为你只是尽量估计了大致回来的时间,并没有说9点一定回来。如果你经常说话不当回事,对方却总以为是说定了,几次之后,对方完全有理由认为你这个人不可靠。即使做出承诺,对方也认为仍然会有问题。因为有些人很重视信守诺言,有些人却不怎么把它当回事。这时,问题并非在于是否故意欺骗他人,而是无法了解别人现在对问题的看法以及思维方式。

有人会说,我们在不同场合有不同的做法,这与谎言和骗术毫不相干。因为随着时间的推移,新的思维和情况的变化会使我们的行为发生改变。因此,即使别人再怎么了解我们,也不能准确预测我们以后的行为。虽然是这样,但是,我们仍然能够采用一些措施使别人能够对我们的行为做出一定的预测。例如,我们答应别人做到的事情,可能突然发现完成起来有困难,这时我们就应尽快让对方知道。告诉对方问题所在,让对方不要着急,并告知对方你正在想办法解决。这样做无形中会增加别人对我们的信任。做决定前同别人商量,同样也会增加自己行为的可靠性。你的朋友会知道,你会在做决定前和他商量,不会做出出乎意料的事情,因此值得信赖。

4.2 不含糊

在沟通中,要使人觉得我们值得信任的重要方面,就是小心谨慎、清楚地表达我们的意思,不要使用容易让人误解的语言。例如,你拿不准什么时候能回家,你就不应该说“9点钟应该能到家”,而应该这么说:“我说不准。假如一切顺利的话,9点也许能到家,也许还要晚一点。”如果我们把自己的意思表达清楚,对方就不会误解了。

4.3 守信用

守信用,是为人处世的基本准则,也是中华民族的传统美德,在我们的道德规范里占据了相当重要的地位。要想增加自己的可信度,一是要谨慎承诺,做出承诺前要深思熟虑,量力而行,不要做超出自己行为能力的事情。二是只要做出承诺,不管它看起来有多么不重要,也要不折不扣地去履行。在小事方面守信,那么在大事上人们才能更容易相信你的承诺。三是由于某种不可抗拒因素使自己失约,应首先尽可能地采取措施进行补救,若确实无法实现,应向有关方面解释致歉,必要时还要赔偿其损失,应敢于承担责任。香港著名的企业家李嘉诚就认为,他成功的诀窍,就是守信用。

4.4 重诚实

一句谎言能招致很大的不信任。你说过的一百句话里哪怕只有一句是假的,你也会因此受到他人的质疑。除非对方能摸准你何时说真话,何时说假话,否则,一旦发现你稍有假话,对方就会全盘否定你的言行,觉得你是一个不值得信任的人,从而影响沟通。以诚实可信的态度对待他人,即使是靠不住的人,也是有效的和必要的。

5. 不强迫

《伊索寓言》中有一则北风和太阳的故事:“北风和太阳是好朋友。可是一次北风和太阳吵了起来,它们都说自己比对方强大。为了一决胜负,太阳向北风下了挑战书:

谁能让行人脱掉大衣,谁就算赢了。太阳有把握自己会赢,就让北风先试。太阳躲到了云的后面,这时北风呼啸,寒风凛冽。可是,风越刮越大,行人却把大衣裹得越来越紧。最后,北风只好放弃了。太阳从云朵后面升了上来,用它所有的热量照射着行人。行人感觉到太阳的温暖,越晒越热,最后不得不脱掉大衣,坐到树荫底下乘凉去了。"故事说明,待人处事不是给人压力、给人逼迫就能成功。用命令的语气、疾言厉色或者使用暴力,是无法令人心服口服的,反而是要给人温暖、安详、尊重、爱语,让人心生欢喜、心悦诚服,才是胜利者。仁慈、温和与说服胜过强迫。

在沟通中,如果对方强迫你必须按他的方式来,或者必须做出让步才能解决彼此之间的问题,你或许会感觉到愤怒和沮丧,认为对方不值得信任。这样,你与对方的相互理解就变得困难,有效沟通就难以实现。即便你迫于压力接受了对方的意见,你也会觉得这是不公正、不合理的。因此,在沟通中采用强迫的行为,也许一时会占据上风,却破坏了彼此之间已经建立起来的真诚理解和相互信任,导致在将来难以有效沟通。

在沟通中,采用强迫而非以理服人的一个典型方式是人身攻击,批评对方的行为举止、观点、品行甚至性格。例如,你可能会说,"你别太猖狂了""你出卖了我。"在沟通中对对方进行人身攻击,通常是错误地认为,只将注意力集中在对方而不是在具体问题上,就能迫使对方接受自己的意见。其实,所有的沟通都包含两个基本的要素:人和事。在沟通中,重要的是对事而不是对人。双方可以就事情展开讨论,而不进行人身攻击。对人强硬,而对事模糊,并不是良好的沟通之道。

将沟通看成彼此之间的争斗,容易在沟通中采用强迫的手段。很多人都认为沟通就是一场比赛,既然是比赛,就一定要分出胜负,那么采用强迫手段也是必要的了。其实,沟通是彼此合作解决问题的机会,因此以协商的语气会更有利于问题的解决。例如,在沟通开始的时候,你可以表达你自己的意愿,但同时向对方表明,你的意愿并非不能改变,你乐于接受别人的观点,乐于接受不同意见。如果在双方开始商量前就单方面抛出自己的想法,并声明只有对方灵活让步双方才能达成一致,这样是会妨碍问题的解决的。

限制对方的选择也是一种强制手段。在沟通中,你只给对方有限的选择,拒绝考虑更多的选择余地,必然会引起对方的反感。留给对方的选择余地越小,对方的被迫感就越强。如果沟通时双方能提出大量的相关意见和建议,沟通就能取得良好的实质性效果。可供选择的方案越多,协调不同意见的机会也就越大。以这种方式取得的实质性成果会更有价值,其过程也不带有强制意味,从而利于双方解决问题而不会破坏双方的关系。

6. 接受他人

生活中,总有一些与你合不来、你不愿意交谈、但又不得不和对方交谈的对象。排斥别人会给双方解决问题带来人为的障碍。例如,当你和别人冲突之后,你关上门扬长而去，挂断电话或拒绝与对方交谈，这就失去了让对方了解情况的机会，也放弃了两人合作一起解决问题的机会，使你不得不独自面对。

当你心里排斥对方，即使你没有关闭你们沟通的渠道，也会在实质上破坏你们之间的沟通。设想一下，有人对你说“你在回答问题之前用脑子想一想吧”“别给自己找借口了”这些话，损你一顿，又不给你辩解的机会，你会不会觉得对方没有诚意与你沟通？你会不会觉得对方根本就不相信你，不想理解你的看法？最终，导致的结局就是双方不可能很好地进行沟通。更为糟糕的是，在沟通中摆出一副居高临下的神情，通过贬低对方来抬高自己，不仅会限制双方之间的交流，也会阻碍双方产生进一步理解对方的愿望，从而更为严重地破坏沟通。在沟通时排斥他人，其实传递了这样一种意思，即我是对的、你是错的，你对我无关紧要，我丝毫不会受你的影响，我根本没必要和你说什么。这样，本来对方可能非常有诚意同你沟通、了解你的看法、信任你，非常愿意与你合作，一旦他领悟到你的这层意思，诚意也就消失殆尽了。最后，降低了双方共同解决问题的可能性。

为了更好地沟通，处理双方之间的分歧，我们应当求同存异。为了解决彼此之间的分歧，我们需要互相打交道，彼此都接受对方。接受，并不是指你要完全赞同对方，而是你在意、关注对方，愿意倾听他的意见，愿意同他合作，愿意和对方一起解决问题。无论我们对对方的行为有多么不满意，也没必要将他看得一无是处。但这并不表示要对对方的错误行径视而不见。例如，你的同学为了逃学，希望你能撒谎，帮他向老师请病假。你可以说，我不赞同你逃学，但是想听听你有什么正当的理由想逃学。这种方式既表达了你不同意对方行为的态度，也表明你对对方的尊重和关心。

接受他人要尊重他人。每个人都有不同的经历、背景和知识，也会有自己的独特情感和个性。要承认他人和我们有不同之处，并且尊重这种不同。

摆脱成见能帮助我们更好地接受他人。喜欢先入为主，并以此决定是否与他人交往及如何交往，难免损害双方的沟通。已有的成见往往会使我们贬低他人，怀疑他人，认为对方不值得我们关注和重视。对方也可能会以其人之道还治其人之身。如此下去，双方就很难进行良好的沟通了。为了克服已有的成见，我们需要更多地去了解对方，例如，了解对方的家庭、对方的经历等等。

接受他人就要适当地关心他人。只有关心对方，双方的关系才能有效保持下去，才能利于沟通。如果对方只把你当成谋取利益的工具，你一定不情愿同他合作。双方之间的沟通，只有符合双方的利益，能够满足双方的需要时，才能行之有效。只有关心对方，对方才愿意同我们合作。

当我们了解到良好的沟通要从积极的心态开始，就要积极地将理论应用于实践。改变自己的行为方式有助于改变思维方式。接受对方是向良好沟通迈出的第一步。每次发生问题，其实都为双方提供了一个机会，使我们能够合作解决问题，增加彼此的了解，增进彼此之间的关系。只有认真对待他人，才能让我们拥有美好的人生。

拓展阅读

如何成为沟通高手

尽管良好有效的沟通依赖于具体的情境，但沟通高手还是具有相当一致的沟通特征。

沟通高手的第一个特征是沟通行为具有适应性。沟通高手掌握了多种多样的沟通方式，他们或者暗示或者保持沉默或者直言不讳，他们不会在沟通中一成不变地使用某种沟通方式，相反，他们懂得在适当的时机选择最得体最恰当的行为，他们懂得在适当的时间、适当的地点根据自己的目的和沟通对象的特点选择沟通方式。

沟通高手的第二个特征是同理心。同理心是一种换位思考的能力，能够站在别人的立场考虑问题，能理解他人的想法和感受。同理心能让我们超越不同的观点，使沟通顺利，使沟通双方相互了解。

沟通高手的第三个特征是复杂的认知能力。具备复杂认知能力的沟通者在沟通中能够对同一情境做出多重解释。例如，当你的同学从你旁边走过却没有理你，你可以将这一情境解释为：(1)他对你有意见了；(2)他正在思考，没有注意到你；(3)他对你微笑了，但是你没看到。将同一情境进行多重解释能够防止我们做出错误的判断和不恰当的反应。

沟通高手的第四个特征是具有良好的个性品质。他们通常都具有良好的自我控制能力，能够清楚地认识到自己的行为可能对他人产生的影响，在沟通中比较谨慎，使自己的行为与情境相适应。同时，他们也具有良好的道德品质，在沟通中重视承诺守信，能在人际沟通中遵守社会道德，做到认真倾听、说话能让别人理解、对他人的意见持开放的态度。

每个人都具备一定的沟通能力，但有程度的差别。沟通技巧也是可以通过学习而得到提高的。当你经过一段时间的练习以后，你也会成为沟通高手。

复习巩固

1.沟通中常见的误区与困惑有哪些？
2.良好沟通的基本原则有哪些？

本章小结

沟通是参与者经过交换信息、思想、情感和愿望而建立社会关系的过程，通常由信息源、信息、通道、信息接收人、反馈、障碍和背景等组成。沟通对生理健康和心理健康都具有重要的作用，是人际交往的基础，是自我认同与自我成长的途径，是事业成功的得力助手。根据不同的标准可以将沟通分为语词沟通和非语词沟通、口语沟通和书面沟通、有意沟通和无意沟通、正式沟通与非正式沟通、个人内沟通和人际沟通等。

有两种常见的通病妨碍了沟通。第一种是没有考虑到每个人对问题的不同看法。第二种是过分地强调在沟通中要对等。朋友间沟通中常见的困惑包括：我是否应该无条件地赞同对方；我是否应该不断让步；是应该自己主动沟通，还是等对方先做出想沟通的举动等。摆脱偏见、持开放的态度、放弃对等原则、不受意见不一的影响、不一定都要做出让步和积极主动能帮助我们进行良好的沟通。

良好沟通的原则，是以积极的心态开始，具体包括：保持理智与情感的平衡，试图理解对方，做决定之前征求和倾听对方的意见，让人信赖，不强迫，接受他人。良好的沟通，要从积极的心态开始，要积极地将理论应用于实践。

本章关键词语

沟通　沟通的要素　沟通的类型　沟通的误区　沟通的困惑　沟通的原则

课后复习题

1.最常见的沟通通道有哪些？（　　）

A.短信　　B.电话　　C.面对面谈话　　D.视频

2.以下哪些属于电脑媒介沟通？（　　）

A.QQ　　B.微博　　C.微信　　D E—mail

3.在各种沟通通道中，影响力最大的是（　　）。

A.面对面谈话　　B.电话　　C.电脑媒介

4.自言自语是（　　）。

A.人际沟通　　B.个人内沟通　　C.正式沟通　　D.无意沟通

5.德鲁克提出有效沟通的四个基本要素包括（　　）。

A.受众能感受到沟通的信息内涵　　B.满足受众的期望

C.激发听众的需要　　D.所提供的信息是有价值的

6.良好沟通中让人信赖这一基本原则体现在哪些方面？（　　）

A.靠得住　　B.不含糊　　C.守信用　　D.重诚实

7.非语词沟通的实现方式包括（　　）。

A.目光　　B.表情动作　　C.手势语言　　D.身体运动

E.身体姿势　　F.衣着打扮

8.下面哪些属于口语沟通？（　　）

A.开会　　B.讲课　　C.讨论　　D.交谈

9.辨析题：沟通就是谈话。

10.辨析题：良好的友谊是良好沟通的前提。

第二章　沟通中对他人与自我的认知

良好的沟通依赖于我们对他人和自己的良好认识。沟通是我们了解他人、认识自我的一种重要途径和方式。学习沟通技巧不是为了让我们在谈话中用强势的态度占得先机或者为了达到自己的目的利用技巧来影响对方，沟通技巧的核心是通过积极有效的沟通来完善个体的自我，同时改善与他人的关系。在本章中，你将会学习到：

（1）人际知觉与沟通：我们对他人的认知会如何影响我们的沟通行为，如何改善我们的人际知觉；

（2）自我与沟通：我们对自我的认知影响着沟通，展示积极正向的自我有利于沟通。

第一节 人际知觉与沟通

一、人际知觉的概念与认知过程

1. 人际知觉

人际知觉是指个体对人与人之间关系的知觉，包括对人的外部特征、个性特点的了解，对人的行为的判断和理解。这种知觉主要是在人际交往中发生的，以各种交际行为为知觉对象。交际行为指的是人们在交往中相互接触和交换的言语、态度与行为动作，包括交谈、表情、礼仪、风俗、援助、侵犯等行为。总之，人际知觉反映的是我们对人际关系的认知。

人际知觉会影响人际沟通。人际知觉影响沟通的一个方面是投射效应。有一则经典的故事。一次，苏东坡和金山寺的佛印大师在一起，苏东坡问性格憨厚的佛印大师："禅师，你看我的坐姿如何？"禅师答道："很好，像一尊庄严的佛像。"苏东坡听了满心舒畅。佛印接着问苏东坡："学士，你看我的坐姿又如何呢？"苏东坡嘲弄禅师道："像一堆牛屎！"禅师听了也显得很高兴。苏东坡自以为占了便宜，高高兴兴地回家告诉了妹妹。殊不料，冰雪聪明的苏小妹正色道："哥哥你错了，佛家说'佛心自现'，禅师心中向佛，所以他看你像佛，而你心中如牛屎，所以你看禅师才像牛屎。"苏东坡哑然。人常常不自觉地把自己的心理特征，如个性、好恶、欲望、观念、情绪等移植到他人身上，认为他人也具有同样的特点，这就是投射效应。由于投射效应的存在，我们常常可以从一个人对别人的看法中推测这个人的真正意图或心理特征。

人际知觉影响沟通的另一个重要特点是情感因素会参与到知觉过程中，影响我们对人际关系的判断，从而影响人际沟通。人们在沟通时不仅相互感知，而且对沟通对象和彼此关系形成一定的态度，在这个基础上又会产生各种各样的情绪。如对某些人喜爱，对某些人同情，而对另一些人反感等等。人际知觉过程中产生的情绪由多种因素决定，如两人的接近程度、交往频繁程度以及彼此相似程度等，都会对人际知觉过程中的情绪产生很大影响。尤其在初次认识他人时，有许多因素会影响我们的知觉和判断，这种初步感觉和态度又会进一步影响我们与他人的后续沟通。

2. 人际知觉的认知过程

人际知觉对沟通的影响是多方面的。当代认知心理学的研究证明，人对客体和事件的知觉不是外界刺激的简单复制和拷贝，由于主客观因素的不同，有些因素会被注意到，有些因素则被忽略。同理，个体对客体和事件的记忆也不是原始知觉的简单复制品，而是对原始知觉简化地、有组织地重建。这种记忆结构称为图式。在记忆中搜索、输入与感觉信息最符合的图式的过程称为图式加工。图式和图式加工使人可以更有效地组织、加工和编码生活中面对的大量信息。人们不必感知和记住每一新客体和新事件的全部细节，只需编码和处理其典型特征，查明其与已有记忆中的某个图式的相似点。图式加工通常是无意识的、快速自动的过程，个体很难觉察到这个过程。

个体在成长过程中，在日常社会生活中会形成许多有关人和事件的图式。如，当有人告诉你，某某是一个外倾型人时，你马上就会从记忆中提取一个具有外倾型人格特征的形象和图式，便会预期将见到一个什么样的人，预期自己采用什么样的方式与对方交流比较合适。一般情况下，外倾型人的图式是由一组有内在联系的属性和特征构成的，如喜欢笑、热情、主动、好交际、易冲动、说话声音大等。这种关于人的图式称作原型。原型指某个范畴的最典型的代表。当我们对一个人有了进一步的了解时，就会逐步形成关于这个人的更形象、更具体的一个图式，同时我们已有的相关原型也会根据这次的经验进行调整。例如，当你进一步与已经认识的某个外倾型的人交往之后，你可能会发现对方某些独特的特征，如感情容易外露、比较喜欢讲笑话、有很强的幽默感。再进一步交往，你会发现对方是个喜剧演员。有了这些更详细的特征，你就能更好地决定和对方交往的方式。同时，你关于外倾型的原型，也可能进行微调，在已有的基础上添加感情容易外露、幽默等属性和特征。

除了原型外，我们还有关于各种各样事件的图式，这些图式称为剧本，即在典型情况下进行典型活动的程序。例如，当我们应邀参加一个生日晚会时，我们头脑中便会出现一个生日晚会的图式。生日晚会通常都有生日蛋糕、生日蜡烛。当生日蜡烛点亮以后，过生日的人会许愿，参加生日宴会的人会一起唱生日歌，然后由过生日的人吹蜡烛、切蛋糕，给所有的人分蛋糕吃。这个抽象的图式帮助我们预料将发生的情况并决定采取什么样的行动来应对。由此可见，图式能够帮助我们有效处理各种问题，快速、自动地编码、组织和加工各种繁杂的信息，以便我们能够及时做出正确的反应来应对各种情况。

图式加工可以促进和优化人类的认知过程，但同时也易于造成扭曲和偏向，因为图式是现实的简化，与现实刺激并不是一一对应的。所以在加工过程中，现实刺激与图式有关的信息易受到注意力的重视，与图式无关的信息容易受到忽视。每个个体的图式与自己的经历有关，受个体的知识和经验的制约，个体都是在自己过去的经验中形成潜在的、关于事物各种特质之间相互关系的构想。所谓潜在的，指不是正式表达出来的，但影响对人的判断。例如，有些人倾向于把友好和聪明放在一起，而不把聪明和自我中心放在一起。这种理论被称为潜在个性理论。潜在个性理论是人们对他人特征的一种简单看法，通过这种看法把信息简化并加以组织、加工。这种看法可能是对的，也可能是错的。人们还倾向于认为他人的行为和态度是连贯的、稳定的，尝试用某种稳定的特质去解释说明他人行为的恒常性，忽视行为的变异性。例如，相信某人是诚实的，你可能就会忽略对方某次撒谎的行为。潜在个性理论在一定文化社会内部可能有一定的共同性，也有一定的变异性。

二、影响人际知觉的典型心理现象

正是因为人际交往中信息加工过程有上述特点，所以，我们在人际交往中，往往会出现一些典型的心理现象或心理效应，这些现象或效应会影响我们的人际知觉，从而影响沟通。

1. 首因效应

首因效应，就是个体在人际交往过程中对某个对象形成的第一印象，即对他人初次知觉时形成的印象，它在以后的人际知觉或人际交往时会不断地在头脑中出现，影响并制约着新的印象的形成。

社会心理学家的研究揭示，通常情况下，首因效应在人际知觉的过程中起重要作用。这是因为第一印象一旦建立起来，便会对随后的人际知觉、信息的获得、理解和组织有着强烈的定向作用。如，你在初次认识一个人时，他的很多不礼貌的行为和语言给你留下了非常深刻的印象，由此你认为他是个没有教养、不懂礼貌的人。那么在之后的交往过程中，尽管他可能表现出了礼貌得体的形象，你对他的印象也不会有太大的改观，你也许会忽略他的这种行为，也许会认为这几次的礼貌只是碰巧而已，也许还会将其解释为这是一种故作姿态的表现而非其本性。

著名的社会心理学家阿希在 1946 年以大学生为研究对象做了一个著名的实验。大学生被分成两组，分别对同一个人的总体印象进行评定。实验基本过程如下，第一组大学生被告知待评定的人的特点是“聪慧、勤奋、冲动、爱批评人、固执、妒忌”。很显然，这六个特征的排列顺序是从肯定到否定。第二组大学生被告知的内容，仍然是这六个特征，但排列顺序正好相反，是从否定到肯定。研究结果发现，大学生对被评价者所形成的印象显著受到特征呈现顺序的影响。先接受了肯定信息的第一组大学生，对被评价者的印象远远优于先接受了否定信息的第二组。这意味着，最初印象有着高度的稳定性，后继信息甚至不能使其发生根本性的改变。

同样，社会心理学家陆钦斯 1957 年的研究，也验证了首因效应的存在。他用两段文字材料描绘一个叫吉姆的学生。其中一段为：“吉姆去买文具，与两个朋友一起边走边晒太阳。他走进一家文具店，店里挤满了人，他一面等待店员招呼，一面与一个熟人谈话。”另一段为：“吉姆放学后，独自一人离校，在阳光明媚的马路上，他走在背阴的一边。”该研究结果表明：只看第一段描述的被试，绝大多数将吉姆看成一个友好、外向的人；而只看第二段描述的被试，绝大多数将吉姆看成了沉默、内向的人。当两个段落一起呈现时，多数被试对吉姆的印象都受到先呈现的材料影响，无论将哪段材料放在前面都是如此，后呈现的材料所产生的影响则很小。为什么第一印象如此重要呢？这是因为最初印象对于后面获得的信息的选择、注意和解释有明显的定向作用。也就是说，人们总是以他们对某一个人的第一印象为基础，去组织加工他们后来获得的有关此人的信息。

首因效应的研究告诉我们，第一印象对以后的人际沟通产生着非常重要的作用，并且这种印象一旦形成也是很难改变的，所以在初次交往时建立一个良好的第一印象就变得尤为重要。也由于第一印象的片面性和其不可忽视的作用，所以在人际交往过程中，不能仅凭对他人的第一印象就武断地给他定性。每一次交往你都能获得交往对象的新的信息，你应该根据这些信息随时调整你对他的印象和看法。

生活中的心理学

利用首因效应给人以良好的印象

在日常生活中如何利用首因效应给人以良好的印象呢？

(1)着装整洁

如何着装，在日常生活中是非常重要的事情。通常，我们在不同的场合会有不同的着装。但是，几乎在所有的场合，着装整洁都是基本的要求。因此，衣着打扮的重点，并不是要多么华贵，关键是要整洁。整洁的着装容易给人留下干练、稳重、积极向上的印象。过度的包装、夸张的首饰、浓妆艳抹，都有可能在第一印象中起反作用。根据色彩服饰心理学的研究，在第一次见面时，靠近脸部的衣着为白色的衣服(例如白衬衣、白围巾等)较容易取得良好的第一印象。

(2)举止有礼

在日常生活中，要注意社交礼仪，行为举止要有礼貌。例如，当你去公司面试时，对前台接待人员或面试室外其他参加面试的人都要以礼相待，不要忘记多说几声“谢谢”“请你”之类的客套话。不要旁若无人，随心所欲，自己想干什么就干什么。如被传召，在入面试室时应先敲门，最好说一声“我可以进来吗?”，等待对方说“请进！”时才推门进去，在进去之前千万不要忘记向引领人员表示感谢。见到主试官后先问一声好，然后转身，静静地把门关好。面试完毕，在离开前也要主动和主试人握手道别。诚恳地说声“谢谢”和“再见”，才走出面试室。

2. 近因效应

近因效应与首因效应相反，是指当人们识记一系列事物时，对末尾部分项目的记忆效果优于中间部分项目的现象，也就是说，在多种刺激依次出现的时候，印象的形成主要取决于最后呈现的刺激。前后信息间隔时间越长，近因效应越明显。究其原因，在于先前的信息在记忆中逐渐模糊，从而使近期信息在短时记忆中更为突出。

人与人之间初步建立了关系之后，在随后的交往中，即使彼此已经相当熟悉，近因效应的影响也同样重要。如，李林和张海两人是初中同学，从那时起，两个人就是好朋友，双方相互之间非常了解，到了大学关系也一直不错，可是近一段时间李林因家中闹矛盾，心情十分不快，在与张海相处的过程中，动不动就发火，而且因一个偶然因素的影响，李林卷入了一宗盗窃案。此时，张海认为李林过去一直在欺骗自己，于是与他断绝了往来。这就是近因效应在起作用。同学、朋友之间的负性近因效应，大多产生于交往中遇到的事情或行为与愿望相违背，愿望不遂或感到自己受委屈、善意被误解时，其情绪多为激情状态。所以在人际交往中，你在朋友心目中辛辛苦苦建立的良好形象，可能因为最近一次的不小心改变了，导致两人关系的疏远；也因为近因效应，你与一个人之前不太友好的关系，也可能因为你们最近一次好的交流而改变。

3. 晕轮效应

晕轮效应，也称为光环效应、月晕效应，是指人们对他人的认知判断主要是根据对象的某个优点或者个人的好恶得出的，然后再从这个判断推论出认知对象的其他品质。如果对象某个优点突出或者被标明是“好”的，他就会被“好”的光环笼罩着，并被赋予一切好的品质；如果对象某个缺点突出或者被标明是“坏”的，他就会被“坏”的光环笼罩着，他所有的品质都会被认为是坏的。晕轮效应是在人际沟通过程中形成的一种夸大的社会现象，正如日月的光辉，在云雾的作用下扩大到四周，形成一种光环笼罩在周围。例如，你在大学刚刚认识了一个人，而你又恰巧得知他是刚刚上任的校学生会主席，同时担任学校的多项职务，那么他给你的第一印象是能干、有责任感并且善于组织协调。由于晕轮效应的影响，他身上的光环让你可能同时还会认为他学习一定很好，并且是个热情自信、善于团结同学的人。然而，这些印象并不一定是完全正确的，需要你在今后的相处中慢慢发现。

晕轮效应会对人际关系产生积极的作用，如你对人诚恳，那么即便你能力较差，在工作中，同事对你也会非常信任，因为对方关注到你的诚恳，由此掩盖了你其他方面的不足。生活中青年男女的一见钟情、俗语中所说的“爱屋及乌”，都是晕轮效应的一种表现。晕轮效应在人际交往中的最大弊端在于以偏概全，对人际交往也可能产生负面影响。在婚姻中有“三年一小痒(婚姻心理学的研究显示平均是1.6年)，七年一大痒(婚姻心理学的研究显示平均是7.2年)”的说法，是因为夫妻双方恋爱时，由于晕轮效应只看到对方的优点，忽略或者无视对方的缺点和不足，结婚后双方关系更加紧密，长时间的共同生活使双方的新鲜感丧失，恋爱时掩饰或被忽略的缺点充分暴露出来，于是亲密关系受到损害。又如，当我们看到某个明星在媒体上曝出丑闻时，有时我们会很惊讶，这也是晕轮效应的影响。因为我们心中这个明星的美好形象，来自她在银幕或媒体上展现给我们的那圈“月晕”，而明星真实的人格，我们是不知道的。

4. 知觉定式

知觉定式，也称为刻板印象，属于思维定式的一种。在每种社会文化背景里，都会对每种类型的人形成一种比较固定、概括而笼统的看法。在人际关系中，我们习惯根据知觉对象的非常容易辨认的典型特征将其归属为某一类型，随后将这一类型成员所共有的典型特征附加到对象身上，并以此来知觉和判断对象。知觉定式在我们的人际交往中很常见，大家都有"浙江人精明会做生意、重庆妹子泼辣、东北人豪爽能喝酒"这一类的印象，都是社会长期流传下来的关于各地人特点的总结。

知觉定式既有积极的一面，也有消极的一面。积极的一面表现为可以简化认知过程，提高认知效率。知觉过程需要我们花费很多时间和精力来探索知觉对象的各种信息，并进行编码、组织和加工。对具有许多共同之处的某类人在一定范围内，直接按照已形成的固定看法和结论进行判断，这就简化了认知过程，节省了大量时间、精力。例如，经人介绍你认识了一位北京大学的学生，那么你马上就可以推论他的学习可能比较好，不然也考不上北京大学。消极的一面表现为知觉定式往往有偏差，容易产生先入为主的错误。由于收集到的信息有限，在有限的信息上进行推论具有一定的不确定性，容易使人们在认知、评价他人时忽视个体的差异，从而导致知觉上的错误，妨碍对他人做出正确的评价。例如，你可能会发现有的浙江人也不怎么会做生意、有的重庆妹子很温柔、有的东北人一喝就醉，如果完全按照思维定式的影响，会严重影响对人的判断。

5. 自我中心

自我中心是瑞士著名发展心理学家皮亚杰提出的一个术语，指儿童不能区分自己的观点和他人的观点的现象。例如，三岁半的男孩子可能会选择一辆玩具小汽车，作为送给妈妈的生日礼物。这个小男孩的行为就是自我中心的表现，因为他是把自己的喜好投射到了妈妈的身上，没有考虑他妈妈的兴趣与自己的兴趣是不同的，认为自己喜欢小汽车，妈妈也会喜欢一样的东西。在皮亚杰看来，自我中心并未含有自私或自高自大的意思。在上面的例子中，这个小男孩并不是自私或贪心，他同样期待妈妈喜欢这个礼物，只是他无法区分自我的观念与母亲的观念。

在沟通中，自我中心有其积极的方面。例如，青少年时期自我中心的一种典型心理表现是假想观众。他们认为其他人，特别是其同伴一直在关注他们、评价他们并且对他们的想法和行为都很感兴趣。这使得青少年们必须时刻保持警觉，以避免做出任何可能导致尴尬、嘲笑或拒绝的行为。这无疑在人际交往中起着约束青少年行为的作用。

自我中心也会导致沟通中出现偏差。自我中心容易导致在沟通中出现自利偏差，即"对己宽容，对人严厉"。我们对自己比较宽容，认为自己的本意是善良的。当别人遇到问题的时候，我们会倾向于认为是对方个人的因素导致了坏的结果，而当自己遇到同样的问题时，则倾向于将问题归咎于外界因素，而不是自己的个人因素。例如，他人在沟通中情绪失控，我们会认为对方太敏感，太情绪化。自己在沟通中情绪失控，则认为是对方的做法太过分了。

6. 情绪效应

情绪效应是指认知主体的情绪状态或特定心境会使个体在知觉他人和事件时具有偏见，就像戴上一副有色眼镜，看出来的人和事都染上了自我的情绪色彩。生活中，当你心情沮丧时会觉得周围的人都对你很不友好，对你含有敌意，此时你会非常容易以一种敌意的态度和错误的沟通方式来对待他人；而当你真正平复心情后，你会发现之前的论断是错误的，别人待你如以前一样，并没有什么不同。但是，你的态度以及不恰当的沟通方式却很有可能严重地影响了你们之间的关系。

良好的情绪管理和情绪理解与表达就变得尤为重要。良好的情绪理解与表达对个体本身具有很大的益处，它会让人们更快乐、更多自我肯定，在人际交往中更加自信、较少沮丧、游刃有余，有更多积极健康的心理体验，较少感觉社交孤立，易于接受别人的感情，更容易处于满意的人际关系中。

在人际沟通中，这些典型的心理现象或心理效应，对我们的人际关系有非常深远的影响，在以后的生活、工作中，要注意这些心理效应对你和你的交往对象的影响，回避这些效应的不利方面，利用积极的一面，提高与人交流的能力。

三、培养同理心

了解他人常用的简单方法是把自己当作他人，把自己放在他人的位置上，从而建立有关他人的内部状态的假设，这就是认识、了解他人的一种认同机制，类似于我们常说的“设身处地、以己度人”，也就是我们常说的同理心。同理心是指正确了解他人的感受和情绪，进而做到相互理解、关怀和情感上的融洽。通俗地讲，同理心就是将心比心，同样的时间、地点、事件，而当事人换成自己，设身处地去感受、去体谅他人。同理心不是天生的，但是可以培养的。缺乏同理心的人无法表达相互关怀、理解，达到融洽的人际关系。同理心可以让我们拥有良好的人际关系、融洽的工作气氛。

那我们应该怎样锻炼同理心呢？要学会站在对方的角度、专心听对方说话，让对方觉得被尊重。能正确辨识对方情绪，能正确解读对方谈话的含义。但是要做到完全的同理心也是非常困难的，因为每个人都有不同的文化和生活背景，每个人的知觉方式也千差万别，因此，要想完全了解另一个人的想法是不可能的，也是不现实的。虽然如此，培养自己的高感受性，通过别人的角度看待世界却是有可能的。

枕头法就是一个很好的建立同理心的方法。枕头法因问题由四个边和一个中心组成像枕头的形状而得名。四个边分别是立场一、立场二、立场三、立场四，中心为结论。

立场一：我对你错。我们通常会采取这个观点。当我们看待一件事时，我们是从自己的角度出发，看到的是自己的对和别人的错误，而对方的立场正好相反。比如，正值元旦商场打折，周末你要求男友陪你逛街，但是他因为沉迷在游戏中忘记了与你约定的时间。虽然最终他还是陪你逛了街，但是逛街过程中你总是闷闷不乐，最后你们大吵了一架。吵架的原因是你觉得他根本不在乎你，但是他却觉得不是不在意你，只是忘记了时间并且自己不太喜欢逛街而已。怎么解决这个冲突呢？在枕头法中，立场一要求考虑自己的观点，你会想："我平时又不经常要求他陪我逛街，只是正值元旦期间商场打折而已，他竟然因为游戏忘记了我们约定的时间，被我强行拉着逛街之后还闷闷不乐，这就是他不在乎我的表现。"

立场二：你对我错。这是一种转换视角的方法，用来解释对方如何以不同的方式看待相同的问题。在上述逛街争吵的场景中，根据立场二，你可能会想："元旦这一天正值周末，男友希望在寝室好好玩游戏享受一下周末是对的，并且男生本来就不喜欢逛街，他最后也放弃游戏跟我一起逛街了，我还跟他吵架，都是我的不对。"立场二的特点是找自己的缺点，认清对方立场的长处，并试着支持对方的立场。这往往需要相当程度的勇气。然而，根据大部分人的经验，转换视角能让我们看出别人观点中的优点，从而使我们找到方法，理解其他人为什么用你原先无法沟通的方式行事。

立场三：双方都对，但双方也都有错。在此立场之上，你认识了自己的缺点和长处，同时，你也很清楚，对方也有缺点和优点，此时，你将用更公平的方式看待此事，让你不会吹毛求疵，也比较能了解对方的观点。同时，立场三也可以帮你找到双方共同的立足点，能够让你看出这个议题并非像起初所见。例如，在逛街冲突的情景中，持立场三的你可能会想："我不常让男友陪我逛街，在这个节日里我想和他一起度过，他却因为游戏不陪我，我很生气。他因为游戏忘记了我们约定的时间确实不对。但是我也有不对的地方，男友不喜欢逛街这类事情，想趁假期打游戏让自己好好放松下，也没什么不对，我向他发火生气让两个人的假期都过得不愉快，这是我不对。"

立场四：这个问题不重要。我们很容易为了争辩一个问题导致关系变糟，以至于忘了有比争论输赢更重要的部分。"这个问题不重要"的视角将帮助你了解到，问题有时并非像你想象的那么重要。虽然一开始很难将事件看成是无关痛痒的一件事，但是大部分的事情冷静思考一下，就会发现它不像我们想象中的那么重要。例如，在上述争吵中，立场四让你可能会想："因为这个问题争吵非常不值得，能不能陪我逛街与他在不在乎我根本就是两个不太相关的事情，这与我们之间的爱无关。"

结论：四个立场都有道理。在了解了这四个立场之后，最后就要认识到这四个立场都有自己的优点，你自己的经验将会显示每一个立场都有其合理的一面，它们可以增加你对别人的容忍度，并因此改善沟通的气氛。

复习巩固题

1.人际知觉对沟通的影响体现在哪些方面？

2.人际知觉中容易对沟通产生影响的典型心理效应有哪些？

3.培养同理心的枕头法的基本步骤是什么？

第二节　自我与沟通

一、自我概念与沟通

英语词汇中，自我是 Self，原意为“同样的”或“同等的”。当用于人时，它指一种独特的、持久的同一性身份。拉丁文词汇中，自我是 Ego，指一切精神活动都围绕其转的核心。自我在认知内容上主要有三种形式：一是个人的记忆，与情境记忆有关，如“我记得上次与这个人在一起感到羞怯”；二是语义表征或关于自我概括化的知识，如“我是一个羞怯的人”；三是在最抽象水平上关于自我的理论，如有人有这样的信念：“我的羞怯是固有的，我总是感到羞怯”，有些人则相信“如果我努力，我可能就会克服羞怯，变得大方”。

自我在心理学中占有重要的地位。人们的思想、情感和行为的一致性是由自我决定的，自我是人格的核心内容，统筹各个部分。认知自我是沟通的第一步，我们需要在沟通中了解我们的认知、情感和需要。

1.自我概念

自我概念（Self-Concept），即个体对自身存在的感觉和体验，是关于自己本质的所有认知和信念组成的动态心理结构。它是指一个人通过经验、反省和他人的反馈，逐步加深对自身的了解。

自我概念是一个有机的认知结构，包括自身的认知、情绪情感、意志、需要、动机、兴趣爱好、观念、态度、信仰、价值观、能力、气质、性格、行为习惯，最想成为的理想自我，预期要扮演的可能自我，对自己积极和消极的评价（自尊、自卑等）以及关于别人怎么看待自己等等。

2.自我概念的结构

关于自我的信念并不是独自沉思的结果，很容易受到他人对自己的看法的影响。自我概念的形成、发展和完善是在了解他人对自己的反映评价（如对个体品行的议论）后，与他人比较衡量自己的标准后，以自己独特的方式对自己进行感知觉和体验。自我概念由反映评价、社会比较和自我感觉三部分构成。

2.1 反映评价

反映评价是个体从他人那里得到的有关自己的信息。在社交过程中，如果个体从他人尤其是重要他人处得到了积极、肯定的反馈和评价，就会建立一个良好的自我概念。如果这种反馈和评价是消极、否定的，个体的自我概念就可能很糟糕。例如，学期开始时，如果老师对一个学生说："你行，你一定会成为一个好学生。"这位学生听了以后就很可能会以好好学习的行动来回应老师的这种正向评价；如果老师说："算了吧，你以后没有什么发展。"他可能会因此而消极起来，反正老师都认为自己学习不行，自己可能真的不行吧，破罐子破摔，懒惰一点也无所谓。

别人对我们的议论和判断会使我们认为那实际上是我们自己。儿童由于认知和经验的不成熟，很容易将父母对自己的议论、评价和看法内化到自我概念中，当这种情况重复出现后，就像催眠暗示一样诱导儿童的行为与父母的看法相符合。例如，父亲多次对儿子说："你是个有教养的孩子，是一个顺从听话的孩子，让你做什么就做什么。"在这种诱导和说服下，孩子相信自己是个有教养的孩子。一旦这种感觉和体验(信念)内化到自我概念中，在其与他人相处时，其相处方式、行为表现必然引导别人像他自己一样看待他。我们根据父母的看法定义我们自己，以自己的实际行动证实这个定义，同时又诱导和说服他人相信我们就是这样子的。获得被他人(重要人，一般是父母)定义的身份，接受它并内化到自我概念中，然后说服他人也以相同的方式看待自己，这种循环会延续终生。

2.2 社会比较

在生活和工作中，个体往往会有意或无意地与他人比较，或者参考他人来制订自己的标准，这就是社会比较。例如，在学校时，当考试成绩公布之后，我们都会习惯性地问一下自己的同桌考了多少分，自己的其他朋友又是多少分；步入社会，我们又和同时进入社会的同事比，跟同年龄段的朋友比，跟与自己有相似学历、经历的其他人比；当自己有了孩子，就比自己的孩子听话还是别人的孩子听话，自己的孩子学习好还是别人的孩子学习好；当担任领导管理一个单位时，就和其他单位比哪个单位的成绩突出，等等。无论什么人，从出生到长大，从家庭到社会，从学习到工作，都是在社会比较中建立、发展和充实自我概念的。

2.3 自我感觉

童年期个体对自己的认识大多数来自人们对其的反馈评价。个体在成长过程中，逐步学会以自己的方式和眼光来看待、评价自己，这种看待自己的方式被称为自我感觉。如果从成功的经历中获得自信，自我感觉就会变得更好，自我概念就会改进。例如，当通过自己的能力安装好一台电脑时，通常我们的自我感觉就非常好。

3.自我概念的形成

自我意识是人格的核心，其并非简单的意识层面的认知，而是个体对自身的自主性、独立性、物质和精神存在的一种体验和认知。自己既是世界的一部分，又是相对独立自主的个体；自己与他人有共同的特质，也有独特的特质；自己的存在状态(生理和心理)既是稳定的，又是可以变化的。

个体在遗传与环境交互作用下，在与环境的各个关系的互动中，在社会化过程中获得自我认识。这是一个漫长的过程，并且这种自我认识具有相对稳定性，也具有可塑性。所以自我概念的形成受先天生物因素和后天环境因素的影响，当自我概念开始形成后，自我概念又会影响其随后的发展和变化。

在生物因素方面，一些研究显示害羞的小孩成年以后仍然可能是害羞的。对双胞胎的研究结果也表明，在控制了成长环境之后，同卵双胞胎在兴趣爱好、气质特点以及心智特点上具有极大的相似性。

后天环境对自我概念的影响，主要表现在反映评价和社会比较方面。人们的自我概念很容易受到他人对其看法的影响。个体关于自我的信念并不仅仅是个人沉思的结果，他人对其品行议论、评价后给予的反馈也很重要。

在童年，当个体还未形成完整稳定的自我概念时，成年人对其的反映评价就带有诸多社会比较，如“你看别人小孩多听话，学习多好”，这种外在的社会比较对儿童自我概念的影响是巨大的。当个体形成了比较完整稳定的自我概念时，社会比较对自我概念的影响力主要是受到个体自信等其他心理因素的影响。例如，果断坚定的人的看法不容易受到来自社会比较的影响。此时，社会比较对自我概念来说就是一个参考。

4.自我概念的作用

自我概念的作用体现在以下几个方面。

4.1 保持自我看法一致性(自我引导作用)

个人需要按照保持自我看法一致性的方式行动。自我概念在引导一致行为方面发挥着重要的作用。自我胜任概念积极的学生，成就动机和学习投入及成绩明显优于自我胜任概念消极的学生。有关品德不良学生的研究也证明，学生有关自己名声与品德状况的自我概念直接与其行为的自律特征有关。当学生认为自己名声不佳，被别人认为品德不良时，他们也就放松对行为的自我约束，甚至破罐子破摔。很显然，通过保持内在一致性的机制，自我概念实际上起着引导个人行为的作用。在这个意义上，在儿童的发展过程中，引导他们形成积极的自我概念，对于“学会做人”有着非常重要的意义。

4.2 经验解释系统的作用(自我解释作用)

一定的经验对于个人具有怎样的意义，是由个人的自我概念决定的。不同的人可能会获得完全相同的经验，但他们对于这种经验的解释却很可能不同。某次考试，学生 A 和学生 B 都考 95 分。学生 A 平时认为自己能力一般，学习这门功课有些困难，对于这次考 95 分感到欣喜，鼓舞他继续努力争取更好成绩。而学生 B 平时对这门功课很感兴趣，学习也很有信心，一般都取得好成绩，这次考试却由于粗心只考了 95 分，认为是失败和挫折，感到懊恼、沮丧，决心再努力。这个例子说明，个人的自我满足水平并不简单取决于他获得多大的成功，还取决于他的抱负水平。自我概念就像一个过滤器，进入心理世界的每一种知觉都必须通过这一过滤器。知觉通过这一过滤器时，它会被赋予意义，而所赋予的意义则由个人已经形成的自我概念所决定。

4.3 决定着人们的期望(自我期望作用)

心理学家伯恩斯 1982 年指出,个体对自己的期望是在自我概念基础上发展起来,并与自我概念相一致的,其后继的行为也取决于自我概念的性质。例如,自我概念积极的学生自我期望值高,当他取得好成绩时就认为这是意料中的事,好成绩正是他所期望的。自我概念消极的学生,当他取得差成绩时,也认为这是意料之中的事,假如偶尔考了个好成绩,就会觉得喜出望外。反过来,差的成绩会加强他消极的自我概念,最终形成恶性循环。消极的自我概念不仅引发了消极的自我期待,而且也决定了人们只能期待外部社会消极的评价与对待,决定了他们对消极的行为后果有着接受的准备,也决定了他们不愿更加努力学习,因此对其丧失了信心与兴趣。

4.4 引导成败归因的作用(自我成败归因作用)

社会心理学家海德(Fritz Heider)(1958)和温纳(Weiner)(1972)提出并建立了一套从个体自身的立场解释自己的行为的归因理论。自我归因理论认为动机是介于刺激事件与个人处理该事件的行为之间的中介,每当个人处理过一桩刺激事件之后,个人将根据自己所体会到的成败经验,并参照自己所了解的一切,对自己的行为后果提出六方面的归因解释,这就是:

(1)能力——个人从事工作是否有足够的能力;

(2)努力——反省此次工作是否尽了最大努力;

(3)工作难度——凭个人经验,对此次工作感到困难还是容易;

(4)运气——自认为此次工作成败与否与运气好坏有关;

(5)身心状况——当时的心情及身体健康状况;

(6)别人反应——在工作时及之后别人对自己工作的态度。

这六项因素中,(1)、(2)、(5)三项属于内在因素,(3)、(4)、(6)三项属于外在因素。对工作成败的归因取向,将影响个人以后再从事类似工作时动机的高低。一个人具有积极的自我概念,相信自己的能力,会将成败归因于自己的努力程度。

5.自我概念与人际沟通

良好沟通的重要方面就是展示积极、正向的自我。我们都有这样的经历:当我们以一种积极向上的健康姿态去面对生活,现实中的问题其实并不如想象中那么严重,我们会觉得生活是充满希望的,会更容易感受到幸福。当人生态度比较消极时,我们会觉得生活是没希望的,会更容易感觉到痛苦。同样,在沟通中当你展示了积极正向的自我的时候,你的沟通对象也更容易受到这种积极正向力量的影响,也会更积极地参与沟通,从而使沟通变得良好,也更容易建立更加亲密的关系。如果你展示负面的消极的自我,那么对方也可能以相同的方式来和你沟通,从而使沟通变得困难,使关系受到破坏。进行良好的自我展示,很重要的方面就是要建立积极正向的自我概念。

二、沟通中的自尊和自信

1.沟通与自尊

所有人都有对自尊、自重和来自他人的尊重的需要或欲望。自尊是对自我的一种态度，是个人对自我价值和自我能力的情感体验，是个体对其社会角色进行自我评价的结果。

自尊作为一个人自我价值向往的体现形式，是一个人的行为遵从自己所重视的规范的基础。若一个人失去自尊，他遵守规范的理由也会丧失。自尊也反映个人按照一定的价值标准对自己进行价值评判后获得的自我价值感。当评价的结果是肯定的，自我价值感得到确立时，个体就得到较高水平的自尊，反之，自尊受到伤害，就出现自贬。

根据对自我整体状况的满意程度，自尊被分为高自尊和低自尊。高自尊表现为一个人有"足够好"的感觉。通常，研究者们把在自尊测量(自我报告)上的得分低于其他大多数被试(50%～80%)的个体，称为低自尊个体。低自尊个体通常以强烈的消极自我观点为特征，他们在与别人互动的过程中经常感受不到被接纳和自我价值感，他们更倾向于将别人的行为理解为拒绝，存在对拒绝性信息的注意偏向。不过 Michael 和 Rene(2006)指出，低自尊并不是以强烈的消极自我观念为特征，而是以自我矛盾为特征。自我矛盾是指积极的自我评价和消极的自我评价共存。在他们的研究中，自尊与自我矛盾之间呈显著负相关。

1.1 自尊对沟通的影响

心理学家舒茨(Will Schutz)认为，在社会交往中，人们有三种人际需求：控制力需求、参与度需求和情感需求，自尊通过影响我们的人际需求来影响沟通。

所谓控制力需求，是指在人际交往的过程中，我们通常对保持人际关系抱有一定的控制欲望。当我们感到对人际关系没有多大控制力的时候，常常会感到压抑与不满。同时，当我们拥有太多控制力的时候，常常也会有过多责任的压力。因此，当我们对人际关系有适度的控制力的时候，通常会感到最快乐。研究发现，自尊越高的人，他们对生活的控制力会越高一些。

参与度需求是指我们每个人都会有参与社会活动、积极寻求与他人接触、渴望被社会接纳和寻找归属感的需求。当人们的参与度受到限制的时候，他们的身心健康会受到极大的影响。大量的研究表明，保持良好的社会参与度并维持良好的人际关系与自尊水平存在密切的关系。例如，对中国大学生自尊、人际关系与主观幸福感的关系的研究发现，人际关系的好坏程度制约着大学生自尊的发展。良好的人际关系有利于增强大学生自我价值感。研究也发现，高自尊的人更加外向，他们有更强的动机来满足参与度的需求。

情感需求是指我们在人际沟通中寻求满足爱与被爱的需求。高自尊的人比低自尊的人更能够向他人表达自己的爱意。

舒茨认为我们每个人在某种程度上都会有这些需求,这些人际需求都同等重要。当我们越是需要满足这些需求的时候,我们就会越发积极地去寻求能够满足这些需求的人际关系。高自尊的人并不一定就会拥有较高的人际需求,但是他们在人际交往的过程中更能够满足这些需求,从而达到良好的沟通效果。

1.2 影响自尊的因素

1.2.1 社会比较

社会比较是对自我的认识途径之一,它包括比较自己与他人的个性品质、观点和行为。与此相应的研究表明:低自尊者在社会比较中力求自我保护,而不是力求提高自己的自尊。低自尊者在得到成功反馈后才寻求较大量的社会比较;而高自尊者则在失败后才进行大量的社会比较以寻求失败的补偿。总体来说,在社会比较中,低自尊者倾向于采用自我保护的策略,而高自尊者则倾向于采用自我提升的策略。此外,人们还常常会使用自我妨碍来避免自己被看作无能或失败的,从而保护自尊。

在社会比较中选择坐标系是极其重要的。通常,我们会选择地位、身份相似的人与之比较,使个体处于恰当的位置,这就是社会比较的相似性原理。为了清晰地完成自我认知和建立积极的自尊,根据相似性原理正确进行社会比较是较好的方法。

1.2.2 自我觉知

自我觉知是个人了解自己的过程,是对自己各方面心理特征的认识。个体对自己的正确认识与评价是一个复杂的过程,除了认知这一重要因素外,还会受到动机、需要、愿望等其他心理因素的影响。而自我觉知中的自我服务偏向对个体的自尊具有保护和提升的作用。积极的自我觉知使人能够客观地全面地发展地看待自我,从而产生积极的自我体验。

1.2.3 归因风格

归因是指个体对导致自己或他人行为结果的原因的知觉和推断。很显然,积极的归因能够提升自尊,而消极的归因则会减损自尊,而且归因方式会影响个体对自己的认识和今后的行为。不恰当的归因容易对个体发展产生不良影响。研究发现,高自尊和低自尊的人在成功或失败后的归因方式不同,成功后高自尊者比低自尊者更有可能改变自己的行为,而在失败后,低自尊者比高自尊者更有可能改变自己的行为。

1.2.4 家庭教养方式

霍妮认为,自尊来源于早期父母的爱以及适当的赞许和鼓励。自尊发展的情感模型假设自尊是在早期形成的,无条件的归属感和掌控感是自尊的重要成分,这些情感主要是亲子相互作用的结果。因此,个人与父母的关系在青春期早期和晚期会持续影响自尊。

2008 年,Ronald 和 Debaran 做了一项亲子关系与青少年自尊的研究,探讨了父母的陪伴、关系质量与青少年自尊的关系。结果表明,无论是父亲陪伴还是母亲陪伴,都与青少年的自尊有统计学意义，即父母的陪伴越多，对于青少年的自尊发展就越有利；父子和母子的关系质量与青少年自尊呈正相关。这一系列结果反映出一个事实：即亲子关系为高质量时，对青少年应对压力是一个积极的缓冲。1994 年，Sakinah 和 Stephan 对寄养青少年对出生家庭的认同状况与自尊的关系进行了一项研究，结果显示对出生家庭认同低的青少年比对出生家庭认同高的青少年自尊水平低，说明无论是父母还是其他的主要抚养人与孩子之间的关系，对孩子自尊的高低起着至关重要的作用。

2.沟通与自信

我们需要在沟通中正确地表达自己的真实想法，否则，我们很容易感到沮丧，并对我们的人际关系造成影响。而在沟通中展示出自信，则能够避免因没能正确地表达自己的真实想法而产生沮丧。个体的自信对沟通以及人际关系有不可忽视的重要作用，一个自信的人往往可以影响其周围的人，并在沟通过程中占有主导地位。自信甚至被认为是最具魅力和最具人际吸引力的特征。

2.1 自信沟通的特点

所谓自信沟通，是指在沟通中以一种直接、坚定、积极甚至在必要时坚持的态度进行真诚的表达，这种表达重视促进人际关系平等，在维护自己的利益和行使自己的权利时不践踏他人的权利。直接、坚定、积极和坚持使自信的沟通者能够把自身的感觉、想法和希望清楚地表达出来。他们在沟通时自然地显示自己的愤怒和不满，表现出自己的喜爱和友好，承认害怕和焦虑，能够向相关的人表达自己的想法和感受，表达自己的观点，并能够让他人重视自己的观点和感受。重视促进人际关系的平等，意味着在沟通中不贬低对方，不强迫他人服从自己的需要。对争论和分歧能够坦诚地平等协商，在不损害自身的权利和尊严的前提下能够坦率地妥协。维护自己的利益则是主动地采取行动实现自己的目标，能够说“不”、表达自己的反对或者支持，可以有效地处理批评、羞辱而不会变得有敌对性或防御性。行使自己的权利而不践踏他人的权利是指在沟通中不对别人进行不公平的批评、伤害、指责、操纵和控制。

2.2 建立自信沟通的技术

有一些技术能帮助你自信地沟通。

2.2.1“破唱片”技术

当你想说“不”或用其他的方式与对你的信息理解有困难的人划分界限时，“破唱片”技术是一种有用的技巧。它包括四个步骤。

第一步，弄清楚你想要什么，不想要什么，知道在这种情况下你的感觉、想法和愿望。

第二步，对你想要什么形成一个简短、具体、容易理解的陈述。最好可以将其整理成一句话。不要提供理由或解释，避免说“我不能……”，因为这是一个最糟糕的理由，其他人可能会回答“你当然可以”，并且告诉你怎样去做。说“我不想……”更简单、更直接，也更诚实。在头脑中回顾你的陈述，尽量删去他人可以用来扩展他的论据的漏洞。

第三步，用身体语言支持你的陈述。站直或坐直，看着对方的眼睛，将你的手放在身体的两侧。

第四步，平静而坚定地重复你的陈述，使对方获得你的信息并且意识到你不会改变主意。

2.2.2 “空椅子”技术

刚开始进行自信沟通的时候，你可能会感觉到尴尬。“空椅子”技术对你很有帮助。这个技术的核心就是想象一个你想对其表现出自信的人正坐在一把椅子上面对着你。用你头脑中的眼睛看着这个人。他是怎么坐的，穿什么样的衣服，尽量看得更清楚。

首先，你开始自信的陈述，就好像那个人真的坐在椅子上听。陈述完成后，转到空椅子上。假装你是那个坐在空椅子上的人，想象他会怎么反应。然后回到你的椅子上，想象你怎么认识对方的反应，做一个适当的自信的回应。继续这一过程，在两个椅子之间来回移动直到完成对话。

如果这种“空椅子”技术让你感觉不太自然，你可以根据“空椅子”技术的步骤，把它编成剧本，或者在镜子前练习或者通过录音来进行练习。

三、沟通中的自我表露

在火车上，你的身边坐着一位看起来和蔼可亲的女性。冗长而枯燥的旅程使你有找她聊一聊的冲动，于是你开始和她攀谈起来。谈话从你们是什么地方的人、此次旅行的目的等问题开始，但不一会儿她就开始谈学习压力问题，你也开始对她抱怨同学间紧张的人际关系。当到达目的地的时候，你对她的过去有了很多了解——她是一个大三的学生，正在进行考研前的准备工作，但她对未来能否考上缺乏信心。你发现，自己也向她吐露了不少，你告诉她你在学校交了男朋友，忽略了和同学的关系。当你们说再见的时候，你感觉这个人很好，甚至有点像你自己。

我们都有过这种倾诉。和一个陌生人开始一段谈话，谈话刚开始的时候你们都在说一些礼节性的话题，什么天气啦，见闻啦，逐渐地，你们的话题渐渐深入，涉及家庭、薪水、人际关系。你们有很好的互动，和对方轮流分享着自己的信息。结束这次谈话的时候，你会对这个陌生人有着超常的好感。同时你感觉到，他对你的感觉一样好。这次邂逅使你进入了一个愉快的心境，这种心境使你在这一天里都有好精神。

你为什么会因为这样一次谈话就有了好心情呢？根据心理学家的研究，在两个人分享了私人信息后，那些感觉是很特别的。当人们把有关自己的秘密信息展示给另一个人的时候，他就在进行“自我表露”。你和其他人在一起的时候总是在不自觉地表露自己。即使你忽视他们，但你的语言、姿势都透露了关于你自己的信息。

1.自我表露

1955 年，美国心理学家约瑟夫·勒夫特(Joseph Luft)和哈里·英厄姆(Harry Ingham)提出了“乔哈里资讯窗”，他们把“自我”划分为下面的四个象限。

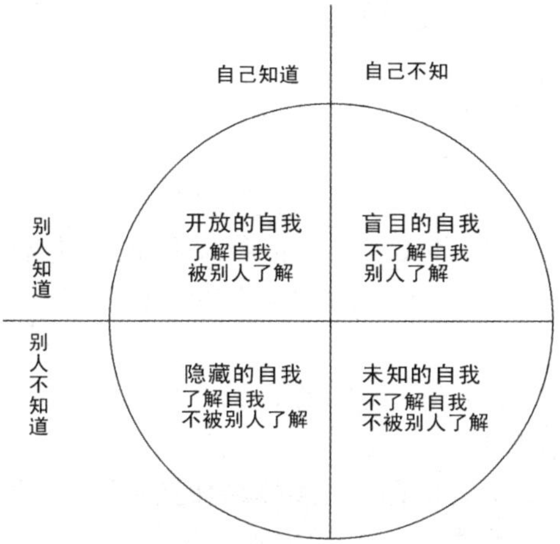

乔哈里资讯窗

第一象限代表开放的自我，表示你自己知道并能向他人公开的。第二象限是盲目的自我，指他人了解而你并没有意识到的一些方面，如习惯、怪癖、防御机制、处事策略等。第三象限是隐藏的自我，它包括你所有的秘密——你所思考的、感觉的和要求的每一件事情，这些都只有你一个人知道。第四象限是未知的自我，代表了你自己和他人都不了解的自我维度。梦是未知自我的例子。再如，你在没成为父亲或母亲之前，你和别人都无法知道你能否成为好家长，这也是未知自我的例子。在乔哈里资讯窗中，对每个人来说，这些象限都不是固定不变的。在日常活动中，观察、思想、情感和想法会从一个象限移动到另一个象限。你在外部世界看到、听到和接触到的种种都进入隐秘的自我中。某些经历会影响你无意识的习惯，并进入盲目的自我中。有些你记得但从来不表露的东西就留在了你隐秘的自我中。有些你注意到并告诉别人的东西就进入你开放的自我中。当你深入洞察自己在这个世界上如何行为时，你就从盲目的自我进入隐秘的自我中，而把这些意识告诉给别人时你又进入开放的自我中。

所谓自我表露，是指在交际中将个人的有关问题和私人感情、个人爱好、往日经历、各种愿望以及缺点和不足传播给对方的一种交际行为。也许有人认为这些都是私事，不便公开，尤其是使自己的缺点和不足外扬于人会使人看轻自己。其实不然，在人际交往中，自我表露既可平衡自我心态、取得他人理解和帮助，又能增加对方对你的信任，加深友谊。

马斯洛、罗杰斯等许多人本主义心理学家在自我适应和心理治疗中关注到了自我表露的作用。例如罗杰斯提出，在一个值得信任的关系背景中把自己表露给另一个人，是别人逐步了解自己的第一步，并且会因此变得富有成效。朱拉德认为，经常的自我表露是一个人有健康人格的重要表现。他认为，如果不把我们的思想变成语言文字表达出来，那么我们的真实情感很容易被否认和歪曲，只有我们对每一个人都是公开透明的时候，我们才能公开透明地看待自己。

2.自我表露的益处

2.1 增加自我认识与自我认同

有时把自己的想法转化成可以表述的语言会使自己注意到平时意识不到的想法，常有顿悟之感，有利于人们更加了解自己的情绪、想法，同时也能在沟通中获得他人的反馈，更全面看清自己。同时，自我表露也能帮助我们获得自我认同。例如，你可以通过袒露信息来寻求聆听者对自己的行为和信念的认同。

2.2 维持和加强亲密关系

良好的自我表露会令双方产生信任的感觉，这会大大拉近彼此的距离，在亲密关系中，经常的自我表露会将自己的想法更多地表达给对方，双方能进一步增强亲密关系。大量的研究显示，自我袒露的品质与婚姻中的满足感之间有强的关联，同样，在一般人际关系中，自我表露的品质也与人际关系的满意度之间存在密切的关系。

2.3 增进交流

健康的自我表露是一个学习什么时候告诉谁什么事的过程。一般而言，你表露的信息越多，你就可以更好地交流。你隐藏的信息越多，你的交流就越没有效果。

2.4 情绪宣泄

自我表露能够使自己压抑的情绪得到发泄，从而保持心理的健康。例如，内疚是一种复杂的情绪，它通常包含气愤、害怕遭到报应等，容易给人带来痛苦。通过自我表露，暴露你所做的或所想的，你就不需要处心积虑地隐藏那些过失；而且，当你将自己内疚的事情暴露出来之后，你就能够客观地看待它。有研究表明，创伤性经历的表露对健康有益，正视创伤有利于把身体从高压状态中解脱出来，会使压力降低，改善健康。研究者还表示，那些经常隐藏自己消极信息的人更可能遭受焦虑和抑郁。因此，说出或者写出创伤经历对攻克创伤是非常重要的一步，强迫人们把情绪体验变为清楚的语言表达会产生顿悟，通过它可以更好地理解问题的来源，增加解决问题的途径。

3.自我表露的最佳水平

自我表露中有一个互惠原则，两个谈话者暴露的隐私大都在一个水平上，其中的一个人把自己的某些私人信息展示给另一个人，另一个人就会把同等水平的私人信息告诉他。如果一个人只是坐在那里倾听而不会谈及自己的一些私事，那么我们很有可能不会再进一步表露自己。自我表露来自吸引和信任感。当别人把自己的信息展示给你的时候，你就会被他吸引并产生信任感。如果你很擅长自我表露，你的开放自我部分相比其他部分就会大得多。开放自我部分越大，你就越容易通过自我表露受益。

自我表露有时也是有风险的。例如，我们可能会被拒绝。你透露了一些别人不知道的事情，可能这些信息会导致他人对你的反感。一些研究发现，大幅度地进行自我表露对人际关系会有相反的效果。鲁宾(1973)在一项研究中，要求在机场候机的旅客对一些书法作品进行评价，实际上这些书法作品是由同一个人写的，不同的是这些书法作品的内容是不同的自我表露，结果发现，中等水平的表露最受欢迎，过多和过少的自我表露都影响人们在人际中的吸引力。

运用自我表露应注意以下几点：(1)随着交际的进行，呈阶梯状地逐步表露。初次见面你便滔滔不绝地说出自己的心里话，对方即使不认为你神经不正常，至少也会觉得你心直口快、有欠稳重。(2)区别场合、对象。如果在庆祝会上大谈特谈自己过五关、斩六将的辉煌业绩，容易引起人们的反感；在约会时云山雾海地讲人人熟知的大道理，就会使人感到欠诚实，难以身心相托。另外，能对同性表露的不一定合适向异性表露，能向同辈表露的却不一定非要向长辈诉说不可。(3)不能以己之心强求他人。自我表露是交际双方都应该进行的，但是不能因为自己的快言快语而强求他人向你倾诉心曲。每个人都有你知、我知、大家知的公开的自我，也都有天知、地知、自己知的隐蔽的自我，如果你贸然闯入他人的隐蔽区，轻则导致窘迫难堪，重则出现关系破裂。

复习巩固

1.自我概念包含哪几个部分？自我概念的作用体现在哪些方面？
2.自我表露有哪些益处与风险？
3.自信的沟通有哪些特点？

本章小结

人际知觉会通过投射效应影响沟通，也会由于情感因素的参与影响我们对人际关系的判断，从而影响沟通。人际知觉中有一些典型的心理效应，这些心理效应会对人际知觉产生积极或消极的影响。改善人际知觉的方法，既要对人际知觉中典型心理现象的消极方面加以规避，也要培养同理心。

自我概念包括反映评价、社会比较和自我感觉三部分。良好沟通的关键在于展示积极的、正向的自我概念。自尊和自信是重要的自我概念。自尊通过影响人们在社会交往中的控制力需求、参与度需求和情感需求来影响沟通。社会比较、自我觉知、归因风格和家庭因素、性别因素也能影响我们的自尊。自信的沟通者能在沟通时以一种直接、坚定、积极甚至在必要时以坚持的态度进行真诚的表达，并且在这种表达中重视促进人际关系平等、维护自己的利益和行使自己的权利，同时不践踏他人的权利。使用"破唱片"技术和"空椅子"技术能帮助我们提高在沟通中的自信。

自我表露是在沟通中展示开放的自我的一种交际行为，最佳的自我表露能增加自我认识与自我认同、维持和加强亲密关系、促进交流并使个体的情绪得到宣泄。

本章关键词语

人际知觉　人际知觉的认知过程　影响人际知觉的心理现象

自我概念　自我概念的结构　自我概念的作用　自尊　自信　自我表露

章后练习

1.“以小人之心，度君子之腹”属于下列哪种人际知觉心理效应（　　）。

A .近因效应　B.首因效应　C.投射效应　D.知觉定式

2.“情人眼里出西施”属于下列哪种人际知觉心理效应（　　）。

A.月晕效应　B.首因效应　C.投射效应　D.知觉定式

3.认为“友好的人都比较聪明”属于人际认知中的（　　）。

A.图式　B.剧本　C.图式加工　D.潜在个性理论

4.“重庆妹子泼辣”属于下列哪种人际知觉心理效应（　　）。

A.月晕效应　B.首因效应　C.投射效应　D.知觉定式

5.自我概念是由（　　）三部分构成。

A.反映评价　B.社会比较　C.自我感觉　D.自我归因

6.“乔哈里资讯窗”把“自我”划分为四个象限，它们是：（　　）。

A.开放的自我　B.盲目的自我　C.隐藏的自我　D.未知的自我　E.否定的自我

7.心理学家舒茨认为人际关系的需求包括（　　）。

A.参与度需求　B .包容需求　C.控制力需求　D.超越需求　E.情感需求

8.“别人考试成绩这么好，我考得太差了”属于自我概念形成过程中的（　　）。

A.反映评价　B.社会比较　C.自我感觉　D.自我归因

9.自我概念的作用包括（　　）。

A.自我引导　B.自我解释　C.自我期望　D.自我归因

10.下列因素中，属于自我内在归因的因素有（　　）。

A. 能力　B.努力　C.工作难度　D.运气　E.身心状况　F.别人反应

11.自我表露的益处包括（　　）。

A.增加自我认知　B.增加自我认同　C.情绪宣泄　D.促进交流　E.维持和加强亲密关系

12.你自己和他人都不了解的自我维度，属于下列哪个维度的自我？（　　）

A.开放的自我　B.盲目的自我　C.隐藏的自我　D.未知的自我

13.辨析：知觉定式对人际知觉总是有负面影响，需要加以克服。

第三章　倾　听

每个生理正常的人都能够听，但并非每个人都会倾听。良好的倾听能力是人际沟通的纽带，有助于个体社会适应能力的提高。个体在倾听过程中，会有意或无意地犯错。倾听是一种能力，可以通过学习得以提高。在本章中，你将会学习到：(1)倾听对于个体发展的重要性；(2)倾听的本质和常见类型；(3)个体在倾听过程中的常见问题；(4)人际沟通中的基本倾听技巧。

第一节　倾听的本质

一 、倾听的作用

1.倾听的重要性

倾听对我们来说非常重要，其中一个原因就是我们每天花费了大量的时间在倾听上。研究者凯瑟琳·丁迪亚（Kathryn Dindia）和邦尼·肯尼迪（Bonnie Kennedy）曾做了一项实验。他们为143名大学生被试每人配备了一部笔记本电脑，让他们连续7天都随身携带。这些电脑被设定在每天早上7点至晚上11点中间随机选择6个时间点发出滴滴声。每次电脑发出声音时，被试就要记录他们正在做的事情。研究者在总结被试们所做的记录时发现，在所有被记录下来的沟通行为中，倾听是最频繁被提及的。

生活中的心理学

倾听在人际沟通中的作用

研究显示，倾听是沟通中重要的项目。大学生在沟通时，53%的时间用来倾听。对公司员工日常行为的分析也显示，员工60%的时间用来倾听；具备良好倾听能力的人在公司中的职位较高。婚姻咨询专家指出，在沟通时无法了解对方的观点是夫妻沟通中经常遇到的问题。在汉语中，听的繁体写法“聽”由耳、王、十、四、一、心所组成的。这表示听的时候要用耳朵为主（耳、王），需要眼到、口到（四）、一心一意、专心致志用心记（一、心）。我们在倾听上花的时间要比我们意识到的多得多，因此，倾听在沟通中起非常重要的作用。

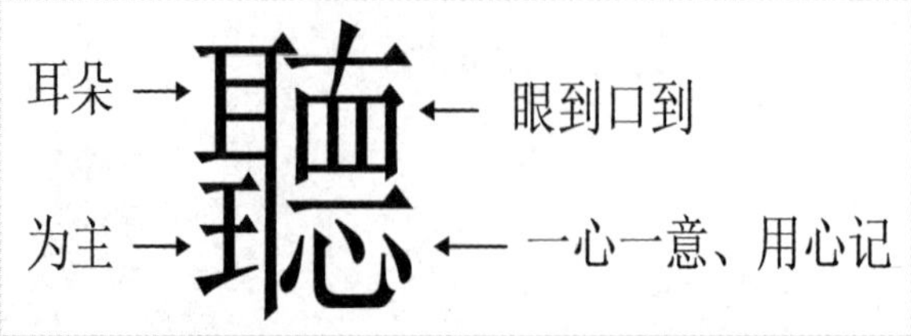

我们每天听新闻报道、欣赏电影话剧、与人交流沟通等等，无一不在倾听。倾听帮助我们获取各类信息，让我们具备更好的适应社会的能力。在最近的一项研究中，1000名人力资源管理专员都将倾听能力定义为有效管理者最重要的能力。

良好的倾听技能在我们的社交和人际沟通中是不可或缺的要素。人类具有社会属性，无论是外向还是内向，无论是喜欢交朋友或是喜欢“宅”，在内心都渴望别人能理解自己、肯定自己、喜欢自己、接纳自己，没有人愿意受到周围人的孤立。然而，不同的行为会导致不同的结果。有的人拥有良好的人脉，而另一些人却一直处于恶劣的人际关系中。实质上，在大多数情况下，人际关系存在问题的人并不是不够优秀，或者人品低劣，而仅仅是别人不愿意走近他们，了解他们，更不愿意和他们长久待在一起。因为这些人有意或者无意表现出了对别人不感兴趣。对于一个不愿意了解你、对你不感兴趣的人，相信你也很难对他产生兴趣。而对别人有兴趣的表现往往体现在你是否愿意认真地倾听他的谈话。下面的场景随处可见。老同学聚会上，有的人在吹嘘自己的房子车子，有的人在夸耀自己的爱人孩子，有的人在讲述自己的旅行经历，有的人在慨叹这些年自己的奋斗历程，全场唾沫横飞，热闹非凡，每个人都在讲述自己的故事，而对别人的故事都心不在焉；某个小区的空地上，一群小孩在玩，他们的母亲聚在一边聊天，面带笑容讲述着自己孩子各种趣事，夸耀自己孩子的各种才华，热闹非凡，她们都认为自己的孩子多么的聪明，多么的与众不同，在讲述自己孩子的时候非常投入，而当别人讲述的时候，她们更多的是不以为然。这样看似热闹的一场交流会，其实都是各自演戏，彼此的关系没有任何加深。

实际上，在这样的聚会中，每个人似乎都非常渴望交流，希望获得别人的关注，他们在讲述自己的故事时，渴望别人的回应。然而，如果细心观察，你会突然发现，其实每一个人都在忙着说，却没有人在认真听，他们眼神游移不定，回应搪塞敷衍。他们大部分时间是在说或者在想接下来说什么，他们都急于表现自己，却相互忽略。他们都以为自己在聚会上出尽风头，心满意足，而散场之后却一无所获。

显然，我们都容易犯此类错误。我们更关心自己，并且会高估自己的突出程度。这在心理学中称为“焦点效应”，即人类往往会把自己看作是一切的中心，并且高估别人对我们的注意度。心理学家基洛维奇做了一个实验，他们让康奈尔大学的学生穿上某名牌 T 恤，然后进入教室，穿 T 恤的学生事先估计会有大约一半的同学注意到他的 T 恤。但是，最后的结果却让人意想不到，只有 23%的人注意到了这一点。这个实验说明，我们总认为别人对我们会倍加注意，但实际上并非如此。从另一个角度来看，我们知道了很重要的一点，即每个人喜欢我们关注他。

值得注意的另外一点是，社会心理学相关研究得出结论，在建立亲密关系中，有几大因素是重要的。第一个因素是接近性，即生活轨迹相交的频率高；第二个因素是外表吸引力；第三，相似性。相似性在建立亲密关系中的作用体现在，当某人的态度与你的态度越相似时，你就会越喜欢他。例如，在大学寝室里，你和室友 A、B 就社会某个问题进行了讨论。讨论后，你发现 A 对此问题的看法与你一致，而 B 恰恰与你相反，毫无疑问，你会对 A 的印象好很多，认为他更友善，适合交朋友。这一定律在那些特别自信、对自己感到满足的人身上显现得更加突出。这也是我们的一个心理特点所导致的，即错误的一致性偏好，我们倾向于认为别人与我们拥有同样的态度。当我们发现某人与我们的态度不一致时，我们就会不喜欢这个人。第四，被对方所喜欢。

在建立亲密感的四大要素中，接近性和外表吸引力会影响我们最初被谁所吸引，而相似性和被对方所喜欢则会影响长期的吸引。可以这样去理解，正因为我们都有强烈的归属感，拥有被喜欢、被肯定、被接纳的需要，因此，我们更喜欢那些喜欢我们的人。一个人喜欢他人的程度可以反过来预测对方喜欢他的程度。由此，我们可以看出，要建立良好的关系，相似性和喜欢对方是相当重要的因素。相似性及喜欢对方这两点的实现，基于我们对对方的了解，而了解对方的重要途径，就是倾听。

因此，关注别人、认真倾听是建立和维系人际关系的关键。不管我们能不能准确意识到这一点，我们往往有共同的想法：你首先得对我好，我才会对你好。换言之，你首先得对我有兴趣，我才会对你有兴趣。而真诚的倾听是我们展示对他人兴趣的好方法。如果你是一个很好的倾听者，你会更了解周围的人，他们想要什么，他们喜欢什么，他们讨厌什么，他们害怕什么。你会拥有更好的人际关系，而好的人脉会给予你更多获得成功的机会。

2.不去倾听带来的坏处

倾听会给我们带来好处，反之，不去倾听会给我们带来意想不到的危险。你会错过别人语言或非语言传递出来的重要信息，以致你无法准确理解对方的意图，忽略问题的来临。当你试图了解人们的行为时，你只能靠猜测别人的心思去弥补你在倾听技巧上的缺陷。中国有句古话即“以己度人”，就是描述这样的现象。低自尊的人会猜想别人以不利于自己的方式看待自己，高自尊的人会猜想别人以对自己有利的方式看待自己。以自己的想法去推测别人的想法，这一错误广泛地发生在许多情境中。例如，你对朋友发火，情绪激动下说了很多难听的话。冷静下来后，你意识到自己做得有点过分，并认为双方关系不可修复。你的推测依据是，如果别人对你说了类似的话，你将不可能原谅对方，因此你认为你的朋友也不可能原谅你，你的任何和解行为都将毫无意义。在这样的思维下，你与对方越来越疏远，终成陌路。但是事实或许是另一个版本，你的朋友认为他也有部分责任，他对你的言语虽然生气，但认为并非不可谅解。而你接下来的疏远行为则让他认为你才是想要结束关系的人。

我们常常犯这样的错误：我们站在自己的立场上，带着固有的偏见，认为别人的想法一定是和我们一样的。而我们的揣测往往是和现实有差异的。我们根据自己的判断来猜测他人的意图，由臆想出来的他人意图来决定我们的下一步行为，这些行为又影响着他人的态度和行为。如果我们的想法和行为是不友善的，那么这种恶性循环将会把我们与他人的关系带入深渊。要避免出现这种情况，我们需要了解对方真实的想法，因此，我们必须要认真倾听。

总而言之，倾听技能对每个人来说都极具价值，我们了解倾听知识、学习相关技能，对我们的个人发展有重要意义。

二、倾听的定义

倾听可以定义为从他人说话过程中提炼信息的活动过程。它包括以下几个要点。

第一，倾听是一个活动过程，不只是用耳朵听，而是需要全身心投入关注别人的讲话内容。这必须付出努力后才能够做到，很多时候我们往往只是听，而非倾听。学校里经常出现这样的场景，课堂上，教师在台上滔滔不绝地讲课，台下总有学生貌似目不转睛地盯着台上，神情专注，实际上，神游太虚，完全沉浸在自己的世界里，教师的话听在耳朵里不过是一个个没有任何联系的汉字。因此，同样的老师，一样的授课内容，不同学生有不同收获。

第二，倾听绝不仅仅是单纯地接受信息，更为重要的是对听到的信息进行重组。即使讲述的内容是一样的，每个人倾听后理解与感受也可能是不一样的。例如，一位女性描述自己在失恋之后迅速忘掉前男友，而马上转身投入新恋情时，你可以解读为这位女性情绪调节能力不错，可以不因失恋影响到正常的生活；你也可以认为这位女性并没有理性控制情绪的能力，无非是想通过另一段新恋情来麻痹自己，或许她甚至都没搞清楚自己是否真的爱新男友。而倾听者的解读也许和描述人想表达的真实含义也存在着相当大的差距。

第三，倾听处理的是口头的信息。书面信息和非语言信息都影响着我们对于语言信息的理解，然而，我们只能在有人说话时才能进行倾听活动。

综上所述，倾听至少基于以下四种意图之一：理解他人、希望与他人相处、认识了解事物、给予帮助或安慰。

三、关于倾听的错误认知

你如何评价自己的倾听能力？当面对这样的问题时，如果不具备专业知识，我们经常会高估自己的倾听能力。在一项调查研究中，94%的公司经理在倾听技能上都给自己打了“好”或者“非常好”，没有一个人给自己打“差”或者“非常差”。然而，他们的部分员工却认为情况完全相反，他们给经理在倾听技能上打了“差”。我们对自己倾听能力的高估也许源于对倾听的一些误解。

1.倾听不只是听见

倾听的必备前提是我们能够听见，然而仅仅听见并不等同于倾听。如果排除生理疾患，我们在清醒的时间里几乎都在听声音，例如窗外的虫鸣声、马路上的汽车鸣笛声、客厅电视的声音、室友交谈的声音等。听只是一个被动的过程，不管你是否愿意听，当声波传入耳鼓，信号传递到大脑，这个行为便发生了；而倾听则是一个主动参与的过程，即先注意到一种声音，然后构思、重组其含义并回应这一声音的一系列过程。例如，赵戈坐在电脑面前玩游戏，女友在一旁说：“咱们也可以过六一儿童节啊，要不要重温下童年，周末一起去游乐园玩？”赵戈正玩得起劲，随口附和了一句：“嗯。”女友对于这样的敷衍明显不满，大声地问："你有没有听我说话?"女友的愤怒终于让赵戈暂停游戏，回过头来："我在听啊。你说你想去游乐园吗?"女友说："是的，我想在六一儿童节当天能重温下童年，我们可以去游乐园。"赵戈："哦，重温童年啊，那好吧。我们还可以去尝尝童年零食，比如棉花糖之类的东西。"女友高兴地说："就是啊，我们周六就去。"在这个例子中，我们可以发现，赵戈最开始是听见了女友的提议，但并没有关注，女友发怒后，赵戈才真正开始倾听，去理解女友的真实想法，并做出相应的反应。女友转怒为喜。所以，我们说听与倾听的内涵不同，在人与人交流中起到的作用也是不同的。

2.倾听不只是本能反应，还需要做出努力

如上所述，倾听需要我们付出精力，主动参与。如果不付出努力，我们甚至很难保证认真听完一场专业知识讲座。而在与人交流的过程中，要从冗长的谈话中理解对方的真实意思，更需要特别的专注和积极的思考。比如，一位专业心理咨询师，听完一场演唱会后会觉得轻松愉快，而做完一次心理咨询之后，却感觉到精疲力竭。

3.即使内容一样，倾听的人得到的信息也可能不同

人们想当然地认为，听到相同内容的人会以相同的方式接受和理解信息。然而经验、偏见甚至性别和文化的差异都会影响我们对所听到信息的理解。语言交流学家本·布鲁姆(Ben Broome)指出，即使倾听技能非常好的人也不能完全脱离这种影响。例如，小张说："寝室每天的清洁都是我在做。"小王的理解是："小张认为宿舍里的每个人都应该轮流做清洁。"小李的理解是："小张根本不想做寝室清洁。"小赵的理解是："看来小张需要我的表扬、鼓励和肯定。"因此，小王的回应是："那咱们排个班吧，每个人做一周。"小李的回应则是："你也可以不做，没人逼你。"而小赵的回应是："你真的是当之无愧的优秀室长，我们都很感谢你。"

四、倾听的过程

组织沟通学教授朱迪·布劳内尔(Judi Brownell)提出了HURIER模型。这一模型描述了倾听的6个阶段，即听、理解、记忆、解释、评价和回应("HURIER"即这6个阶段的英文首字母)。这6个阶段在倾听过程中没有严格的先后顺序，但通常都包含在倾听过程中。如表3-1所示。

表3-1　HURIER有效倾听模型

HURIER有效倾听模型	
听	接收声音的物理过程
理解	领会我们所听到的声音信息
记忆	记忆所听到的信息
解释	解释所听到的信息
评价	判断说话者的可信度和意图
回应	证明我们在倾听

下面我们来详细阐述这6个阶段。

1.听

听是一种生理过程。某一种频率和音量的刺激，震动空气以撞击内耳，就形成声音。众所周知，如果存在生理疾患或者身处嘈杂的环境下，我们就很难听到需要的信息。然而，即使不存在上述两种情况，对一部分人来说，听到所需要的信息也是件很困难的事。据研究者调查，在美国就有超过13万人在沟通中有某种程度的听的困扰。在教室中每天有1/4到1/3的孩子没有办法正常听见信息。如果对方能够把语速放慢、声音提高、清晰度增加，则可以改善他们听的效果。这是由于我们生活的环境充斥着众多语言信息，如电台广播、路人的谈话、会议发言、朋友交流、工作交谈等等，我们无法做到对每一条信息都专注处理，因此，通常情况下，我们只会根据自身的兴趣、实际需要等因素，选择一些信息关注。比如公司开会，老板讲了公司的发展前景、总体规划，你也许听得心不在焉，突然老板讲到了员工加薪方案，你马上专注起来，仔细倾听。在办公室，一同事东家长西家短，你觉得无聊至极，边玩电脑边搪塞着，突然这个同事开始讲你暗恋的女孩，你马上停止其他事情，开始关注同事的讲话内容。

2.理解

当我们听到信息后，还必须理解这些内容，即加工整理听到的词语或句子从而了解其含义。英语听力考试时，我们努力倾听磁带播放的声音，或许我们听清了每一个单词，但无法理解其含义，这样的倾听就是无意义的。同样，我们在倾听别人谈话的过程中，要确定我们理解了对方所表达的真实意思。例如网上流传的一段话以一种幽默的方式表现了字面意思与实际意思的区别：

坦率交谈——分歧很大，无法沟通；

交换了意见——会谈各说各的，没有达成协议；

充分交换了意见——双方无法达成协议，吵得厉害；

增进了双方的了解——双方分歧很大；

会谈是有益的——双方目标暂时相距甚远，能坐下来谈就很好；

我们持保留态度——我们拒绝同意；

尊重——不完全同意；

赞赏——不尽同意；

遗憾——不满；

不愉快——激烈的冲突。

3.记忆

通过大脑记忆一些内容并在需要的时候回忆起来。记忆在人际沟通方面扮演着重要角色。例如，单位来了位新同事，你们见过面，可再次碰见的时候，你怎么也想不起他的名字了，最尴尬的是你最终喊出他的名字居然是错误的。面对这样的失误，你不用特别自责，因为据研究显示，大多数人在听完信息之后只会记得50%，不超过8小时会下降到35%，而2个月后平均只会剩下25%。不过，我们可以通过学习辅助记忆的策略来强化记忆。

4.解释

作为好的倾听者，还应该具备解释其所接收到的信息的能力。解释分为两个环节。一是根据说话者的语言和非语言行为，重新构思这些行为的意义。例如，小虎说："像阿明这样的人，我真是服了。"当听到这话，你注意到小虎的面部带着鄙夷，那么你会把小虎的话解释为小虎对阿明不认同；相反，如果你发现小虎说话的时候面部表情是羡慕，那么你将把小虎的话解释为小虎很钦佩阿明。二是将你对信息的理解传递给说话的人。例如：

李莉：王超给人的感觉很谦虚。他挺有才华的，家庭条件也蛮好，但不像一般的"富二代"那样张扬。

赵芳：看来你对王超印象不错，愿意和他交往，对吧？

李莉：是的。

信息的传递有两个方面的作用：一是可以让对方知道你在认真听他说话，这会让他感到开心；二是你可以检验一下你的理解是否正确。

5.评价

这个环节通常包括以下内容：首先，判断说话者的观点是否真实和正确；其次，将得到的信息拆分，判断说话者这么说的理由；第三，结合说话者传递的其他信息或周围环境信息，综合分析说话者的意图。例如，假定A对你说："B是个人品低劣的家伙，你要小心，离他远些。"当你确信A的确对B给出了负面评价后，你将评价这个信息。首先，根据你所掌握的以往的相关信息，B是否如A说的那样不堪；然后，你要思考A为什么会对B有负面印象；最后，你要考虑，A给你传递B的负面信息是什么原因，他想达到什么目的。

6.回应

回应即通过语言或者非语言方式对说话者进行反馈。以下是常见的7种反馈方式。

搪塞。沉默，面部无表情，反映了对说话者所说的内容不感兴趣。

渠道返回。点头或面部表情反应、发出声音（如"嗯"）或者语言表述（如"我知道"或者"非常有趣"），恰到好处的回应通常向说话者表示你在认真听。

转述。根据自己的理解，阐述说话者表述的信息；用这种方式表示你理解了。如下面的例子。

说话者：我给自己制订了无数学习计划，但从来没坚持下去，心里特别难受。

回应者：你是说你无法坚持学习计划，这让你很有挫败感。

移情。告诉说话者你理解他，并能体会到他的感受。如下面的例子。

说话者：我和我继母发生了冲突，而我父亲就站在一旁，默不作声。我心里特别难受。

回应者：我理解你的感受。父亲应该是保护女儿的，可这样的情况下，他选择了沉默。

支持。表达对说话者观点的认同。如下面的例子。

说话者：我希望每年都有1～2次旅行的机会。

回应者：我也是这么想的。

分析。就说话者所谈的话题表达自己的想法。如下面的例子。

说话者：这次去香港，我觉得海洋公园比迪士尼好玩。

回应者：迪士尼面积不大，好玩的项目不多，而海洋公园更有观赏性。

建议。对说话者的观点和感受提出建议。如下面的例子。

说话者：我室友说对我不满很久了，但我觉得莫名其妙，我不知道我做错了什么。

回应者：我建议你找个时间和她单独聊聊，听听她到底对你有什么意见。

在日常生活中，我们通常会根据具体情况，选取恰当的方式进行回应。例如，当学生找到辅导员，表示自己在学习目标方面感到很迷茫，这个时候辅导员适合采取分析和建议的回应方式。而面对失去亲人的学生，移情和支持则是最恰当的回应。除此之外，需要注意的是，文化期望也会影响回应，尤其是非语言回应。例如美国社会文化下人们会期望语言的沟通中包含眼神的交流，而印第安人文化中，听他人说话时向下看和向别处看是对说话者的一种尊重。

五、倾听的类型

关于倾听的类型，有两种分类的方式，即根据倾听的目的划分或者倾听的方式来划分。

1. 根据倾听的目的来划分

根据倾听的目的不同，可以分为咨询性倾听、批判性倾听和设身处地的倾听。

1.1 咨询性倾听（学习型倾听）

在这个倾听过程中，我们主要是学习，并不对说话者的观点作出评价。咨询性倾听在课堂及讲座中非常普遍。在咨询性倾听过程中，要注意以下几点。

1.1.1 确认对方提供的信息

在这一过程中尤其要注意区分对方明确提供的信息和自己推断出的信息。自己推断出的信息可能存在错误，因此我们应通过转述对方所说的话，来确认自己的理解是否准确。

1.1.2 避免确认性偏差

确认性偏差是指只关注那些支持你的价值观的信息，贬低或忽略其他非支持性信息的倾向。这种偏差，会让我们误读对方提供的信息。

1.1.3 注重信息的实质内容

一些骇人听闻的事件往往会吸引眼球，但会扰乱我们对事物的解读。这一现象在心理学中被称为鲜明效应。例如2013年春，浙江出现禽流感死亡病例时，全国多地出现家禽滞销，养殖场无奈闷死小鸡小鸭等事件。尽管只有少数病例出现，但人们都觉得自己周围如果有家禽存在，是会得禽流感的，而且如果患上禽流感，一定会死亡。在人际交往中也可能发生类似情况。父母离异的小孩有很大比例出现对感情不信任，对婚姻没有信心的观念。好的咨询性倾听者能够透过各种表象，关注信息的实质内容。在这一过程中，尤其要注意了解鲜明效应，并提醒自己尽量避免鲜明效应的影响。

1.2 批判性倾听

倾听的目的是为了分析或评判所听到的信息。例如，面对营销人员的产品介绍时，我们要不断分析、评判产品质量优劣，思考是否要购买。做一个好的批判性倾听者要注意以下几点。

1.2.1 多疑

多疑并非要你专注于找别人的错误，而是要你不盲目地接受观点，认真审视信息的论据，判断其是否符合逻辑。

1.2.2 评价信息提供者的可信度

信息提供者的可信度对信息的可信度有着重要影响。有几个要素可以帮助我们对其可信度作出判断。首先是专业性。我们更愿意相信一位从事儿童心理咨询数十年的专家提供的育儿建议而不是妇产科医生。当然，在涉及这一因素时，我们不得不考虑经验与专业性的关系。一位养育多个子女的家庭主妇或许很有育儿经验，但她并不是公认的专家。而公认的这方面的专家或许只有一个小孩，甚至没有小孩。他们通过学习培训获得专业知识而非个人经验。在面对经验与专业性的困扰时，我们必须要考虑经验是否适合广泛地应用。其次，偏差会影响信息提供者的可信度。如果信息提供者提供信息时持有特别的利益或目的，他的可信度会降低。例如，一家从事近视眼手术治疗的医院宣传近视眼手术治疗安全无副作用，其可信度是值得怀疑的。好的批判性倾听者会考虑信息提供者背后的动机。

1.2.3 了解发生的概率

评价某一观点的价值必须推测这一观点发生的概率。比如，“人一定会死”这个观点所表述的事情是确定会发生的，而“喜欢吃肉的人会死于心血管疾病”这个观点所表述的事情的发生率不是百分之百。面对类似的信息，我们需要查找相关资料，去伪存真，客观地了解事实真相。

1.3 设身处地倾听

设身处地的倾听者会努力理解和感受说话者内心的真实感受。设身处地的倾听要求具备两种能力。一是“理解立场”，即从对方的角度理解说话情境的能力；二是“同情关怀”，即识别对方的感受后，自己设身处地地体会这种感受的能力。需要注意的是，设身处地的倾听并不等于向他人表示同情的同情性倾听。事实上，即使不能真正体会到别人的感受，我们也很容易表现出同情，而设身处地的倾听却很难做到，因为这需要真正从说话者的角度去理解他们所描述的情境，体会他们的感受。例如，与你朋友相伴十年的猫失踪了，面对悲伤的朋友，你很容易表现出难过，对他的遭遇感到同情，然而你却很难理解你朋友因此情绪崩溃到需要服用镇静剂。这是因为即使我们努力地换位思考，我们的知觉本能地会使我们更关注自己在同样的情境下的感受，而不是别人在当时情境下的感受。设身处地的倾听在心理咨询中被认为是心理咨询师的基本技能。做一名好的设身处地型倾听者需要注意以下两点。

1.3.1 不加判断地倾听

尊重对方的观念，不加评判地倾听。可以使用两个方法做到这一点。首先，不要中断他人。克服自己想要表达观点的冲动，尽量引导对方多说话。其次，除非对方要求，否则不提供建议。必须记住的是，人们很多时候并不需要建议，他们只希望有人能够倾听他们的谈话。

1.3.2 了解说话者的感受

好的设身处地型倾听者需要理解他人的感受并尝试共情。在一项研究中，研究者对晚期癌症病人与肿瘤科医生的谈话进行了调查。经过医生和病人双方的允许，研究者记录了近 400 份病人与肿瘤科医生之间的对话，并多次倾听病人表述自己的消极情绪，例如悲伤、害怕和焦虑。当病人表述这些消极情绪时，研究者发现医生只有 22% 的时间表达让病人继续说的意思；年轻的医生比年老的医生更可能表达出让病人继续说的意思；女医生比男医生使用这种表述的次数更多。这些结论并不意味着医生缺乏同情心，然而数据显示医生可能难以通过情绪支持的回应方式表达他们的共情，虽然这对晚期绝症病人很重要。这或许是医生习惯采用情感隔离的方式保护自己内心的需要。

以上划分虽然包括了人际交往中最主要和最常见的倾听方式，但并不能涵盖所有的倾听类型。例如鉴赏性倾听，指仅仅为了娱乐而倾听，我们听音乐会就属于鉴赏性倾听；或者鼓励性倾听，即倾听的目的是受到鼓舞，我们听名人的励志讲座就属于鼓励性倾听。

2.根据倾听的方式划分

根据倾听的方式不同,可以划分为他人导向型、行动导向型、内容导向型和时间导向型四种类型的倾听。

2.1 他人导向型

他人导向型的倾听强调关心他人的情绪和兴趣点。例如,阿明想追求阿丽,因此在与阿丽聊天的过程中,阿明努力理解阿丽的想法和感受,期望能与她保持良好的关系。

2.2 行动导向型

行动导向型的倾听者强调表达的组织性与精确度。这种倾听方式的人喜欢简单明了的演讲。例如,公司老总习惯行动导向型倾听,他希望员工汇报工作时,能够做到简洁明了、有条理、针对性强,冗长无要点的汇报会让他失去耐心。

2.3 内容导向型

内容导向型的倾听方式强调关注细节,全面考虑问题。例如,公司决策层在听取各部门工作情况汇报时,特别专注汇报的细节,以帮助他们充分了解公司现状,在此基础上做出未来的决策。

2.4 时间导向型

时间导向型的倾听方式强调效率,要求简短和简明扼要的谈话。例如,作为医院抢救室的医生,他希望听到护士以简明扼要的方式汇报病人基本情况,以帮助他迅速作出病情判断。

这四种倾听方式各有优点和不足。他人导向型倾听有利于了解别人,但效率不及时间导向型。行动导向型倾听在追求清晰和精确的专业领域最适宜,如计算机科学。而内容导向型倾听则更适合存在分歧和辩论空间的专业,如艺术等。

不论我们更喜欢哪一种倾听方式,事实上,我们要根据不同的情境,灵活运用不同的倾听方式,以达到最佳的倾听效果。例如,当你面对感兴趣的人时,你倾向于他人导向型倾听;当你听一场专业讲座时,可能采用内容导向型倾听;当你面对紧急情况需要处理时,你更习惯时间导向型倾听;当你收听新闻时,则可能采用行动导向型倾听。

复习巩固

1.倾听是从他人说话过程中提炼信息的活动过程,包含有哪些要素?

2.倾听过程包含哪些阶段?

3.根据倾听的目的,倾听可以分为哪几种类型?

4.根据倾听的方式,倾听可以分为哪几种类型?

第二节　倾听的技巧

一、倾听的障碍

倾听技能对我们的工作、生活影响巨大，如何正确倾听以尽可能达到最佳倾听效果，是每个人应该去研究的课题。

我们在倾听过程中经常会出现假倾听。例如，我们会假装自己对别人有兴趣，以此博取对方的好感；或者选择倾听某些信息，而忽略其他信息；或者倾听的目的是为了确认自己是否会被批评、拒绝或者被否定；或者确认他人的反应是否达成了自己的目的和意图；或者倾听的目的是为你接下来的评论赢取时间、找到对方的弱点并加以利用。

事实上，在大部分时间里，我们并非故意去假倾听，只是我们抱着真倾听的本意却造成了假倾听的效果，而自己却浑然不知。出现这一现象重要的原因就是倾听常会受到倾听障碍的干扰，有些障碍可能是你多年养成的坏习惯，还有些障碍是你对某些人或某种情境的习惯性反应。

几乎每个人都可以从下面列举的例子中找到自己的影子，所以不用沮丧。从心理治疗的角度讲，当你意识到缺点，你就拥有了改正错误、提升自己倾听能力的一个契机。

1.比较

比较会让倾听变得困难，从而影响沟通。比较会让你经常评估自己和他人，例如，“我可比你苦多了”“我可比他有能力多了”等等。忙着权衡，也就没有听进去多少对方的阐述了。

在倾听中忙于比较，很容易陷入自恋型倾听。自恋型倾听者对别人的谈话没有兴趣，他们甚至等不及别人把话说完，就毫无技巧地打断别人，在敷衍的回应中将沟通的焦点从说话者转移到自己身上。这种方式会严重阻碍沟通，给对方留下不好的印象，甚至会破坏自己与他人的友谊。当别人在讲述自己的成功时，你心里不停地回忆自己的经历，寻找自己比别人更聪明、更成功、更值得骄傲的优点；或者当别人正在回忆艰辛的奋斗历程时，你却在心里想着自己当初是多么多么辛苦，多么多么艰难，可比他难多了。因此，我们在聚会中，通常会出现下面这样的情景。

小王说：“当年我才来到这座城市，白手起家，从打工仔做起，非常不容易……”

小吴立刻打断：“你那个算什么？想当年，我第一份工作是推销，天天在烈日下奔跑，没有基本生活费，是在生存线上挣扎……”

小王说："当年，我什么都不会，跟着厂里的师傅学习，后来终于成了全厂技术尖子……"

小吴立刻打断："你那个算什么？你当年是有人教你，我当年是没有人教，全靠自学，我照样掌握了微积分这些知识……"

小吴认为自己很会倾听，也善于交流，然而他通常不会注意到，当他高谈阔论时，其他人都默默走开，或者选择另一个好的听众开始探讨另一个话题了。

2.揣测心思

有的人在沟通时不容易相信别人，他们通常不会关注别人表达的内容，而是把注意力放在说话的一些细微的线索上，希望在此基础上根据自己的逻辑去揣测别人的"真实意图"。

小王：我敢说他欺骗了我，他的笑容太假了。

小李：我并没有你这样的想法，她只是微笑了一下。

小王：我是个注意细节的人，我的直觉不会错。

习惯揣测别人心思的人还可能会假设别人对他的反应。例如，"他说他有事，实际上我知道他是出于对我的厌恶才离开的。"这些看似肯定的说法实质上多半来源于猜测和主观的判断，而非对方实际的表达和回应。这类人往往会只根据自己的揣测而完全忽略别人实际的想法来建立关系，从而陷入人际关系的困境。

3.演练

这类人在别人讲话时，心不在焉，他们把注意力集中在脑海里演练自己接下来的发言，虽然他们也许表现出认真倾听的样子，甚至会条件反射地发出"嗯""啊""哦"之类的回应语句，然而他们的思绪完全沉浸在发言演练过程中，诸如："等会我就这样提议……如果他同意了，我就……，如果他不同意，我就进一步做出解释……他会做出……的反应。"通常一场谈话结束后，他们完全没有领会对方的真实意图。

4.选择性倾听

选择性倾听的人只会对他们感兴趣的部分内容认真倾听和回应，而拒绝倾听其他部分。母亲教育小孩一定要好好学习、听老师的话，如果表现出色，假期将带小孩出国度假。而小孩面对母亲的唠叨，或许只听见了假期会度假的话语，而其他的信息自动过滤掉了。我们以为自己伪装得很出色，然而事实上，我们的面部表情、不经意的肢体语言都会出卖我们，这样的行为通常会让对方失望或者恼怒。

5.评判

先全面听取并评估信息内容，然后才可以做出判断。这是人们都知道的常识，然而我们总是带着主观偏见与人交往。如果是自己喜欢、认同的人，那么在倾听时，我们通常会对他们的观点持肯定的、赞赏的态度。如果是面对自己讨厌的、否定的人，那么在倾听时，我们通常会对他们的观点抱有批评、敌意的态度。事实上，在这样的情境中，我们对他们实际讲述的内容或者他们的感受并不是真的很在意，也并不是特别关心，我们急于做出好与不好的判断，只是潜在地想表达自己对此人的看法和感受。比如下面的例子。

张晶：我最近和莉莉绝交了。

王珂：你总是这样冲动。你这样轻易地和朋友绝交，朋友会越来越少。

张晶：我并不是冲动地和她绝交，而是她做了一些我无法容忍的事。我重病的时候，她没有来看望我，也没有一句问候。

王珂：你对朋友一点也不宽容。也许她很忙，不知道你生病的事。

张晶：事实上，我亲自打电话给她讲了我重病的事，她知道我住院了，而且一度被抢救。她无动于衷，甚至还说我是成年人了，就是应该独自承受这一切。

在这个对话中，我们可以明显看出，在王珂心目中的张晶就是一个对朋友苛刻、不宽容、做事冲动的人，因此，在倾听过程中，王珂给张晶的行为下了消极评判，这样毫无根据的指责，显然容易引起张晶的委屈和愤怒，从而给她们的关系带来消极影响。而对于我们喜欢的人，在倾听过程中，我们往往无视全部信息，急于做出好的评价。心理学称这种现象为光环效应。光环效应频繁干扰我们的客观认知，因此在日常生活中尤其要注意。

6.注意力分散

有效倾听是需要做出努力的，尤其是面对一个对你来说不那么重要的人，讲述着对你不那么重要的事情的时候，更容易出现注意力分散。当对方讲述的某个细节突然引发了你对自己经历的联想，比如对方在讲述自己遭到了男朋友的背叛，而你马上想到自己是多么幸运，男朋友对自己有多好，甚至你想到了你们从相识相知到相恋的过程。对方在你面前悲伤万分，而你却沉浸在甜蜜的回忆中，完全没法理解对方的感受。

7.感同身受

这种障碍是指对方提到的每件事都会让你想起自己过去的经历，不等对方讲完他的故事，你就忙着讲述自己生活中的故事，却没有时间去真正倾听或者了解别人。比如下面的例子。

张丽丽：我最近被我最亲近的姐妹伤害了，在我最需要钱的时候，她明明有钱却拒绝借给我。我被迫找另一个交情一般的同事借了钱。这件事对我伤害很大。在我最需要帮助的时候，最亲近的人还没有平时交情一般的人可靠。

王飞：现在你可以理解我当年的感受了。我那个时候凌晨坐飞机回家，带的东西太多，又不好打车，我叫我弟弟开车过来接我，他居然说他绝对不会来……

张丽丽：我现在心情很不好，我想谈谈我遇到的事情。你可以先听我讲完我的事情吗？

这样的情景不仅时常发生在日常生活中，甚至在专业心理咨询中也很常见。在中国汶川5·12地震发生后，全国各地有不少心理咨询师来到灾区，希望通过自己的努力帮助灾民。在丧失亲人的灾民面前,有些心理咨询师在倾听灾民讲述痛失亲人的事情时,采取了自我暴露技术,讲述自己曾经失去亲人的经历和感受,以期望能给予灾民安慰。然而事与愿违,灾民表示:"你的事情关我什么事?你根本不理解我的感受。你的事情怎么能与我的事情相提并论?"

事实上,在大多数时候,我们都认为自己所遇到的事情是意义重大的,是具有特殊意义的,自己的感受是独一无二的,尤其是遇到重大创伤性事件的时候。因此,别人分享类似故事的时候,我们通常情况下都不以为然,认为两者是没有可比性的。

8.劝告

这样的人通常专注于解决实际问题,而忽视对方的感受。他们也许可以成为问题解决专家,但他们不是沟通交流专家。他们通常直奔问题,提供多种建议,试图帮助对方解决问题,却忽视了对方的情感需求。这种劝告式的建议,通常是无效的。很多人在面对这种劝告式的安慰后,表示:"你说的这些道理我都懂,但是我还是非常非常的难过。"

这样的场景经常出现在父母和孩子、老师和学生的交流中。在家庭教育中,父母通常急于把自己的经验教训直接教给孩子,让孩子懂道理,学会解决问题,而忽略孩子的情感需要。在学校里,尤其是在我国传统的思想政治教育模式下,老师通常忽略学生的感受,而注重道理的讲解和观念的灌输,这样的教育事倍功半,学生通常觉得老师无法理解他,他们也无法认同老师。

9.争辩

有这样一些人,他们自恃口才极好,好胜心强,非常坚信自己的信念和主张。在和别人交谈时,他们根本不在意别人的实际立场和主张,而是把注意力放在自己可以反驳的细枝末节上。

李浩:我觉得进入高中以来,阿明进步还是很大,这次物理成绩考得很不错。

朱志:我认为他还差得远。全年级近 600 人,他才排到 400 多名,有什么值得表扬的。

李浩:我是说他进步很大。

朱志:我的意思是他还差得远!

这类人还经常采用尖酸刻薄的观点来评论对方的观点。

王虎:我觉得最近工作太累了。

唐宇:在家里玩就不累,那你就在家里玩吧。

王虎:……

这样的沟通方式通常会使对方情绪恶化,两个人的谈话到最后很有可能演变为激烈的争吵。有效避免这种情况的办法是:复述反馈,回应你所听到的,从中寻找你可能赞同的部分。

10.自以为是

这类人特别害怕承认错误，因此，他们宁愿采取提高嗓门、歪曲事实、攻击对方、转移话题等方式，回避错误，坚称自己是正确的。中国俗语形容这类人是“宁掉脑袋，不输嘴巴”。这类人的人际关系通常很糟糕，诸如此类情况时有发生。

妻子：剩下的菜应该倒掉，隔夜的菜再吃会对身体不好。

丈夫：会有什么不好？以前没有吃的时候，有剩菜吃都不错了。我说没有吃的才不好。

妻子：专家都说了这样的菜吃了致癌。

丈夫：你听专家的？专家一会儿这样说一会儿那样说，没靠谱的。我就说不致癌，怎么样嘛。

妻子：你怎么拿洗碗布来当抹桌布？

丈夫：这有什么关系？都是帕子。

妻子：这样不卫生。

丈夫：你是穷讲究吧。假爱干净。你自己有多会收拾？你自己又不做这些事，还要说这些话，以后这些事情你都自己做。

11.打岔

打岔是我们大多数人经常会做的事情。当对方谈论的话题你实在不感兴趣，但直接表示出来又不够礼貌，于是，在类似的场景下，你会借机转移话题。

小芳：我昨天见到我的偶像了耶。她长得好漂亮，也特别会打扮，尤其那件红色的风衣……

小丽：我觉得你的那件大衣也很好看啊。你周末想逛街不？

也许在很多时候，我们自以为很聪明地转移了话题，引导谈话走向我们感兴趣的方向。然而不得不承认，这个时候对方在正准备畅所欲言之际被堵住了嘴，兴致勃勃之时被迎头泼来一盆冷水，会非常郁闷。因此，我们频繁采用这样的方式，会给对方带来不受重视、不被尊重的印象，从而影响对方对我们的评价。

12.安抚

这类人力图表现出亲和力，为自己塑造一个善良的公众形象。在别人遇到难事的时候，他通常会表现出非常关心对方，然而只是表现出而已，其实他的内心对别人的事情并不在意。因此，当别人诉说自己的痛苦时，他不会认真倾听，也不会去体会对方的感受，只会不断重复简单的套话。这种心不在焉的安慰没有任何实际效果，反而会给对方一种“没有人能够理解我”的感受。

二、无效倾听的原因

在很多时候，也许存在这样的情况，我们主观上很希望能够有效地倾听，但还是出现了似乎不受控制的无效倾听。这是由以下原因所导致的。

1.噪音和不良身体状况

有效倾听的前提是一个相对安静的环境。试想一下，如果我们想要好好地聊天，让你选择一个地点约会，你会选择KTV、繁华的步行街、游乐园还是咖啡厅或者公园？

有效倾听需要我们做出努力，在整个谈话过程中集中注意力，而外部环境的噪音会分散我们的注意力，也会让我们很难听清对方所说的内容。另一方面，我们自身不良的身体状况（如饥饿、疲惫、健康不佳、情绪不良）也会成为难以集中注意力完成有效倾听的因素。因此，专业的心理咨询师会在身体状况不佳时避免做个体咨询，以免给来访者带来消极影响。

2.信息量过大

当今的社会已经进入数字时代，处于信息爆炸的时期，美国研究者估计一个普通人每天要接收大约600～625条信息。我们每天只要一睁眼，就可以从不同感官接收到大量的信息，而且我们会花一大半时间去倾听语言信息。我们的精力和时间都有限，对每一条信息都用心去处理，是不可能完成的任务。因此，我们难免在一些时候对说话者表现出心不在焉、敷衍了事。

3.思维速度

从生理学的角度，人类一分钟可以倾听600个字，但是只能说100到150个字，所以当别人说话时，我们有足够多的时间，在这个时间里，大脑很容易把注意力转移开，去想一些和谈话内容无关的事情。

4.倾听需要付出努力

事实上，有效倾听需要付出极大的努力。当我们认真倾听时，会出现一系列生理反应，例如心跳加快、呼吸急促、体温升高等。这些变化和体能运动所产生的身体反应相似。因此，专业心理咨询师在咨询结束后会有精疲力竭的感觉。在通常情况下，别人讲话时，人们更愿意让思想开小差，做做白日梦，神游太虚比听讲轻松愉快得多。

5.认知因素

在两种情况下，我们的认知会影响倾听。一是当我们认为这个人或者这个话题不那么重要的时候，我们无法从中获得好处，通常不会花费精力去倾听；另一种情况是我们认为我们完全清楚对方的意图，不需要再仔细倾听了。在一项研究中，研究者问当事人为什么要打断同事，当事人主要有如下回答：

(1)我的意见比他们高明；

(2)假如我不打断他们，我永远没有说话的机会；

(3)我知道他们要说什么了；

(4)既然我的想法更好，他们就没必要说完他们的想法；

(5)他们的意见对改善未来发展毫无建树；

(6)对我而言，得到他们的认同比听他们的意见更为重要；

(7)我比他们更重要。

需要说明的是，即使当事人的部分主观认识是符合真实情况的，这样的行为也并不值得推崇。因为我们的自我中心意识会导致我们犯错。仔细倾听是掌握别人想法和行为的最好途径，而在这个方面犯错，会让我们付出相应的代价。

6.缺乏训练

听见与有效倾听之间存在质的区别，绝大部分人只会听，而不是有效倾听。因此，在很多时候，我们即使有很强烈的认真倾听的愿望，但事实上却很难做到。倾听技巧可以通过学习得到增强，然而，通过下表，我们就能发现学校的日常教学计划极度缺乏倾听训练。

表 3-2 各种沟通活动学习训练时间的比较

	倾听	说话	阅读	书写
使用情况	最常使用	较常使用	极少使用	最少使用
教育情况	教导最少	教导很少	教导较多	教导最多

7 .媒体的影响

现代社会生活节奏加快，人们日益变得浮躁，很难静下心来做事。媒体上越来越多的节目编排都开始使用简短的标语——新闻的标题、广告词、音乐带、录影带等。新闻报道都以简短篇幅的文字配以大量的图片供大众阅读。这些形式实质上在暗示大众不需要去建立仔细而专注的倾听态度，尤其是对那些复杂的思想与感情。

三、有效倾听的技巧

倾听技巧是可以通过学习而得来的。每个人都可以通过努力，成为有效倾听的大师。具体来讲，主要应把握两个层面的内容。首先，全面收集信息；其次，适时作出恰当的反应。

1. 全面收集信息

全面收集信息，可以帮助我们尽可能准确地了解对方想要表达的意思，以便减少我们接下来反应的错误。要做到全面收集信息，就需要注意以下几点。

1.1 少说话

人人都有自我表述的欲望，尤其是别人谈论的话题引发了自己感同身受的联想时，常常会打断别人的谈话，开始自己的即兴演讲，倾听宣告失败。有效倾听的第一因素就是控制好自己倾诉的欲望，仔细听别人所讲内容。下面我们来看两种场景下不同的倾听效果。

场景一

雅馨：我很难过，我想让你安慰下我可以吗？

嘉和：完全没问题。你遇到什么事了？

雅馨：我外婆生病了，医院束手无策，医生说时间不多了。

嘉和：我完全理解你。我告诉你一件事情，我和我外婆感情也很好，我从小就是外婆养育长大的。我外婆去世的时候我也很难过。记得小时候，我爸妈都不在身边，我就跟着外婆生活。她对我很好，是世界上最爱我的人了……

雅馨：你是要我安慰你吗？

场景二

萧萧：我很难过，我想让你安慰下我可以吗？

伟光：完全没问题。你遇到什么事了？

萧萧：我外婆生病了，医院束手无策，医生说时间不多了。

伟光：这的确是件让人难过的事情啊。

萧萧：我不知道该怎么面对。

伟光：嗯。

萧萧：有时候在想，每个人都会面对死亡，不过早晚而已。她只是比我们早走一步。

伟光：是的。

萧萧：现在能够做的只有珍惜眼前人。尽可能对她好一些，少留遗憾。

伟光：是啊，现在可以做些什么让她舒服一些呢？

萧萧：我正是想和你讨论下，我可以做些什么……

从以上两个案例，我们可以看出，在场景一中，嘉和迅速从倾听者的身份转换到了倾诉者，而这种转换不但宣告倾听失败，而且引起雅馨的不满。在场景二中，伟光在耐心倾听中理解了萧萧并非简单表示难过和要求安慰，而且也想与他讨论可以为即将离世的外婆做点什么。

1.2 集中注意力

注意力分散是收集信息的一大障碍，它很可能导致我们花费了大量时间倾听，却一无所获，甚至我们的心不在焉会激怒讲述者，反而破坏我们的人际关系。因此，当面对重要的信息需要倾听时，用以下的方法集中注意力：设置安静且不被打扰的环境、暂时把自己的事情排除在脑海之外、对倾听的内容保持好奇心。

1.3 不过早评论

人们常说"忠言逆耳"，是因为我们对批评过于敏感，难以冷静地去倾听。对批评过分排斥，可能是因为我们把自己的自尊和自己的观点捆绑在一起，认为别人对我们的观点或行为提出批评意见，即是完全否定掉了我们整个人。我们应尝试把自己的观点和自己的自尊区分开，把观点设为一种待验证的假设，将别人对我们观点的质疑和否定视为正常的探讨。这样有助于我们形成海纳百川的气度，也能让我们掌握更多的信息，降低我们的出错率。下面我们来看两种对话情景。

场景一

小燕:我的衣服这样搭配漂亮吗?很想听下你的建议呢。

小红:嗯,看得出来你喜欢丝袜配凉鞋,也喜欢蕾丝。同时,我认为你现在这个年龄穿这么多蕾丝不太合适。

小燕:可是我最喜欢的就是娃娃裙,我就喜欢蕾丝,这是我的风格。而且我觉得丝袜配凉鞋很淑女啊。要是光着脚穿,我不习惯。你能不能给我提供一些有价值的建议呢?

小红:我已经给你提供了。

小燕:可是你说的这些都完全不符合我的实际。

小红:那我不知道该说什么了。

小燕:看来我是问错人了。

小红:看来你只需要我赞同你的意见。

情景二

菲菲:我的衣服这样搭配漂亮吗?很想听下你的建议呢。

小芳:嗯,看得出来你喜欢丝袜配凉鞋,也喜欢蕾丝。同时,我认为你现在这个年龄穿这么多蕾丝不太合适。

菲菲:那你觉得哪种风格更适合我呢?

小芳:现在大家都不会穿丝袜配凉鞋了,你直接穿鞋就好啦。如果你喜欢蕾丝,可以买那种蕾丝作稍许点缀的。我们可以约个时间一起出去逛街,我帮你推荐一些新的搭配,你可以感受一下,看自己会不会更喜欢。

菲菲:那太好了。

在这两个不同的沟通场景中,我们可以明显地看到,场景一中,小燕一开始就拒绝了小红提出的否定性意见,同时也认为小燕的意见没有什么价值,导致后续沟通中无法获得更多信息,甚至还有可能给朋友造成不好的印象;场景二中,由于菲菲对他人的意见持开放的态度,没有过早评价,进一步了解了更多的信息,知晓了他人反对自己的理由,为自己做出更好的选择打下了基础,同时也让朋友认为自己是一个善于接纳他人意见的人,从而加深友谊。

1.4 把握内容的实质

基于各种原因,人们在讲述时往往不会开门见山地直抒其意。尤其是中国,受传统文化的影响,人们往往更喜欢婉转地表达一些观点。因此,在倾听时,我们更要注意透过各种形式去抓住实质内容。

2.在倾听中适时做出恰当的反应

根据具体情况做出恰当的反应,是有效倾听的一个必要条件。

2.1 引导

事实上,在很多时候,人们都有处理问题的能力,并且已经有了解决问题的办法。

他们的倾诉只是情感上的发泄，而并非要征求别人的意见或要求别人帮忙做决定。并且，作为倾听者，我们必须认识到的一个重要问题是：我们或许能够提供建议，但不能代替别人做决定，更不能替别人承担责任。因此，当我们发现没有能力或者不方便提供任何意见的时候，用沉默或者简短的语言引导他自己做决定是一个不错的选择。你不需要做很多事情，只要你怀着真诚的心陪伴在他身边，用眼神接触，用姿势、表情、语调表示你的关心，都可以帮助对方寻找解决问题的办法。例如：

亚男：我现在工作得很不开心，但我不确定是否要辞职。

飞飞：能说详细点吗？发生什么事了？

亚男：我有个新上司，合作不愉快。他安排工作毫无计划，我经常不明白他到底想要我做什么。经常出现这样的情况，他布置了工作，我花费力气完成了，但他的计划又变了，我所做的工作等于毫无价值，而他对我付出的努力似乎视而不见。

飞飞：哦，那你想辞职离开？

亚男：你觉得呢？

飞飞：我不知道，你自己怎么想？

亚男：我很矛盾，因为除了上司这个因素外，我很喜欢这份工作。

飞飞：你觉得有其他办法解决吗？

亚男：我想最重要的一点是，他并不是针对我，而是他就是那么一个人，对其他同事都是这样的，大家也颇有怨言。我想他自己也没意识到这个问题吧。

飞飞：那你准备怎么做呢？

亚男：我想找个合适的时间，找他谈谈。也许沟通一下，这个问题可以解决。

使用引导的方式倾听，在父母与孩子、教师与学生的沟通中特别有效。在家庭关系中，也特别适合丈夫用来倾听妻子的唠叨，为妻子提供情感上的支持。当然，在引导时要避免做出机械而呆板的反应，以免让对方误认为你对他的事情毫不在意。

2.2 澄清

澄清是指提出问题，以使你了解更多的情况。要理解他人所说的内容，常常需要得到更多的背景知识和信息，了解更详尽的事情经过。澄清对于倾听者和讲述者都有积极的作用。首先，由于各种原因，我们对同样的表述经常存在不一致的理解。询问可以帮助倾听者尽可能准确地理解对方要传递的意思。比如："你的意思是你根本不喜欢他，对吧？"其次，询问可以帮助倾听者了解更多相关信息。比如："你对他印象这么差，是因为之前发生过什么事情吗？""他给你解释这么做的原因了吗？"对于讲述者而言，倾听者的提问可以帮助他们理清自己的思绪，进一步探索自己的想法和感受，同时，在澄清过程中，讲述者可以感受到倾听者对他感兴趣，从而得到鼓励。

2.3 诠释

诠释常常和澄清一起使用，是有效倾听中重要的技巧。诠释是指将你对别人所说内容的理解用自己的话转述出来。要避免单纯地逐字重复对方的表述。例如，当说话者说“我想我和他会分手，我估计他不愿意来这个城市工作”时，回应“你说你和他会分手，因为他不愿意来这里工作”只是简单地重复说话者刚说过的话，而回应“你的意思是他是否能回到这里来工作，是你们能否继续在一起的决定性因素？”则是对说话者刚说的话的一种诠释。在日常对话中，诠释可以以多种方式进行。诠释的一种方式是改变表述措辞。例如：

说话者：我读这个学术型的硕士真是费钱又费力。

诠释者：你是觉得你不适合做学术，选择学术型硕士不是明智的选择吗？

诠释的另外一种方式是从你收到的信息中举出一个具体的例子，向说话者说明你理解的程度。例如：

说话者：她不是一个可信任的人，我不会再相信她了。

倾听者：你是指你给她讲了你的私事，让她保守秘密，但她到处去传播是吧？

此外，诠释也可以是直接把你理解的说话者的潜在含义表达出来。

说话者：那条红色的裙子不错，我想会适合我。

诠释者：你想买那条裙子，是不是？

诠释虽然不能保证在所有的沟通中都能起到积极的作用，但在倾听中它可以达成多重效果。例如，诠释表示出了倾听者对表述者的兴趣和关心，这会收获感激；诠释可以引导对话朝理性方向发展，这有助于解决危机；诠释可以及时消除倾听者对表述者意思的误解，为良好的沟通打好基础；诠释可以帮助倾听者集中注意力，并很好地记住谈论的内容。事实上，很好地使用诠释可以帮助倾听者克服各种倾听障碍。因此，在沟通中，要特别重视使用诠释这一倾听技术。

2.4 支持

人们通常会希望了解别人的想法和感受，并期望得到别人对自己的支持，尤其是在有压力和沮丧的时候。研究显示，每天发生的微不足道的沮丧与压力经年累月会严重威胁到心理和生理健康，所以，适时得到情绪支持有利于身心健康。然而，在日常生活中，通常会出现一些毫无作用的支持。这些无助益的支持具有以下特点。

(1)否定别人的感受，暗示别人的感受是错误的。比如：

小王：我失恋了，心里好难过。

小赵：你完全没必要这样，这又不是什么大不了的事情。

关于情绪回应的研究结果表明：当一个受挫的人在别人面前只能隐藏真正的想法，或其情绪和观点被对方否认时，他将得不到有助于他的回应；如果他所传递的信息中的情绪和观点，被明确、清楚地接纳，回应才会有助于他。当我们发现对方对某事的反应超过了合理范围，不要否定他的情绪的合理性，而要找出他做出此反应背后的原因，并给予理解和接纳。

(2)轻视事情的重要性。由于每个人的生活背景和知识结构不一样，我们都有自己特别在乎的事物，这些事物也许在别人眼里是一文不值的，但这不会影响它在我们心目中的价值。当别人为失去了自己在乎的事物而沮丧时，通过贬低这件事物的价值去安慰或支持对方绝对不是一个好主意。比如：

小李：我寝室的那几个人聚会，居然没有邀请我。

小朱：那不过就是几个女生在一起吃了顿饭而已。

通常，按照上述方式对他人做出回应，有时不仅不能安慰别人，反而会让说话者觉得倾听者根本不理解自己，不在乎自己。

(3)没有聚焦在“此时此地”。在某些事情上，时间的流逝的确会将伤痛抚平，然而对一个正处于痛苦和沮丧的人来说，讨论将来会出现什么情况，帮助不会太大。

说话者：他莫名其妙抛弃了我，我并没有做错什么，我心里好难受，我接受不了分手。

回应者：你迟早会忘了他的。我敢打赌，再过几个月你就没感觉了；十年之后，你甚至都记不起他叫什么名字了。

说话者：也许吧，但我现在太难过了，我不知道该怎么摆脱这种痛苦。

在上面的例子中，回应者说的话有时也是事实，但在对方正遭受痛苦的时候，说出那样的话没有太大的帮助。

(4)对表述者的行为进行指责。当对方因为犯错而深陷痛苦时，再对其犯的错误进行指责，并不是个好方法。实际上错误已经发生，对方也认识到了自己的错误，再对其进行指责不仅不会让对方感受到你的好心和支持，反而会让对方陷入更深的痛苦中去。

说话者：我一直把他当好朋友看。当我看到有关他职位变动的文件后，我违反规定提前告诉了他，他居然在领导面前出卖了我。

回应者：这件事情本来就是你的错。你不该违反规定做这件事，而且他口碑不好，你居然会去相信他。我觉得这件事你表现得太愚蠢。

事实上，当别人深陷消极情绪中时，即使对方有过错，这个时候也并非指出问题的最好时机。在家庭教育和学校教育中，对孩子的错误行为进行教育时，要特别注意，不要在孩子由于犯错而自责的时候教育他，应当在情绪平复时进行，否则会带来对方的防卫，失去教育效果。

(5)自我防卫。在谈论对方的事情时，还替自己辩护，会让对方认为你关心的其实是你自己。

说话者：这次没能如期完成实习，我很难过。

回应者：是啊。在你实习的这个问题上，我做了很多努力，联系了很多单位，还专门去找了领导，我已经尽力了。你知道的，我一向对学生很好。

说话者可以理解回应者实际上想表达的意思是：你实际上要告诉我，你对我很好，我应该感谢你，至于我有没有完成实习那是无关紧要的。

真正能够起到积极作用的支持性回应应该对他人的情绪、观点提供包容性的空间，但不表达自己对此情绪、观点的评价。比较有效的支持包括表达同情、表示同意、提供协助、赞美他人、帮助他人恢复自信等。例如：“你觉得很痛苦，也很舍不得，是不是?”“高等数学对我来说也很难。”“如果你愿意的话,我可以和你一起复习。”“我觉得你这次的事情处理得已经很好了。如果我是你,我也不敢保证我会比你做得更好。”对于别人已经做出的决定,尤其是有关于他自己私人事务的决定,作为倾听者最好的反应莫过于支持。当然,我们必须注意对方对此的反应,如果支持性回应并未得到对方的认可,甚至让对方更加焦虑(事实上,部分人的确不需要别人的支持),那我们必须尝试换种方式做出回应。

2.5 分析

分析是指倾听者对说话者的说话内容加以解释。在部分情境下,尤其是在学校心理咨询中,对别人说出的内容进行分析与解释,的确可以扩大对方看问题的视角,也能尽快找到问题的关键点所在。然而,分析并不适用于任何场景,因为莽撞的分析可能有风险。如果双方之间并没有建立起相互信赖的关系,对方并没有请你分析,这种情况下的贸然分析,容易让对方产生防卫心理。因为你分析对方,就意味着你比对方优越,可以去评价他。这种感觉通常会让对方感到不舒服。即使没有引起自我防卫,这种不受欢迎的分析也不能得到对方的重视,从而变得毫无意义。即使你和对方建立了相互信任的关系,对方也希望听到你的分析,然而你掌握的信息并不充分,因此你做出的分析有可能是错误的,不正确的分析有可能把对方带入更被动的局面,引发更多的焦虑情绪。

我们给出自己的分析的时候,通常需要你和对方相互信任,对方也做了充足的准备,认为适合接受你的分析,并主动来寻求你的分析。在分析的时候,你给出的观点应该建立在所掌握情况的基础上,经过符合逻辑的推理而得出,尽可能符合客观事实。同时,要确认你提供分析是基于帮助对方,而非炫耀自己或贬低对方。

说话者:我觉得我男朋友这段时间怪怪的。我打电话给他,他常常借口忙而匆忙挂掉电话。

回应者:你太单纯了吧,这都理解不了?我告诉你吧,这样的行为就说明他有外遇了。我直觉很准,相信我。

在这样的对话中,回应者的回应明显是不合适的,那些贬损对方、抬高自己的表述应该去掉。最后,在提出自己的观点时,最好采用试探性的语气,而不用肯定的、绝对性的语气。可以使用诸如“在我看来可能是……”“也许这个问题的原因是……”等句子。例如:

说话者:昨天晚上,我在校园里碰见他,他没有跟我打招呼,我觉得他肯定对我有意见。

回应者:也许这个问题的原因是他没注意到你吧。在我看来,会不会是你想多了呢?

2.6 忠告

在帮助他人解决问题的时候,我们通常会不由自主地给出忠告。这样的回应方式在学校师生对话中特别常见。不可否认的是,忠告在某些时候能够产生很好的效果,然而在大多时候，忠告不仅不会产生应有的效果，反而会带来消极后果。

我们必须要明白三件事情。第一，解决问题的方法，都不可能是万能钥匙，对你有帮助的解决办法可能对其他人没用。第二，你提供了忠告，只是提供了信息，是否采纳这个信息、如何使用这个信息的决定权在对方，因此，是由对方对整个事情负责，而不是由你来负责，这一点应该达成共识。第三，很多人倾诉并非为了得到忠告，而只是想获得一个倾诉的机会，这个时候的忠告并不受欢迎。

因此，我们提供忠告应遵循以下原则。

(1)依据你的经验，确定你的方法是正确的和可行的。即使如此，也应提醒自己，对你有用的好方法，或许不适合对方。例如："你应该去找她谈谈，沟通可以消除误会。当然你得确定她是愿意通过谈话解决问题的人。"

(2)确认对方是否诚心寻求忠告。如果对方没有主动要求忠告，贸然给出忠告经常会引起对方自我防卫甚至愤怒情绪，这样会让你产生挫败感，进而影响你和对方之间的关系。

说话者：我一直不能找到合适的男朋友，这真是太让人感到悲哀了。

回应者：你得改变你自己，你个性方面有很多需要改正的地方。

这样的回应方式很容易让说话者感到很难过，认为是在指责她有问题。

(3)双方达成共识，即使你所提供的忠告在实践中证明是错误的，也不应该由你来承担事情失败的最终责任。

说话者：就怎么处理和上司的关系，你可以给我些建议吗?

回应者：当然可以。不过我只是提供建议，你得根据自己的实际情况变通运用，毕竟你才是最清楚整个事情的人。

(4)在提供忠告时，维护对方面子。确定你所提供的忠告完全基于协助对方解决问题，否则极易被对方理解为缺乏对他的尊重。例如：

说话者：我想明天就递辞职信，我实在受不了这个环境了。

回应者：我相信你反复思考过了，你目前的工作环境也的确比较恶劣。但我还是建议你先找到另一份满意的工作之后再辞职。毕竟现在好工作不太好找，稳妥点好一些。

2.7 评断

对别人的想法和行为给出正面或负面的评价。无论你是肯定对方或是否定对方，这往往意味着你有权力和资格去评断别人的想法和行为。因此，我们要特别小心评断可能会引发对方的防卫心理，尤其是针对对方的否定评价。在某些时候，我们对对方的行为或观点的评价的确是批评，例如："我早就给你说过无数次了，叫你晚上不要熬夜，这样会有害健康的。"带着强烈不满情绪的批评，即使初衷是善意的，在大多数时候也会使情况变得更糟，所以这并不是解决问题的好方法。有的时候，我们提出否定评判只是想给对方提建议，以使对方变得更好。例如："你别老穿黑白灰，其实你更适合穿鲜艳一点的衣服。""你这样的思维方式是错误的，你应该学会换位思考。"这样的评断看似温和委婉，然而，这始终是对对方观点或行为的否定，容易引起对方的防卫心理，尤其是对方如果存在严重自卑或自大心理的时候，对他的观念或行为的否定有可能会被误读为对其人格的否定，从而引发争执。

使用评断要把握以下两个原则：(1)当对方身陷困境，的确很困惑，并主动向你寻求评价时，你才能使用评断；(2)必须是在诚挚地希望帮助对方的基础上，顾全对方面子的情况下，建设性地提出评价。不要显露你的优越感，也不要居高临下地评价。

四、影响倾听效果的其他因素

前面我们详细地讨论了倾听的技巧，而影响倾听效果的还有以下几种因素。

1.性别

心理学的相关研究显示，女人对情绪表现更敏感，也更喜欢表现出情绪。她们在倾听时，大多不会评判对方的观点，而是更多地给予支持回应。因此她们在表述时，也倾向于在倾听者的回应中寻求支持。而男性对情绪就不会那么敏感，在倾听时，会更喜欢评估对方的观点和态度，因此在表述时，也就倾向于在倾听者的回应中寻求忠告。这样的性别差异就告诉了我们，在与女性沟通时应多顾及感性上的情感支持，而与男性沟通时，我们则要多考虑理性上的忠告支持。

2.情境

对实际情况的考虑，是我们做出恰当反应的首要选择。在实际运用过程中，我们可以把握这个原则，尽可能多地收集信息、了解情况，在未掌握情况之前，避免盲目给予建议。当掌握了足够的信息后，再表现出你对对方的关注和兴趣，并给予你的分析、忠告等评价式反应，此时对方更愿意接受。

3.对象

不同的人，个性不一样，行为习惯也不同。我们除了考虑情境，还必须考虑对象的个性特征，来调整我们的反应方式。对于忠告，有的人会慎重对待，反思自己的不足，以实现成长；有的人自我防卫心理过重，会视为对自己的否定，轻则反感排斥，重则愤怒绝交；有的人则利用忠告，逃避自己的责任，希望对方来替自己负责。优秀的倾听者，会将情境和对象特点结合起来考虑，选择最佳的反应方式。了解对象特征的一个好方法是直接询问对方，他希望我们做什么，比如："你是希望我提供建议，还是只向我宣泄下情绪？"

4.个人风格

在不同的场景，我们选择的倾听反应也不一样。我们每个人都有自己偏好或习惯的反应方式。有的人喜欢安静地倾听，顺着对方的思维走下去，不断询问，以了解更多信息，同时也帮助对方理清思绪，宣泄情感。而有的人则能够一针见血地指出对方问题所在，给予建议或忠告，引导对方反思。

拓展阅读

人本主义的倾听——无条件的积极接纳与关怀

卡尔·罗杰斯(Carl Ranson Rogers 1902—1987)是人本主义心理学的理论家和发起者、心理治疗家，被誉为“人本主义心理学之父”。他提倡在心理咨询中使用释义来帮助来访者，这称为“个人中心”或“来访者为中心”的咨询理念。罗杰斯相信每个人都具有潜能，可以帮助自己找到解决问题的方法，并不需要别人的指导。他认为最好的助人方式就是提供一种积极、包容的态度，在这种气氛下鼓励来访者自己去寻找帮助自己的方法。

这种咨询方法最基本的要素是“无条件的积极接纳与关怀”，即对来访者的观点给予尊重和关怀，接纳对方好或不好的方面。需要注意的是，这并不是主张要同意来访者的所有观点，而是要求不评价来访者的想法和行为。

下面是一段罗杰斯的经典个案片断摘录。

1983年，吉尔参加了罗杰斯的培训班。她难以跟自己上大学的女儿分开，并因此焦虑起来。她的自我形象是消极的。谈话中，罗杰斯不仅仅重复她的那些消极话语，而且采用夸大的方式复述这些话，一直到最后吉尔开始用积极的自我表述替代了消极的认识。

罗杰斯：我想我准备好了。你准备好了吗？

吉尔：好了。

罗杰斯：我不知道你想谈些什么。咱们有半个小时，我希望我们在半个小时里尽可能多地了解对方。但我们不一定要达到什么目的。这是我的想法。你能告诉我你在想什么吗？

吉尔：我和我女儿相处有一些问题。她20岁了，在上大学。让她就这么走了，我非常痛苦。我对她充满内疚。我非常需要她，依赖她。

罗杰斯：需要她留在你身边。这样你就可以为你感到的愧疚做些补偿。这是其中一个原因吗？

吉尔：在很大程度上是吧。她一直也是我真正的朋友，而且是我的全部生活。非常糟糕的是，她现在走了。我的生活一下子就空了很多。

罗杰斯：她不在家，家里空了，只留下了妈妈。

吉尔：是的，是的。我也想成为那种很坚强的母亲，能对她说：“你去吧，好好生活。”但是，这对我来说非常痛苦。

罗杰斯:失去了自己生活中珍贵的东西是非常痛苦的,另外,我猜,还有什么别的事情让你感到非常痛苦,是不是你提到的和内疚有关的事情。

吉尔:是的,我知道我有些生她的气,因为我不能总得到我所需要的东西。我的需要不能得到满足。唉,我觉得我没权利提出那些要求。你知道,她是我的女儿,不是我的妈妈。有时候,我好像也希望她能像母亲一样对我。可我不能向她提那样的要求,也没那个权利。

罗杰斯:所以,那样的想法是不合理的。但她不能满足你的需要的时候,你会非常生气。吉尔:是的,我非常生她的气。

在这个片断中,罗杰斯不断引导吉尔诉说,并通过诠释和提问去核查自己是否真正理解了吉尔的意思。整个谈话中,罗杰斯没有出现评判式回应。

复习巩固

1.倾听的障碍有哪些?

2.无效倾听的原因有哪些?

3.有效倾听的技巧包含哪些层面的内容?

本章小结

良好的倾听技能在人际沟通中是不可或缺的要素。倾听至少基于以下四种意图之一:理解他人、享受与他人相处、认识了解事物、给予帮助或安慰。倾听的 HURIER 模型指出倾听包括六个阶段:听、理解、记忆、解释、评价和回应。根据倾听的目的,可以分为咨询性倾听、批判性倾听和设身处地的倾听。根据倾听的方式,可以分为他人导向型、行动导向型、内容导向型和时间导向型。

猜测他人心思、选择性倾听、预先评判、注意力分散等,都属于假倾听,无法达到真正倾听的效果。噪音与不良的身体状况、信息量过大、听与说之间思维速度的差异、倾听中的努力程度、认知因素、缺乏训练都会影响倾听的效果。

正确的倾听首先要全面收集信息。在全面收集信息的过程中,要少说话、集中注意力、不过早评论,注意把握内容的实质。其次,在倾听时要就对方谈论的内容做出恰当的反应。这些反应包括引导、澄清、诠释、支持、分析、忠告和评断。同时,我们也要注意到,性别、情境、对象与个人风格也影响倾听效果。

本章关键词语

倾听　倾听的重要性　倾听的错误认知　倾听的过程　倾听的类型
倾听的障碍　无效倾听的原因　有效倾听的技巧

本章练习

一、单项选择题

1. 下面对倾听的描述哪一项是正确的(　　)

A.倾听即听见　　B.倾听需要付出努力

C. 不同的人对同一内容的理解是一致的　　D.倾听能力完全由遗传决定

2. HURIER 倾听模型中哪一个环节需要重塑所听到的内容(　　)

A.听　　B.回忆　　C.解释　　D.回应

3.排除主观因素的无效倾听不是由下列哪个因素引起(　　)

A. 环境噪声　　B.思维速度过慢　　C.信息过量　　D.身体状况不佳

4.面对失去亲人的人,恰当的回应方式是(　　)

A.移情和支持　　B.分析和建议　　C.搪塞和建议　　D.渠道返回和转述

5.在学校里听专业讲座属于什么类型的倾听(　　)

A.批判型倾听　　B.设身处地的倾听　　C.咨询性倾听　　D.他人导向型倾听

6.当我们提出忠告时,要避免做什么(　　)

A.要确定建议的解决办法的正确性　　B.确定对方愿意接受忠告

C.要承担起建议策略可能失败的责任　　D.顾及对方的面子

7.强调组织和准确度是以下哪一种倾听类型(　　)

A.他人导向型　　B.行动导向型　　C.内容导向型　　D.结果导向型

8.当我们对别人做出评断时,应该注意(　　)

A.维护对方面子　　B.别人是否主动要求评断不重要

C.保证评论者的优越感　　D.不用在意别人的防卫心理

9. 作为一个好的设身处地的倾听者,当别人悲伤的时候,以下哪一种行为是应该避免的(　　)

A. 提醒悲伤的人必须要坚强　　B.通过任何可能的方式帮助悲伤的人

C.悲伤的人想要谈话时认真倾听　　D.鼓励悲伤的人关注自己的需求,照顾自己

10. 学生更喜欢拥有精彩幻灯片和有趣故事的课堂,排斥理论性强的课堂,这是什么现象(　　)

A.鲜明效应　　B.确认性偏差　　C.光环效应　　D.信息超载

二、练习

请同学们组队(4～5 人一组)练习,依次说自己印象最深刻的一件事,在讲述者讲述时,其他同学认真倾听,讲述者说完后,其他同学依次就讲述内容提三个问题,要求使用到倾听技巧。

第四章　言语表达

语言沟通，包括口头的和文本的沟通，是沟通的主要形式。语言的应用影响到沟通的效果。语言能帮我们更好地表达自己的思想、情感和欲望，也会成为人际交往的障碍。在本章中，你将会学习以下内容：

(1)语言与沟通，了解语言的重要特征及其对沟通的影响；

(2)清晰表达，学习清晰、完整的语言表达；

(3)积极正向的沟通，塑造良好的沟通氛围，说服他人；

(4)语言的滥用，了解消极的语言沟通方式。

第一节 语言与沟通

一、语言的性质

语言是结构化的、用于意义沟通的符号系统。

1. 语言是符号

词语代表某个特定的客体与观念，但不表示客体和观念本身，这就是语言的符号性。当我们用火灾这一词汇向周围的人描述远处工厂里漫天的大火时，他们会点点头，然后说："好惨！"为何"火灾"这个词就能够代表彼时正在发生的事情，并且引起人们的共鸣呢？这是因为"火灾"一词与真实发生的事物之间的联系，并不是我们主观创设的，而是这样的对应关系独立地存在于我们的判断之中。这种对应关系的演变也并非是临时形成的，而是经过人们长期生活经验的总结积累，才得以形成。

人类的语言是在人类早期手势沟通的基础上发展起来的，而人脑的独特结构使人类开发出了语言这一符号系统，并使人类能够学习和使用语言。在相同的文化背景下，人们使用同一语言，不但可以实现当时当地的交流，而且使跨时空、跨距离的沟通也成为可能。因此，我们可以阅读浩如烟海的史书，和古人交流；也可以打电话、写信件进行交流。

语言是一种符号，而符号的形式又是多种多样的，因此也就有了多种语言的存在。例如，目前世界上有汉语、阿拉伯语、英语、法语、芬兰语等 5000 多种语言。聋哑人之间的沟通使用的手语，其实也具有符号的本质，而不仅仅只是手势。这也就不难理解，手语同汉语、英语、日语一样，也存在很多种类，有玛雅手语、丹麦手语等，因为沟通的形式不是建立在语义或者手势的释义之上，而是建立在符号性之上的。

2.语言是长期交流中形成的规则系统

词语与客体或观念之间的联系经过人们长期生活经验的总结积累才得以形成，而且，语言也包含有许多语言规则，包括发音规则、书写规则、表达规则等。不同的语言有不同的规则，比如，英语和汉语主要采用主谓宾结构，而日语则采用主宾谓结构。

3.语言是用来进行意义交流的

语言是用来进行意义交流的，意味着语言本身可能有多种含义。当我们去理发的时候，我们总会与理发师进行较多的交流，但结果很难让我们满意。我们会对理发师说"刘海适当剪短一点就好了"，但剪完后我们会说"现在也太短了，我刚才不是说剪短一点吗"，可能这时理发师会无辜地看着你说"我明明只剪了一点啊"。可见，对于说话者来说很确定的事实，对于听者却有着不同的理解。这也表明，语言沟通涉及的内容，并不仅仅是语言本身，人们对语言的理解可能远远超过其字面的含义。

我们同样也会发现，不同的文化背景下，相同的语言表达的可能是不同的含义。举例来说，有人说“我非常期待成为这里面最优秀的”。在亚洲文化背景之下，这个人多数会给人留下自满、自信甚至有一些狂妄的印象，大家会下意识地给他打上不善合作的标签，在工作中可能会刻意地回避他；但在欧美文化背景下，这个人给人的印象往往是自信、自立，有上进心，在合作中，会争取和这个人一起工作的机会，因为他可以鼓舞整个队伍的士气。究其原因，亚洲文化强调的是集体主义，但欧美文化则是个人主义，故此，同样的一句话，会引起如此不同的理解。当我们用不同的符号去诠释同一个事物时，这种文化背景上的鸿沟是很难跨越的，稍有不慎就有可能造成大的麻烦，所以，当我们进行跨文化交流时，不要想当然地认为世界有一个大同的模式，要深入地去了解不同背景下的符号文化。

二、语言对沟通的影响

1. 语言与权力

我们经常会发现，不同的人在表述相同的事情的时候，听众的感受是不同的。例如，晚上一点，小王家的聚会正酣畅，音乐声震耳欲聋，邻居小杨敲了敲门，对主人说道：“对不起，打扰了，事情是这样的，我们家甜甜明天要早起上学，你看，现在一点多了，可不可以把音乐声音调低一点，好让孩子好好睡觉，麻烦了。”

没过几天邻居小赵同样敲开了小王家的门：“现在已经一点了，我们都要休息了，音乐声也应该调低了吧？”小王当即感到一盆冷水浇来，连连点头：“对不起，打扰到您休息了，我们马上调低音量。”

上面的两组对话，表达的都是同一个意思，希望调低音量，但我们仔细观察，可以发现在小杨的话语里面出现了“你看、可不可以”等词组，话里有较多的不确定；在小赵的话里面出现了“应该”这一词，表述确定且不容反驳。

我们在平时的沟通之中，会有一种典型的权力语言形态主导我们。在上述谈话中，小杨的话语表述是典型的低权力语言形态，而小赵的话语则是典型的高权力语言形态。低权力语言形态通常闪烁其词、犹豫、试探，且较多采用问句、否定式陈述。例如，“我猜我想要……”“我们该走了，不是吗？”“我不是很确定，但是……”都属于低权力语言形态。许多研究表明，低权力语言形态的人，给人的感觉往往是不自信，没有权威，缺乏魅力；相反，采用坚定语气的高权力语言形态的人，会给人以权威、自信，充满社交魅力。在领导、说服方面，高权力语言形态的人会更具优势。

不过，高权力语言形态也有其局限，而低权力语言形态也有其优势。高权力语言形态的人有时也会让人感觉过于傲慢，对人不够尊重。在领导或是说服中，高权力语言形态的人可能会更快地达到他想要的效果，但长此以往，可能会使别人产生敬畏，渐渐地疏远，人际关系可能面临一定的危机。而低权力语言形态的人会让人感觉谦逊，彬彬有礼，更容易赢得他人的合作。礼貌而且没有权威的陈述方式有时能比强硬的陈述方式更能达到良好的沟通效果。例如，“对不起，您的音乐声让我睡不着觉，您可以把音乐声关小一点吗？”可能比“你的音乐声太大了，让我睡不着，把音乐声关小一点！”更能达到沟通效果。

语言的权力形态也受文化和环境的影响。例如，在许多亚洲国家中，保存颜面在人际交往中是很重要的，故而在沟通中，他们会更多地考虑给他的合作者留有更多的余地，让对方感觉到被尊重，但在欧美强调个人主义的文化背景下，个体会更多地关注个人的利益，在沟通中较多地使用高权力形态的语言。

2.人称代词影响沟通

在沟通中使用不同的人称代词也有不同的含义。

2.1 第一人称的沟通

“我”句式是以“我”作为句子主语的一种表达方式。例如，“我认为”“我想要”“我感到”等，是一种在日常沟通中具有重要作用的句子结构。使用“我”作为人称的陈述，“我”是信息的直接发出者，对于所有的叙述“我”是负责人，说话者用一种非价值评判的方式形容自己对他人反应的认识，会让听者处于一个比较放松的状态。

“我”句式能够在不指责他人的情况下充分地表达自己的想法，同时也含有邀请沟通对象把他的想法说出来的意思。在容易被误会或者容易导致他人防卫的情况下，“我”句式能够缓和沟通中的紧张气氛，使沟通顺利进行。完整的“我”句式包含四个不同的部分，分别为：(1)他人的行为；(2)你对他人行为的解释；(3)你的感受；(4)他人行为对你的影响。下面这个句子就是一个完整的“我”句式：“当那天你过了晚上 10 点还没有回来，我给你打电话又打不通的时候(行为)，我很担心(感受)。我害怕你会出意外(解释)，这是我那天那么激动的原因(影响)。”

在实际的沟通中，根据说话者的习惯，“我”句式包含的四个部分会有不同的呈现顺序。当可能被误会或者可能诱发他人强烈的防卫的时候，“我”句式最好包含上述完整的四个部分。有时，“我”句式只用其中的一两个部分就可以了。例如，“当你摔倒时(行为)，我很紧张(感受)”，“你没有提醒我会议的时间，我因会议迟到被老板责骂。(他人行为对你的影响)”。

使用“我”句式时，重点是说出自己想要的，而非说出自己不想要的。说出自己不想要的容易含有指责他人的意思，导致沟通中的冲突。例如，“参加你朋友的婚礼的时候，我不希望你只忙着和别人打交道而把我丢在一边。”这很容易招致听话者的反驳：“我什么时候把你晾一边了啊？”此时，还不如说：“参加你朋友的婚礼的时候，可不可以陪我一起和你的朋友应酬啊？”在对话中，一旦发现自己在说“我不想要……”时，可以接下去说“我需要……”，或更有技巧地说“我比较喜欢……”。例如，“晚上我不想吃这么辣的一餐，晚餐时我比较喜欢吃些清淡的。”

"我"句式也有其局限性，当谈话中说话者过多地使用包含有"我"的句子时，容易给听话者产生自我中心、不顾他人、不尊重他人的感受。例如，当采用"我"句式表述对自己的夸奖、赞美时，会使听者不适，给人以自夸之感。

2.2 第二人称的沟通

"你"字的使用，有关注他人、关怀他人的意味，特别是当信息是正面的时候。例如，"你最近怎样啊？""你最近在忙些什么啊？"等等。但是，当表达的信息有负面的意义时，"你"字的使用就会变得极具攻击性和指向性，对于听者来说可能理解为批评和指责。"你"的陈述也容易直接表达对他人的评价。当我们表达的是表扬时，会使听众感到愉悦，因此，当我们在赞美和关怀他人时，可以多使用"你"句式。但当表达的是负面的评价时，则尽量使用"我"句式，可以避免指责和批评的意味，使沟通顺利并维持良好的人际关系。例如，当你生气时大吼："你这大混蛋，一向不顾别人死活。"远不如说："我心里实在很火，说好6点钟要一起出门参加重要活动，你7点才回家。"前一句话是用第二人称的沟通，以"你"开头。在未了解对方主观意愿之前，就猜对方的心，认定对方故意使你痛苦，一味指控、怪罪或处罚对方会使战火高升。第二句话是以第一人称的沟通，以"我"或是"我觉得"来开头，即使声音大了些，也用了较强的情绪字眼，但重点在表达自己的情绪，并没有指控对方。用第一人称的沟通，让沟通对象知道自己生气的缘由，也告诉沟通对象自己的需要，他(她)才获得足够信息知道如何改进、如何解决问题。

不过，在用"我"句式代替具有批评、指责意味的"你"句式时，要特别注意不要将"我认为……"说成是"你早就知道我认为……"，后面这种句子结构仍然包含有较强烈的批评和指责的意味，容易在沟通中导致冲突。

张立：你早就知道我认为我们对玲玲管教的方式太严。

陈静：我不知道你这样想。

张立：你早就知道，不要装不知道。

陈静：谁知道你心里在想什么？

换成"我认为……"的句子结构：

张立：我认为我们管教小孩太严格了。

陈静：喔！哪方面太严呢？

第二种表述比第一种表述更容易产生良好的沟通和促进问题的解决。

2.3 我们

"我们"句式的使用，有直接、凝聚和约束的含义，能够在说话人和听者之间形成建设性气氛，使说话者和听者建立起共同关心、共同负责的约定。例如，"我们一起去旅行的感觉真好。""楼道里有垃圾，保持我们生活环境的整洁是大家共同的责任。""我们"可以反映出和别人关系的密切程度，有"我们同在一起"的倾向。研究发现，经常在沟通中使用"我们"这一词语的夫妻对婚姻的满意度比那些主要使用"我"和"你"这类词的夫妻的婚姻满意度要高。

但是“我们”也有被误用的情况，我们看下面一个例子。

小明：你是来逛街的吗？

小丽：嗯……

小明：那我们一起逛吧？

小丽：哦，不用了吧……

这就是典型的“我们”这一人称代词的误用，因为小丽可能并不愿意与小明一起逛街，但小明却用了“我们”，有强迫对方同意的意味。谈话中描述自己的想法和感受时，最好避免用“我们”一词，除非对方真的同意你所说的，否则使用“我们”一词，有可能导致他人反感，使沟通出现障碍。

如上所述，任何一种代词的使用都会出现不恰当的情况。研究人员指出，可以考虑在句子中使用复合人称代词。研究发现，同时使用“我”和“我们”时，人们接受的意愿与可能性很高。例如，“我想我们可以节约一点”，“我期望我们这个假期可以一起去旅游。”在强调沟通中信息表达的准确性时，需要在合适的情境之中使用合适的人称代词，而使用人称代词的基本原则是：使用“我”字的语言没有反映出自私、自夸，使用“你”字不掺杂对他人的评判，使用“我们”的语言包含他人但不代表他人。

生活中的心理学

恼人的说话方式

在我们的日常会话中，有些说话习惯能诱发他人不愉快的感受，影响沟通。

(1)语速不当

语速太快或太慢都会影响沟通的效率。有的人说话语速快得像打机关枪，句与句之间也少停顿，听者经常会觉得不知所云，也就不知道如何沟通了。有些人讲话语速太慢，听众就容易走神，也妨碍沟通。

(2)浮夸口气

别人请求自己办事，明知有难度，但唯恐对方怀疑自己的能力；或者实在不好意思当面拒绝，不愿或不敢讲出顾虑和困难，而以“没有问题”、“应该可以”等近似肯定的回答来回应。结果一段时间后，对方发现你答应办的事情没有办成，不仅关系受到破坏，自己的办事能力和人品也遭到了质疑。因此，我们要学习说“不”，学会拒绝。

(3)鲁莽插话

插话往往是为了提问，是为了帮助说话者更好地表达。鲁莽的插话，往往破坏说话者的表达。例如，当讲话者在一个主题上侃侃而谈时，有的人却中途打断话题，自己滔滔不绝，想到什么说什么，甚至以全新内容代替原话题，丝毫不考虑讲话者和其他听众。合适的插话，应该选择在讲话者信息已清楚表达、听众的兴趣和专注程度已经下降的时候。

(4)语气词频繁

说话时夹杂着大量的“说实话”“嗯”“啊”“还有呢”“然后”等无意义而且乏味的口头禅或语气词，这些语气词虽然给自己留下了思考的空间，但是不宜频繁出现，否则容易让人感觉厌烦甚至分心。有的人讲话内容已表达清楚，但仍然反复说明，会让人觉得啰唆。

对以上几种说话习惯须多加提防，注意它们可能会对自己或他人产生负面影响，对于已经产生的不良后果，应该设法补救。

复习巩固

1.语言的性质是什么？

2.语言对沟通的影响可以体现在哪些方面？

3.语言沟通中人称代词的使用原则是什么？

第二节　清晰的语言表达

语言的基本功能是传递信息与表达感情。信息的载体是多种多样的，传递信息的媒介也是多种多样的，其中最为重要的莫过于语言。人际交往中，我们几乎无时无刻不在进行着信息的传达，大到国际会议，小到聊家常，而信息也是林林总总。寥寥数语，抑或长篇大论，都在向一个人或向一群人传递着信息。这就是语言力量的体现。

一、语言沟通的内容

在人际沟通之中，语言可以沟通情感、营造氛围，从而促进人与人之间关系的建立。情感是一种情绪的体验，如爱、喜欢、感激等等。我们产生的这些情绪体验，只能被自我感知，这是一种内在的感受。有时候这种体验会通过我们外在的一些表情、肢体语言体现，但他人是无法清楚地感知到的，这就需要语言进行信息传递。当我们接受了他人的帮助，想向他人表达感谢之情，我们会说：“谢谢”，简单的只言片语便可传达我们深深的感激之情；我们还可以说“我喜欢你”，让他人知道我们对他的爱慕之情；一句“我对你当下的处境表示深深的同情”，则可传达我们对他人的关切之情。不管谈话的目的是为了传递信息，还是为了表达感情，总体上，谈话的内容都包含四个方面：感知到的、想到的、感受到的、所需要的。

1. 感知到的

我们所感知到的，是我们自己所听到的、所读到的，或者所经历过的内容。我们所感知到的，是一些基本的事实，表达的时候，我们不需要添加任何主观思考，只是对事物原有属性的再现。

我们学校搬到了一个山坡上。

她穿一件红色的上衣。

今天早上他们两个人发生了争吵。

重庆的夏天有时气温超过 40℃。

上面这些例子都是感知到的事物原本的属性，没有任何再加工的成分。事实有正确和错误之分。例如，裤子的颜色是蓝色的，你将其描述为红色，就是错误的表达。

2.想到的

我们想到的是对听到、看到的事情的总结与推论。它试图对你所看到的东西进行综合分析，让我们看到事情的本质，理解事情发生的原因与机制。如果再加入价值评判，就能判断出好与坏、对与错了。信念、观点以及价值评判都属于不同形式的结论，请看下面一些相关的例子。

无私对于友情的维持是非常重要的。(信念)

我认为，地球以外是有生命存在的。(观点)

经历了这么多，我还是觉得这个地方最适合我。(价值评判)

你就这样躲着她是错误的。(价值评判)

想到的与感知到的不同，想到的是主观感受，包含有价值判断。同一件事情，每个人的看法可能都不同，因此，我们说想到的、所认为的，反映的是我们个人的观点，这些看法和观点，你可以同意或者不同意，但是很难说对和错，有可能两种不同的观点其实都是正确的，只是角度不同。

3.感受到的

我们感受到的，与情感和情绪有关联。情感是真实的，不是评价性的，与价值判断无关。比如下面的陈述。

我觉得让大家失望了，我心里很难受。

即将到来的考试让我焦虑万分。

你的这种行为，严重伤害了我的感情，我很失望。

需要注意的是，对感受的陈述，与观察、价值评判或者观点并不是一回事。比如："有时候，我觉得你很刻板。"这个陈述跟感受没有任何关系，这只是一个比较委婉的判断。

4.所需要的

所需要的描述的是与个人需求或意图关联的内容。没有人比你更了解自己。对于自身的需要我们心知肚明，但是多数人都会压抑自己的想法，但我们往往又希望别人可以从我们隐晦的表述中发现我们的需要，这就对身边的人提出了过高的要求。只有当双方都能清晰和主动地表达自己的需要时，这段关系才能不断地调适和发展。以下是对需要的一些典型的表达方式。

七点之前你能回家吗？我想去看音乐会。

你能把周末空出来吗？我们一起去旅行。

我心里堵得慌，能安慰我一下吗？

需要不论主次、不分对错，它只是简单地陈述能帮助你或使你高兴的一些事情。

在对话中，当这四个方面的内容都具备时，即具备了完整信息。在完整表达信息的基础上，人与人之间的关系得到进一步的拉近和发展。如果你不愿与别人分享你的感受，即使是朋友、爱人和家人也无法了解到真实的你。分享指的是不隐瞒自己的经历、不掩饰自己的不满、不压抑自己的需要。完整的信息表达包括准确反馈观察到的事物，清晰地陈述你的推测和结论，表达你的真实感受，想要什么或者想改变什么就直接说出要求和建议。

当你传达的信息遗漏了某个方面时，这样的信息被称为不完整信息。不完整信息会引起别人的困惑和怀疑。别人能感觉到缺少了某些东西，但不清楚到底缺少的是什么。没有加入感受和希望的判断，别人不会在意；没有对挫折和伤害的描述，别人不会倾听你的不满；没有充足的观察感知做支撑，没人会相信你的结论；没有对感受和设想的表达，别人会觉得你提出的要求是不合理的。

当然，也不是每种关系或者每个场合都需要这种完整的信息表达。即便与你很亲近的人，大部分的交流也只是用来传递信息。但是遗漏或者掩盖一些重要内容的信息往往是危险的。在与亲近的人交流的过程中，表达一些复杂的问题是避免不了的，这时候，信息表达得不完整就可能使彼此的关系陷入困境。

当我们进行完一次对话，如何判断信息的完整性？我们可以从以下四个方面出发：

(1)我是否表达出了我所知道的事实？陈述是否基于我所看到的、读到的或者听到的？

(2)我是否清楚地陈述了我的推论和结论？

(3)我是否真正表达了自己的情感，而不带责备和判断？

(4)我是否提出了我的要求，而不包括责备和判断？

例如，丈夫回家后，妻子不高兴。丈夫可以使用完整信息来进行交流。

所感知到的：我回家之后你一直保持沉默。

所想到的：我猜你很生气。

所感受到的：每当你不理不睬的时候，我也很生气。

所需要的：我情愿我们谈论一下，也不愿这样。

上面的对话具备了这四个方面的信息，所以整个的沟通过程是非常顺利的，说话的人将自己的意思完整地传达给了听者，而听者也完全领会了说话者的意图。

二、影响语言清晰表达的因素

1. 信息混淆

在实际的对话情境当中，要做到具备四方面内容是很困难的，我们往往会遗漏其中的一项或者两项，当我们遗漏了其中的部分时，被保留的相关信息就可能掺杂在一起，导致信息混淆。

1.1 感知到的和想到的混淆(事实与意见、推论的混淆)

事实是事件结果的真假、对错，并且可以被证据所检验、证实。意见则表示对某一事件或意见赞同或者反对，并没有决定意义上的真假、对错。如果事实与意见、推论混淆，较容易引起情绪上的反应。例如我们经常反问别人"你出什么问题了?"，往往会得到如下的回答"谁说我有问题?"。"你出什么问题了"本身就是一个含混表达，说这句话的人表达的意思可能只是看到对方反应后的一个推论，然后表示关切，但听者可能会以为问话者认定他有问题，所以才会有大的情绪反应。但如果表达方式改为"我看到你的额头都出汗了(事实)，我觉得你很紧张(意见)，出什么问题了吗?(推论)"，清晰地表达了自己看到的事情和自己的推论，还透露着关切，就不容易引起听者不良的反应，较容易使对话继续发展下去。

1.2 想到的和感受到的混淆

我们想到的往往与价值判断有关，但我们感受到的是一种真实的情境，不涉及价值判断。日常生活中，也很容易出现两者的混淆。例如"你经常迟到，你只想拿薪水而不干活"。经常迟到是我们观察到的一种客观事件，接下来的"你只想拿薪水而不干活"是说话者所联想到的，充满了价值判断，并且包含着潜台词"你这种行为是错误的"，这种句子很容易诱发听者的防卫："我是有事情才迟到的，我根本没想到只拿薪水不干活。"相对合适的表达方式，我们要具备完整的信息，然后清晰地表达出来："你一周迟到 4 次(观察)，我觉得你是在逃避工作(想法)，这让我很生气(情绪)。我希望你下周不要迟到(需要)。"

1.3 感知到的与感受到的混淆

情绪会影响我们知觉事实的角度。对待同样的事情，当我们带着不同的情绪时，我们对事实的知觉可能存在一定的偏差，导致我们描述事实的方式暗含着情绪的色彩。我们小时候的作文里面，都会写道："今天老师表扬了我，我很开心，放学后走在回家的路上，路边的野花频频向我点头，随风跳着优美的舞姿，和着鸟儿嘹亮的歌声。"但有时候是这样："今天老师批评了我，心情好差啊，走在回家的路上，路边的野花垂着脑袋，无力地随风摇摆，鸟儿的歌声也失去了往日的嘹亮。"同样是路边的野花和天上的小鸟，本身是没有喜怒哀乐的，但却会因为观察者的情绪不同，而被涂上不同的心情色彩。

1.4 感受到的和所需要的混淆

我们在提出需要的时候，很多情况下都很难得到满足，对方的回答要么直接忽略你的需要，要么做一些无关紧要的解释。例如："一整天了，你都对着电话讲不停，本想让你帮我提一些意见的，现在买的这些东西全是我一个人的主意，你根本就不在乎我。""我讲电话是因为有走不开的事情，再说我怎么会不在乎呢，我抛下所有的事情来陪你，你却说我不在乎？"这段对话中，先说话的女士似乎在抱怨男士对她不在意，但男士无辜地表达自己的不满，这段对话如果继续下去的话可能会是争吵，但实际上女士只想表达她买东西的时候要给点意见。感受与所需要如果混淆，听者就会把更多的注意力放在应对说话者的情绪感受，从而忽略说话者的需求，结果就会使得需要没有满足，情绪感受反而越来越强烈。

1.5 所需要的和所想到的混淆

我们在说出我们所需要的时候，往往并不会单纯地说出需要，而是混杂了许多我们的想法。比如当我们的另一半好久没有和我们联系了，一种表达可能是：我觉得你很冷酷无情。这句话便混杂了我们的想法，我们认为好久不联系是极其冷酷的，但并没有说出我们的需要。也有另一种表达方式，就是直接告诉对方我们的需要：你三天没给我打电话了，我认为你对我并不在意，我很伤心，想和你谈谈。这就是一种单纯而极其有效的表述方式。

除了上述的混淆外，还有多重混淆的情况，就是之前的几种情况杂糅在一起。这种情况就更复杂且更容易产生沟通的障碍。

2.模棱两可

模棱两可的句式容易在沟通中产生误会。

我们看下面两段对话。

对话一

张红：我们好久不见了，最近怎么样？

李玲：还可以吧，说不上好，也说不上不好，马马虎虎吧。

张红：你具体过得怎么样啊？

李玲：我自己说不清楚，就那样呗！

张红：你这个人总是这样，难道你就不能照直说你的近况，至少也给别人一个关心、了解你的机会。

李玲：我已经说得很清楚了嘛，我不就一直是那个样子啊，没有什么大的起伏、变化，你要我该怎么说？

张红：我只是想听到你具体描述一下你最近的状态，而不是这么敷衍，让人摸不着头脑，唉，真累人啊！

李玲：累人就不要问了，反正问了，我也就这样回答。

张红：你这个人真是无可救药了！

对话二

李明：我的工作调任令已经下达了。

刘欣：哦，那看来我们应该抽个时间把工作交接一下。

李明：是啊，那就下周吧。

刘欣：也许吧，到时候再说吧！

第一段对话中，参与对话的张红、李玲两人，在很不愉快的氛围下结束了此次对话，张红的目的并没有达到，相反，两人之间的矛盾由此产生，为以后的对话掘开了一条难以逾越的鸿沟。第二段对话虽然没有出现第一段对话中的尴尬局面，但是依旧没有达到本应达到的目的。分析其中的原因，我们会发现在这两段对话中，李玲和刘欣在回答对方的问题时均没有一个确切的答案，通过她们的回答，完全整理不出任何确切的有用的信息，她们的回答都是很模糊的，李玲的回答没有进行具体详细的描述，而是用了诸如“还可以吧”这样模糊的指代性的词语，刘欣则是用“也许吧，到时候再说”这一常用的说法，回应了对方的问题。这样的回答都属于模棱两可式的回答。

我们可能听到身边有人会说“大概是这样吧”，“具体的我也不是很清楚”，“我觉得这个答案应该是对的，你觉得呢?”之类的句子。这些句子的出现往往会使整个沟通陷入困扰。模棱两可的句子表意不清，可能有多重解答，它的指代是发散性的，并不局限于一个方向，不同的听者可能会有不同的解读。话语的模棱两可出现的原因，我们从参与对话的双方来分析。对于说话者，如果是我们自信的领域，我们的答案有着清晰的思路和逻辑顺序，包含着大量准确有用的信息，语气就会坚定、自然；但如果是我们不熟悉的领域，则局面可能会完全逆转，我们的回答可能会杂乱无章，东拼西凑，闪烁其词，没有一个核心的思想，那么自然也无法传达准确的信息。有的人习惯性地使用一些模糊性的词汇，如可能、或者、应该吧等，尽量让自己说的话留有余地，不说得太绝对。对于听者来说，可能出现不同的听者有不同的理解，听者的理解能力和习惯性的解读方式，也在一定程度上影响双方的沟通进程。

3.暗示

暗示的解释如下：人们为了某种目的，在无对抗的条件下，通过交往中的语言、手势、表情、行动或某种符号，用含蓄的、间接的方式发出一定的信息，使他人接受所示意的观点、意见，或按所示意的方式进行活动。在一般情况下，暗示者是主动的、自觉的，相对来说，受暗示者是被动的。正是由于这个特点，暗示在很大程度上会造成沟通的障碍。暗示者的主动性体现在暗示的时机和暗示的内容上，暗示者可以按照自己的意愿，在认为合适的时间、内容上，主观地暗示给听者，那么被暗示者在接受上就会存在很大的风险。首先他必须能很好地获悉暗示的时机，即明白此时此刻是说话的一方对自己的暗示，而非将内容故意隐藏不说。更重要的是，能够准确地找出说话者暗示的内容，这就要求被暗示者有很好的反应能力，并且与暗示者有关于这一问题的交流，从而能在最短时间内和暗示者达成关于这个问题的共识。一旦暗示者与被暗示者在任何一个环节上没有配合好的话，整个对话就会陷入一种尴尬的情形，难以继续下去。例如，小张、小王是某公司的员工，两人对自己当下的工资状况不是很满意，便相约去张总那里谈谈此事，希望可以加薪，下面是我们截取的其中一段对话。

小张：我们都很清楚公司目前的处境，但我们两个在公司这么多年了，任劳任怨，现在物价飞涨，如果还是以前的工资标准，生活真的变得有些艰辛。您看，考虑一下。

小王：是啊，老板，当下的情况确实是有些困难，但有句老话：再苦不能苦孩子，那同样的再苦不能苦员工，难道您忘了小李跳槽的事了。

小张：我们的事情和小李是不同的，我们希望老板可以就事论事，只考虑我们两个。

小王：我们虽然和小李的情形是有些不同，但本质还是一样的啊，只有公司保障了我们员工的权益，我们才有可能在公司尽心尽力地干下去。

张总：你们的情况我大致了解了，我们到时候再谈吧。

小张：其他人的情况我们不想去干涉，只希望老板可以单纯地从我们两个的处境出发，去考虑此次加薪的问题。

张总：我知道了。

小王：我们不想重蹈小李的覆辙，希望您能尽快考虑这件事情。

小张：那我们先出去了(小张拉着小王的手赶快走出了张总的办公室)。

小张：你怎么搞的，你知道小李的事情在公司是禁止提起的，我一直暗示给你，你怎么还一直提？

小王：你什么时候暗示给我了，要知道的话我一个字都不会提得。

小张：我不是一直说小李的事已经过去了，只考虑我们的情况，不要跟小李的事情扯上关系嘛。

小王：可我没有听出来啊，直直地撞到了枪口上，哎，看来我们加薪的事情要泡汤了。

上面的这种情形在生活中经常可以看到，由于没有读懂对方的暗示，做了愚蠢的事情。小张暗示小王是比较及时的，但是问题就在于接受暗示的小王没有能够读出暗示的内容，最终两个人加薪的事，没有了任何音讯。

之所以出现暗示，在很大程度上都是源于暗示者，他是整个暗示的发起者、操控者。暗示者选择暗示去完成某个沟通的目的，原因可能有：当下沟通的内容在两个人之前的对话中出现过一次或者很多次，暗示者认为两人就此已经达成某种默契；正在沟通的问题有着特殊的指代，无须说明便能达成某种共识；当下的话题涉及一些敏感的问题，对于旁听者来讲具有某些禁忌、不便；当下的话题如果详细地铺陈会有诸多的不便，太过繁杂难以短时间内解释清楚，等等。

不过,暗示在沟通中也并非总是带来负面影响,我们也不能忽略暗示带来的某些积极的效应,例如,暗示可以给对方留面子,让谈话留有余地等。我们应该客观地看待暗示在沟通中的作用,在恰当的时机和内容上很好地使用暗示,以便我们更快捷、有效地达成我们的目的,在一些不恰当的地方则尽量避免暗示,从而免去可能给沟通双方带来的困扰 。

4.越界

在言语表达中跨过设定的某种界限,就是越界。简单地说,越界就是表达过了头,逾越了语言表达的禁区。越界的种类有很多,下面是常见的种类。

4.1 替别人表达,过度自信地料定对方是如何想的

我们往往在和他人共同进行了一件事情之后,迫切地想要了解他人的想法和感受,但往往我们等不到他人的回应就开始讲述自己猜测到的他人的感受。但迎来的经常是他人如此的回应:“不是的,相反我觉得……”“没有,我不这么认为”。猜测他人的想法是越界的一种典型行为,会使你的猜测对象感觉到不被尊重,不被理解,尤其当我们猜测错误的时候,他人还会感觉到被曲解、误解。恰当的方法是采用开放式的交流:“我觉得……,你呢?”“我感觉……,你是不是也感觉如此?”这样一来,对方较容易感觉到被尊重,同时也表明我们是一个很好的聆听者。

遇到越界的情况,我们也可以通过下面的方法来化解:只表达自己的体验,同时问对方问题。只表达自己的体验,就是在沟通之中只带入自己的体验,而不去猜测他人的感受,更不要将其表述给对方,这样一来可以加深对方对我们的认识,也可以避免猜测带来的误解。问他人问题,指的是当我们想了解他人的感受、想法时,不要去盲目地揣度、猜测,而应该直接去问对方的感受或体验。

4.2 替他人贴标签,人身攻击

沟通中越界的另一种表现是根据沟通对方的某个具体的行为来推断对方的人格特点。例如,我们会说“这个人平时总是不苟言笑”、“这个人脾气太差”、“他太小心眼了”等等。一旦形成这种刻板印象,就容易导致我们在与其沟通时产生很多问题,一旦遇到问题,我们就会归因于这个人就是这样,使彼此的沟通进入恶性循环。因此,我们在沟通中要特别注意,要针对事情而不要针对人。在语言沟通时避免用负面的话语来表达自己的感受。当对方的行为确实诱发了你的负面情绪时,你可以尝试告诉对方:“你说的话让我觉得很不舒服。能不能让我们都冷静一下,明天再讨论?”

4.3 过多的指责

很多情况下,沟通中的一个误区是容易看到对方的缺点并容易将其放大。过多的指责容易使沟通对象逃避、防卫,严重的会导致沟通中的冲突。客观地指出事实,明确地表达自己的感受而不指责对方,是更好的沟通方式。例如,“你总是加那么多的盐!”含有指责的语气,较为合适的说法是:“我觉得汤太咸,以后能不能少放些盐?”

4.4 用命令的语气劝告

(1)多加一件衣服,外面太冷(大声说)。

(2)这里太热了,不适合你这个病人休息!

在上面的例子中,说话者的目的是为了表达关怀,但听者却在关怀之外有不舒服的地方,因为这种表述无异于直接的命令。我们可以说:"外面有点冷,也许你该多穿一件衣服。"或者"这里太热了,我想我们可以换一个地方休息。"用商量和建议的语言更容易使沟通顺利、有效。

三、改善语言使用

1.清晰有效地表达

清晰有效地进行表达,对沟通的质量起着决定性的作用,只有清晰有效地表达了彼此的信息,才能维系沟通并达到沟通的目的。

1.1 清晰地表达

清晰地表达是指清晰无误地表达你感知到的、想到的、感受到的和所需要的,保证自己所要传达的信息准确无误地传达到信息接收者那里。要保证清晰地表达,应注意以下几个方面。

1.1.1 突出重点

讲述者总希望讲述到事情的每一个方面,但作为听者,只想听到重点,即和他相关的或者他该如何去做。突出重点,是指我们的言语表达之中,将更多的注意力集中在对事件最有力的点上,对于其他方面,则简要地概括。我们可以把事件的关键点提出来,放在重要的表述位置,并力求将相关细节描述清楚。

1.1.2 条理化

我们的表达要尽量做到条理化,条理化是指将我们传达的信息分门别类地整理成几个条目,然后分条陈述。在分条陈述中,注意条与条之间要留有一定的时间空隙,方便对方理解消化。此外,条理化也包括语言的内在逻辑性以及言语上的起承转合和结构上的衔接。我们与他人的对话之中,言语的关系并非是并列的,会有一个起承转合的过程,把言语当作简单平行的并列,这样的逻辑关系不利于言语的交流,至少会造成听者的障碍。这要求我们在进行交流的时候,要注意言语的逻辑关系。

1.2 有效地表达

有效地表达指能够及时把信息直接地进行传达,要求时间上的及时和空间上的直接。

1.2.1 强调此时此刻

交流是一个"正在进行时"的概念,强调此时此刻,这就要求我们及时表达、及时反馈、及时沟通。及时沟通有以下两点益处。第一,及时的反馈可以使对方更好地了解你的需要，从而相应地调整自己的行为。第二，及时的沟通能够增强亲密感，因为你愿意当时就和对方分享你的感受。及时的沟通是最有效的，而且还可以增强彼此之间的关系。

1.2.2 直接表达

不能假定对方了解你所想的和所需要的。间接表达可能被忽略，或传递过程中发生信息畸变和扭曲。很多情况下，我们在表达想法或者意见的时候，会注意我们的言辞，会加入很多描述性的或者比较模糊的修饰性词汇，以保证我们的措辞婉转，不会引起对方激烈的情绪反应。但在这种状态下，就很难保证我们的意思能百分之百地传达。在这些描述性的词汇之中，很多言语的信息是要大打折扣的，甚至还会导致原意发生扭曲，从而使听者会错意，引起不必要的争议或麻烦。直接地表达自己的意见，把自己的意思原原本本地呈现出来，不加任何修饰性的话语，这并不意味着可以随性而为，如果涉及攻击性的语言我们就不能直接表达。

"待在这里都一周了，实在没有事情可以做，我好想念在家里的感觉。"从这句话中我们能读到，说话者在这很无聊，在家里的时间很精彩。但实际上说话的人说的是他想回家，只是他委婉地表达了出来，为了不伤害邀请人的感情。但这样，他的需要并没有传达出去。我们可以换下面一种表达方式：

"待在这里好久了，实在没有什么事情可以做，我想我还是回家吧。"

同样的意思，但第二种表述直接表达了自己的想法，能有效地达到自己的目的。同样，我们可以说"今天整天都待在家里，我快闷慌了。我们去散散步好不好？"这种方式能直接表达我们的愿望。把彼此内心真正在乎的事情，开诚布公地拿到桌面上来谈，有了直接而诚恳的沟通，双方才能建立持久而满意的关系。

2.注意说话的用词

我们说话时，要特别注意用词。在很多对话中，由于用词不当，产生了误会，最终妨碍沟通。

2.1 绝对化

用词不当的第一种情形是用词过于绝对化。我们很多情况下会将总是、从来或者一直这样等词汇用在向他人的抱怨之中，例如："我总是一个人在忙，你从来不帮忙。""总是"这个词语在这个句子中让听者觉得过于绝对，甚至有些言过其实了，否定了之前的所有帮助。正确的表述或者更为合适的表述可以使用这些词汇：大部分时候、通常、经常、较少等。"经常是我在忙，你也帮一下忙吧！，"这种表述就相对更恰当。

2.2 强制性词汇

第二种情形是在句子中包含诸如"应该、必须、不得不"等强制性词汇，使听者觉得自己被命令、被操控。例如："你应该节约点。"在对方听来，说话者有控制的意味，双方的地位不均等，让人产生排斥的情绪："你凭什么让我节约一点。"我们可以用一种更为适当的方式来表达："如果你能节约一点就更好了。"

2.3 生硬的转折

过于生硬的转折，也容易破坏沟通。常见的转折包括“可是”“但是”等。例如：“你实在是个好人，但是我想我们在一起不合适。”只要“但是”“可是”夹杂在句子里面，先前的想法和看法就会被删除掉。过于生硬的转折，容易使对话的气氛发生转变。我们可以用“同时”来替代这些转折性的词语，使句子显得委婉。例如：“你想吃大餐，同时我想要吃清淡点。”

拓展阅读

练习表达完整信息

表达出完整信息，而不是部分地或混淆地表达，是一种能力和技巧。这需要经常练习，下面是练习的步骤。

第一步：选择值得信任的朋友或者家人。

第二步：解释完整信息的含义。

第三步：安排练习的时间。

第四步：选择想要谈论的事情，它能够引发你的情感。所谈论的事情可以是过去发生的，或者是现在进行中的；可以包括其他人，或者和做练习的同伴直接相关。

第五步：讨论所选话题，使用完整信息的四个构成部分：谈论发生的事情以及你的观察；描述你的想法和结论；说出事情让你产生的感受；表达出在此情境中你的需要。

第六步：当你陈述完毕，同伴再用自己的语言重复信息的各个部分。

第七步：你要纠正他表达错误的地方。

第八步：交换角色，要求同伴完整地表达他的经历。

和你的同伴达成这样的共识：你们之间每次重要的交流都要包括完整的信息。用两周的时间坚持练习表达完整信息。两周后，对自己的表现进行评估，目的是使完整信息的表达达到自动化的水平。最后，你可以扩大你的练习对象，可以包括其他重要的人。练习可以加强你的意识，让你可以快速从内心找到所需信息，从而完整地表达信息。

复习巩固

1.语言沟通的内容包括哪几个方面？

2.影响语言清晰表达的因素有哪些？

3.如何改善语言的应用？

第三节　语言的积极使用与滥用

电影《阿甘正传》中有一句著名的台词:"Life was like a box of chocolates, you never know what you're gonna get",意思是人生就像一盒巧克力,你永远不知道会尝到哪种口味。沟通也是一样的道理,一次次的沟通,我们都期待可以实现我们的目的,但每一次沟通的过程中,都有可能出现这样或者那样的问题,我们无法完全预料沟通的结局。但这是否就意味着我们对于整个沟通过程完全没有任何的把握,只能眼睁睁地看着其朝不可知的方向发展呢?当然不是,虽然我们无法主导沟通发展的方向,但我们至少可以在沟通的过程中持积极的态度,逐渐地使沟通过程朝我们希望的方向发展。

一、肯定性沟通

肯定性沟通是传递有价值的信息,例如"你很重要"、"你说了算"、"你真厉害";而不肯定信息传递的是不受重视的信息,例如"我才懒得理你呢"、"我不喜欢你"、"就你,还是算了吧"。属于肯定信息还是不肯定信息,取决于身边的人(听信息的人)。举例来说,在人际交往中,我们可能会用一些在外人看来难以接受的语言来表达自己的观点或内心的情感(例如,"你真没救了!")。站在说话人的角度,可能会认为这样讲话没什么恶意,但是在听者的立场上,这句话却可能是充满敌意的。很明显,肯定信息比不肯定信息更容易被人接受,更有利于沟通,因为不肯定信息表达的是对人的不尊重、不欣赏。对他人视若无睹、辱骂、抱怨等,都是不肯定的沟通,会妨碍沟通,破坏关系。有一些方式能促进肯定的沟通,有助于让我们所传达的信息受得他人的认同。

1.重视表达

肯定性沟通最核心的内容就是重视另外一个人,比如对于他人对我们的回应,我们积极地做出应答,可以表示感谢、上门拜访、回电话,或者邀约吃一顿饭等。"重视"看起来似乎是一个简单的举动,但是真正去实现还是有些困难。例如,我们有时会避免与他人发生联系,不主动与人打招呼,甚至漠视与他人的眼神交流。我们甚至忘了在重要的日子给家人和朋友打个电话,直接丢下他们去完成所谓的工作。每每有人提出异议,我们总会有各种理由去搪塞,工作、学业忙得没有时间,或者一厢情愿地认为我们一直和他们感情很好,他们会理解等等。对于我们身边最亲近的人来说,这也许会得到他们的理解;但对于那些感情不是很深但能继续发展的朋友、同事来讲,这就是一种没有礼貌、不尊重他人的表现,那么和他们的关系就会受到影响。

2.承认

第二种促进肯定性沟通的方法是承认别人的观点与感受。倾听就是一种最为公众接受的承认他人的途径。这种承认有理解、尊重、接受的含义。这种承认是发自肺腑的，如果只是假意或者虚伪的倾听，则会妨碍沟通，并对关系产生负面影响。比较积极的承认包括问问题、确认问题、积极地给予反馈等等。这种承认让对方感觉到我们的诚意，即使意见不统一，我们也能听取别人的建议，并且给予力所能及的理解和支持，哪怕这些意见没有被采纳。这种承认是没有任何条件的，无论对方是我们的同盟还是反对者，我们都应该认真地去聆听，并且适时地给予积极的反馈。

3.赞同

第三种促进肯定性沟通的方式是赞同。承认表示你对别人的意见很有兴趣，赞同则表示你同意他们的意见，并且觉得这些意见是重要的，可以采纳的。显然，赞同是肯定性沟通中最为有力和重要的一种，因为它传达出最高层次的价值，表明给予了对方信任和支持。赞同包括观点与对方一致、支持对方的决定等。毫无保留的赞美就是一种很有力的支持。不过，赞同别人时，并不是一味地附和。不要认为取悦他人就能赢得他人的尊重和喜欢。赞同对方并不要求你完全地支持对方，你可以在对方的语言和行为中选择你认为可以赞同的部分。例如，对方买了一件新衣服，也许你觉得这件衣服对方并不合身，但你却很喜欢这件衣服的领口设计，那么你可以回应："我很喜欢这件衣服领口的设计，像雨后的彩虹。"

二、保留面子

保留面子在沟通中是重要的一项技能。我们在沟通中，会有很多困扰：如何用清晰、直接但又不具威胁性的方式来说出你的心意？如何用肯定的方法陈述你的需要、想法和感受，既清楚直接又不至于让别人感到被评断和命令？一个善于处世的人在与他人交往的过程中，总会巧妙地给别人保留颜面。对于尴尬难言的事，没必要当众宣布，更没必要弄得不欢而散；不方便说的话要学会对人进行暗示，使其做好心理准备，一切都在私下进行，既维护了别人的面子，也达到了自己的目的。下面我们就介绍几种留面子的技术。

1.及时给予对方赞许、肯定

在日常交谈中，为了给对方好感，或者使事情更好办一些，我们总会赞许对方，尽量表达与对方一致的意见，即使有不同意见也会委婉表达，这些都是为了维护听话人的面子而采取的策略。身边的人有时会为了吸引他人的注意力，做一些夸张的举动，我们要及时给予对方反馈，一个小小的称赞，都会给对方留下很好的印象。

2.开门见山

很多人觉得只有委婉地表达才能够照顾到对方的情面，其实不然。很多情况下，开门见山能在更大程度上给对方留情面。当你想拒绝别人或者对听不懂你意思的人设定限制时,开门见山无疑更能减少伤害。例如,你可以直接告诉电话推销员你对他们推销的商品不感兴趣;或者告诉好客的主人你真的不想喝酒。同时,当他人因为自己的愿望而忽视了你的需求时,开门见山地说出你的想法也很有效。比如,告诉男友,比起辛辣的四川菜,你更想吃略带甜味的上海菜;告诉自己的室友,你建议他午夜12点前最好回宿舍,不然会打扰到自己休息;告诉宿舍管理员,你想让他把漏水的管道修一修,等等。开门见山地表述自己的需要或者意见,省去了别人的揣度,可以在更大程度上实现有效的沟通。使用这个策略要注意以下几点。

(1)在脑海里想清楚自己想要的和不想要的,对自己的感受、想法和权利有清醒的认识。

(2)对自己的需要形成一个简短、具体、易于理解的表述。如果可以的话,尽量控制在一句话内。不要有任何借口和解释。避免说"我做不到"这样的话,因为这是最差的借口。别人可能说"你当然可以",然后再告诉你如何去做。相比来说,回答"我不想这样做"会更简单、更直接,也更坦诚一些。在脑海里回顾你的陈述,尽量避免有任何漏洞。

(3)运用肢体语言来支持自己的观点。站着或者笔直地坐着,看着对方的眼睛,把手放在身体两侧。

(4)平和但坚定地反复陈述自己的观点,直到对方明白你的意思并且意识到你不会改变主意。对方可能使用很多借口却不考虑你的愿望,他也许会一次次地拒绝,不过大部分人到最后都没有理由再拒绝了。孩子和推销人员是比较坚持的两类人,即便是这两类人,也会屈从于不断重复的清晰陈述,除非他从你的陈述中找到了严重的漏洞,否则不要改变开门见山的风格。

(5)可以在开门见山地说出你的想法之前,对别人的想法、感受或愿望有个大概了解,然后再说"我能理解你的不安,同时我不想再加班了"、"我知道你的想法了,同时我不想再加班了"等等。不要让别人的陈述影响你。

提前把要开门见山表达的话准备好。如果你觉得你很难对电话推销员、家人或者朋友说"不",那从现在就开始准备吧。如果你想要什么,但又不敢说,可以把它简化成一句话:"我想你现在把房间收拾干净"或者"我想今天晚上跟你坐下来谈谈作业的事"。如果不习惯这种方式,可以多练习,让你开门见山的技巧显得不那么笨拙。刚开始练习,你会觉得很不自在,尤其是别人说你顽固不化时,但是当你掌握了这个简单却很有用的技巧以后,会认为当初的别扭是值得的。

3.延迟回复

任何情况下,如果需要马上回复,多数人会有一种强迫感。延迟回复能让我们有时间做下面四件事:确保我们了解他人的意图;分析说过的话;想清楚自己和他人的感受、想法和需要;持续地对沟通状况产生影响,这样就可能达到我们想要的沟通效果,也能充分照顾他人的感受。请看下面的一些延迟答复的例子。

稍等一下！这个太重要了，不能太着急。

这个想法有意思。让我再想想。

我不是太明白。你能再换种方式来讲吗？

这样的回应既避免了由于立即答复可能带来的唐突，又能够在一定程度上顾及对方的面子。

其他的留面子的技巧还有很多，在向别人提意见的时候，不要用那些听起来很强硬的短语或句子；在第三人或者更多的人在场时，适当地回避；根据听者的年龄、性格、情绪等，做出恰如其分的判断，不能一概而论等等。

给人面子是联络感情的最好方法；而伤人面子，受害的最终是自己。因为面子代表着尊严与荣耀，有面子才能被别人看得起，才能表明他的优越感。在人际交往中，要想与别人建立和谐的关系，就必须懂得放下自己的面子，给他人一个面子。卡耐基说得好："如果经过一两分钟的思考，说一句或两句体谅的话，都可以减少对别人的伤害，保住他人的面子。"

三、说服

言语的说服，是我们进行沟通的很重要的目的之一。说服是有许多技巧可以运用的，能使我们更为有效地实现目标。下面，我们就介绍几种常用的说服技巧。

1. 锚定

锚定效应是心理学名词，指的是人们在对某人某事做出判断时，易受第一印象或第一信息支配，就像沉入海底的锚一样把人们的思想固定在某处。作为一种心理现象，锚定效应普遍存在于生活的方方面面，第一印象和先入为主是其在社会生活中的表现形式。

第一印象在人际交往中是很重要的，它会影响人们以后对其行为的解释和稳定的内在特质的归因。著名的设计大师 De Lucchi 先生曾说过："一个人永远不会有第二次机会给人以第二印象。"戏剧表演中专门有名词，叫作"开嗓"，这个开嗓，也就奠定了该剧表演的基调。同样，当我们开口说第一句话的时候，开嗓也相当关键，它不仅奠定了此次沟通交流的基调，并且决定了总的方向。

好的基调的奠定要注意以下两个方面。第一，措辞、言语使用恰当。一个人的涵养，可以在简单的几句话中就看出来，恰当得体的言语措辞，对好的印象的形成扮演着相当重要的角色。恰当的措辞，要考虑情境、你所要面对的人、你要陈述的事件等等，也就是我们平时讲的"在合适的地点，合适的场合，对合适的人物，说了合适的话"。例如，与老人沟通，你要特别注意对方的自尊，看自己的话语是否伤害了对方的自尊。与男人沟通，要特别注意给对方留面子，不要贬低、轻视对方。与女人沟通，要特别重视她们的情绪,优先表达感受。与上级沟通,要重视维护领导的权威和尊严。与年轻人沟通,则可以更加直接。在与他人沟通时,要注意信息的传达要精确、全面。第二,要有一个端正的不俗的"起范"。"起范"一词同样源于传统的戏剧表演,指演员在"开嗓"前的动作准备,包括身段、眼神等。我们所说的"起范"在一定程度上也与此类似。说服之前,不同的人可能会有不同的"起范",有人会把姿态放得极其低,有的人会放得过高,有的人则恰好有一个正确的姿态。我们鼓励端正的姿态,但同时也要避免戏剧中过于程式化的特点,并且加入诸多灵活的转换方案。做到不偏不倚、有自己的特色,是一个最佳的"起范"。

当我们经历了"起范""开嗓"阶段,接下来就是说服的内容了。这时候我们要用到锚定这一效应,即把我们对话的重点放在说服的核心之上,并且顺利地实现我们说服的目标。我们的谈话总会像讲故事一样,有一个基本的结构:开始—发展—高潮—结局,虽然这样会有一个完整的逻辑结构,但在说服的过程中,可能会难以突出重点,从而不能很好地实现我们的目的。因此,我们可以把这个结构做一个调整:开始—高潮—结局—发展,这是因为高潮部分最容易吸引听者注意,这样我们就稳稳地定在了最专注、同时也是最关键的点上了,就会使成功的概率大大提高。

2.登门槛效应

登门槛效应是美国社会心理学家弗里德曼与弗雷瑟从1966年做的"无压力的屈从——登门槛技术"的现场实验中提出的。1966年,他们派人随机访问一组家庭主妇,要求她们将一个小招牌挂在她们家的窗户上,这些家庭主妇愉快地同意了。过了一段时间,他们再次访问这组家庭主妇,要求将一个不仅大而且不太美观的招牌放在庭院里,结果有超过半数的家庭主妇同意了。与此同时,派人又随机访问了另一组家庭主妇,直接提出将不仅大而且不太美观的招牌放在庭院里,结果只有不足20%的家庭主妇同意。当实验者提出同样的要求,却得到了截然不同的结果。在第一组实验中,大的要求之前有一个小的要求,这其实是进行了一个铺垫,那些家庭主妇答应了小招牌的要求,对施测人员的心理防御机制就会有一定程度的下降,因此在面对更高要求的时候,更容易接受。相反,当施测人员直接提出高的要求时,第二组家庭主妇接受起来有较大的难度。了解了这个效应之后,就可以应用到我们的言语说服之中。

在利用登门槛效应进行言语说服时,我们要注意:第一个要求与第二个要求应具有一定的相似度,即任务要有一致的属性,如果是两个完全不相干的任务,可能达不到预想的效果。如在广告牌实验中,如果第一个任务改为帮忙填写一份调查问卷,可能第二个任务就比较难以实现,原因是如果两个任务相差太大,第一个就无法起到为第二个任务做铺垫的作用。这就要求我们在描述不同的任务时,适当地注意语言的使用,尽量使我们的用词在前后有一个较大的对比,以便让听者感受到两个任务的难度有较大的区分。不要出现那种存在争议的任务。在描述任务的时候尽量描述得清晰、明确,不使用概括性的、模糊的词语。

3.互惠

互惠，这个词我们多在政治上或者商场中听到，意指参与的双方都获益，它是一种双方合作所最希望达到的境界。进行言语的说服，很多情况下我们都希望得到对方的支持、理解，从而达到自己的目的。但我们往往是担子一头热，处处碰壁。我们的言语之中，充斥着太多的渴望，我们用十二分的热情详细地阐述着我们对成功的期望，以及给自己带来的巨大的便利，然后期盼着别人可以帮助自己实现。但是，一切的便利都是向着自己，于他人无任何的获益，他人何以伸出援手呢？有这么一个故事。

山上的寺庙里，有一个老和尚和一个小和尚，老和尚在寺庙后面的田里种了半亩西瓜。有一天，老和尚要到山下去采购物品，走之前，老和尚把小和尚叫到跟前："我要下山去采购些物品，你帮我给这些西瓜每两天浇一次水，让它们健康地生长，想想夏天来的时候，坐在树下吃西瓜，多好啊！"老和尚说完就下山了。小和尚蹲在寺庙口，两天一次，太累了，我才懒得做了，况且到时候还不知道给不给我吃西瓜呢？算了，到时候我就说我忘了。一周之后，老和尚采购物品回来，马上到后院，一看，西瓜苗全部都枯死了。

老和尚的说服并没有达到他预想的效果，他的说服失败了。我们看一下他的说服过程：情况阐述——请他人帮忙——之后获益，三个部分的侧重点在请人帮忙，并且他对获益的阐述过于笼统，并没有特别指出获益的对象。这样的说服，对于听者来说，他的注意力都放在任务的执行及所面对的困难，所以他拒绝被说服的可能性就越大。

互惠，终究是让双方受益。拆解这个词，我们发现有两层含义：互乃共同参与，惠则是受益，共同参与受益乃为其词意，所以我们在说服时要注意将这两点融入言语之中。例如，在说服的时候，采用"我们"这个复数人称代词，会对目的的达成起到推动作用。试想"当这件事情做成之后，会对我们之后的……提供大的便利"，当我们对对方做出这种表述之后，就把别人的思路引导到"原来可以对我有这种帮助"。"我们"的使用，虽把别人牵扯进来，但是将别人放入利益的分配之中，会较少引起别人的不满，还会勾起他人的好奇心，进一步去了解这件事情。这样的话，我们说服的概率将会大大提高。但这种情况下，需要注意的问题是"我们"尽量不要用到过程性的语言，如"如果我们一起完成这件事的话，我们就会……"，这个"我们"的使用代替别人做了决定，将别人牵扯到事情的过程之中，在他人听来可能比较刺耳，可能会想"我为什么要参与进来"，这样就会事与愿违了。

我们在描述任务的时候，可以适当地改变一下语言内容的顺序，把重点放在对获益的描述上，而且要尽可能详细，将请人帮忙等具体任务的描述放在最后，描述应该简洁、概括，避免对细节的描述，这样可以将听者的注意力转移到任务的获益而非任务的完成过程，激发听者的兴趣，让其主动参与进来，增加说服成功的概率。

4.社会确认

社会确认，提供了一个权威的范本供我们信服。在我们个人的言语表达之中，过多的个人色彩的描述、阐释会让我们失去听者的支持、信任。社会确认需要社会多数人的确认同意，这是一个大众化的在一般公众的认知范围内的权威性的指标。经由社会确认获得了大众的认可，那么在实际操作的时候，便会由于其权威性，减少面临的阻力。

说服之中的社会确认，即在言语之中要显现出社会确认的信息。在进行说服的过程中，要在适当的时间披露这种社会确认的信息。确认的信息有两种情形。一种是信息全部经由社会确认，这种情况下，我们就要不遗余力地进行信息的"推销"，尽可能在某个合适的层面尽量多地暴露信息的社会确认的属性，从而更可能打动我们的听者。另一种则是部分信息得到了社会的确认，这种情况下我们则要有选择性地暴露我们的信息，社会确认的那部分信息我们要大肆铺陈，而未经确认的信息，则可以进行一些补充性的说明，尽量减少细节的披露。

社会确认信息的披露，对有效说服当然会起到一定的作用。不过，由于社会确认信息的披露并不是每时每刻都可以进行的，因此我们要注意把握插入的关键时间点，这个时间点往往是在我们陈述了种种理由，进行总结之前，因为这个时候，听者会进入一个选择的判断阶段，如果这时候插入这些信息，可以起到关键的作用，甚至使局面出现反转。在言语的使用上，可以多一些确定性的词汇或者短语，而那些不确定的或者模糊的词汇要尽量避免。诸如"据说""我听说"这样的词汇，显然充满了种种的不确定性，会使说服的效果大打折扣。

言语说服的方法终究只是一种手段而已。最有效的说服方法，其实就是言语真诚，让他人感觉到被尊重、理解，双方平等地进行交流，达到最佳的效果。

四、语言的滥用

在实际的沟通过程中，某些言语的内容或表达方式，在对话进程起着阻碍或者干扰的作用。

1. 说谎

1.1 说谎对沟通的影响

一项调查表明，人一生中平均会说谎 8.8 万次，每人每天至少撒谎 4 次。这个数据可能听起来让人难以置信，但在日常生活中经常会听到各种谎言，甚至我们自己有时也撒谎。这些谎言中，有些是我们故意编造去掩盖某个尴尬的事实，或者为了让对话的气氛更加融洽，或者为了照顾到对方的情绪，不得已说了一句违心的话语。我们平常说的善意的谎言占了我们所有谎言的大部分，虽然我们提倡在交往中坦诚以对，但有时候也要智慧地说谎。朋友刚刚做了一个新的发型，在你看来非常不适合他，当他征求我们的意见时，我们很少会直接就讲："这个发型不适合你，赶紧再换一个吧。"这是一种坦诚的说法，但往往会让对方听起来刺耳。我们可以换种方式："这个发型很漂亮啊，如果你改用另外一种，效果可能会更好。"这两种方式表述的内容是一致的，但在听者听来，第二种表述方式更舒服，更容易接受。一些恶意的或者欺骗性的谎言，出发点多半只是基于说话者本人的立场，而不去计较他人的得失，这种谎言一旦被识破，就会带来难以预计的伤害，本书主要讲的就是这种说谎的行为。

说谎对沟通的不利影响，首先在于说谎对于对话的正常进程造成干扰，很容易把对话引向不可知的境地，偏离最初的方向。再者，对于对话的双方来讲，彼此的地位也在一定程度上发生了改变，说谎的人是居于上风的，他对整个对话的内容是了然于胸的，因此他在一定程度上作为一个掌控者，控制着整个对话的走向，引导听者走向自己布置的"陷阱"。然而一旦谎言被识破，双方的地位则会有一个大的反转，说话者明显在下风，因为他是过错的一方，要对整个事件负责任。在良性的沟通中，通常双方所处的位置是比较对等的，一旦这种心理的站位发生偏移，对话想要沿着原来的路线继续下去就显得比较困难。

1.2 说谎的实质

说谎的基本释义为：为了给听者造成假象，故意传达虚假的信息。从释义来看，说谎必须具备信息的传递者知道信息是虚假的、信息的传递者必须有意识地传递信息和信息的传递者必须是企图让接受者相信所传递的内容这三个方面的要素。

1.2.1 信息的传递者知道信息是虚假的

信息的传递者必须在传递前就知道该信息是虚假的或者错误的，如果是在不知情的情况下，那就不能称之为说谎，例如有人问我们日期，我们随口而出三月二号，但是实际的日期是三月三号，这就不是说谎，因为作为信息传递者的我们在意识上也认为今天是三月二号，我们并不知道这是一个错误的信息。

1.2.2 信息的传递者必须有意识地传递信息

传递者有意去传递这个虚假的信息，必须是故意为之，倘若只是随口说说，而未想到让他人听到或者注意到，也不能称之为说谎。

1.2.3 信息的传递者必须是企图让接受者相信所传递的内容

说谎要求我们要尽力去说服别人相信我们故意传递的虚假信息。我们身边经常会有这种情况，比如向对方抱怨："我太累了，给我充足的时间的话，我一定睡个三天三夜，不吃不喝。"我们说的这句话明显符合上面所讲的第一个要素，即说话者本身知道这句话传达的信息是虚假的、不实的，但是很明显，说这句话的意思只是让对方明白我们的确十分辛苦，而非真正想让他人相信我们真的可以睡三天三夜，所以不是有意识地让他人去相信虚假的信息，这不是说谎。

说谎的原因是多种多样的，大致有以下几种情况。站在倾听者的立场，遇到敏感的问题，为说话者留足情面，让其感到愉快、舒服；刻意编造一些借口，以此实现我们的目的，例如想要套取一些信息，或者接近一个人；保护个人隐私，通过一些假的信息吸引眼球以掩盖真实的情况；避免冲突，通过一些编造的事实或者理由，避免正面交锋；为了逃避惩罚，编造一些其他的原因，推卸身上的责任；避免过度的压力，巧妙地以一些难以推脱的事由，拒绝自己不喜欢的事情；报复他人，凭空捏造一些事件，打击或者贬损对方；等等。现实生活中，有时会出现一些我们不得不说谎的情况，但大多数的谎言都是可以不说的，说谎在沟通中是一个阻碍，所以我们要尽量避免说谎。

2.冒犯性语言

冒犯性语言，一方面可能是一些攻击性、挑衅性的话语，能够很强烈地带动对方的情绪，而这种情绪往往是负面的；另一方面则是带有诽谤性、侮辱性的。毫无疑问，这些话语都能够激发起听者强烈的情绪反应，这种反应和说话者的情绪碰撞在一起，极可能将对话引向糟糕的境地。有些行为也能给沟通带来负面影响，例如说谎、插话等等，但这些行为对沟通的负面影响仅仅导致对话的中止、暂停或者结束，但是对于后续的对话基本不会带来什么影响。冒犯性的语言结果不仅会导致整个对话结束，更会对后续的对话甚至基本的沟通带来严重障碍。

冒犯性语言的出现，对话的双方都负有一定的责任。我们知道，冒犯性语言出现的情境多数是双方情绪进入极其亢奋的阶段，在一定程度上丧失了理性思维，把注意力都集中在压制对方的气势，而非真正地提出解决问题的策略。当一方的情绪难以抑制时，极可能会脱口而出冒犯性的语言，另一方在对方的刺激之下，若不理性地去思考问题，就会升级为骂战，对于问题的解决，只会雪上加霜。因此，对话双方哪怕仅有一方能够压制住亢奋的情绪，理智地去思考问题，那整个对话都仍有继续下去的可能。

在沟通中，无论对话进行到哪一种艰难的境地，对话双方都应该保持冷静，将争论的矛头直指问题本身，而不要将问题外的其他方面纳入争论的漩涡，尤其是将之前的问题翻出来攻击对方的人格，这样只会使问题走向一个死胡同，对有效的沟通没有益处。

复习巩固

1.什么是肯定性沟通？哪些方式能促进肯定性沟通？

2.在沟通中采用哪些方式可以给沟通对象保留面子？

3.说服可以采用哪些方式？

4.语言的滥用包含哪些方面？

本章小结

语言沟通是沟通中的一种重要形态，语言能对沟通产生重要影响。语言可以体现出高、低两种不同权力形态，每种语言权力形态都对沟通有积极和消极的影响。在沟通中使用不同的人称代词往往蕴含不同的意义。我们需要在使用“我”字的语言时表达自己但不自私和自夸，使用“你”字不掺杂对他人的评判而是赞美、关怀，使用“我们”时包含他人而非代表他人。

语言表达主要包含感知到的、想到的、所感受到的和所想要的四种内容。感知到的与事实有关，所想到的与个人价值评价、判断、推理等有关，所感受到的与情绪有关，所想的则与愿望相关。清晰的语言表达要完整地表达出感知到的、想到的、所感受到的和所想要的。如有缺失，则易出现混淆。在谈话中模棱两可、暗示、越界也会使语言表达不够清晰。我们需要清晰、有效、完整地表达，注意用词来改善我们的语言沟通。

我们可以使用肯定性沟通、保留对方面子并进行有技巧的说服来使沟通朝着积极的方向发展，而说谎或者使用冒犯性语言则会对沟通带来消极的后果。

本章关键词语

语言　语言的性质　语言与权利　人称代词与沟通　语言沟通的内容　清晰表达　改善语言使用　肯定性沟通　保留面子　说服　语言的滥用

章后练习

一、选择题

1.下面属于对话内容的是(　　)

A.感知到的　　B.想到的　　C.感受到的　　D.需要的

2.请分析下面这句话是哪种信息的混淆：你为什么不能变得更有人情味一些呢？(　　)

A.所想到的和感受到的混淆　　B.感知到的与感受到的混淆

C.感知到的和所想到的混淆　　D.所需要的和所想到的混合

3.下面不属于越界情形的是(　　)

A.替别人表达，过度自信地料定对方一定是如何想

B.替他人贴标签，人身攻击

C.批评论断，过多地指责

D.模棱两可，含混不清

4.属于有效表达的选项是(　　)

A.强调此时此刻　　B.突出重点　　C.条理性　　D.保留面子

5.不属于肯定性沟通的是(　　)

A.重视表达　　B.迎合他人

C.承认别人的观点与感受　　D.赞同

6.以下那个选项不是说谎的基本要素:(　　)

A.信息的传递者知道信息是虚假的

B.信息的传递者必须有意识地传递信息

C.信息的传递者必须是企图让接受者相信所传递的内容

D.信息接收者必须相信信息是真实的

二、辨析题

1.模棱两可的话是清晰表明你的真实意图、不故意含糊其辞的语言。

2.你可以对自己说谎,使自己相信一个并不真实的谎言。

第五章　非语言交流

一个简单的握手动作，暗藏着影响人际关系的信息；一个无心的眼神交流可能决定商务谈判的最终决策；一个不经意的微笑瞬间增加他人对你的好感。细微的身体动作、深沉的语音语调、不经意的触碰、简单的拥抱蕴藏着巨大的魔力，让你在不知不觉中影响到他人，同时也在影响着你自己。本章将让你换一种眼光来洞察他人，你将会学习到：(1)非语言交流的作用和特点；(2)影响非语言交流的因素，包括不同社会文化背景下的非语言交流、不同性别的非语言交流以及不同个体经验对非语言交流的影响；(3)非语言交流的各种方式、途径及其特点。

第一节 非语言交流的作用与特点

无论你是销售人员、管理人员、谈判代表或行政人员，或仅仅是一个想提高自己沟通能力的人，都必须能够通过慧眼观察，实现对他人内心的洞察，这就是非语言信息的神秘。所谓非语言信息，是通过肢体语言(眼神、表情和肢体动作)、语气语调、触碰、衣着、装饰、环境等各种非语言内容表达和传递的信息。

在人际交往过程中，非语言的交流总是能够超越字词传达一些信息。不管一个人怎么深藏不露，往往还是会从其他方面显示出许多东西，比如他的起居、作息、饮食等等。只要遇到一个有心人，从其生活细节中完全可以寻找到生活习惯、品位、个性特征等等。

每个人都将过多的注意力集中在自己的言辞上，而忽略了一个事实：他的动作、姿势、表情、语气语调以及服饰等等都在讲述着他们自己的故事。人类对动作的渴望一如既往，从未减弱过，我们通过古老的方式(吃喝、玩乐、拥抱、抚摸等等)寻求欢乐，获得身体和心理的满足。事实上，成年人做出的每一个动作几乎都有其独特的固定模式，这些固定模式就是行为的基本单位，因此也是人类行为观察者所着重注意的对象。研究者通过观察个体非语言的各种表现形式，结合环境或情境来解读其所传达的内在信息。

以心理分析学著称的瑞典心理学家荣格(Jung)在《心理类型》中写道："人可以依靠面具协调人与社会之间的关系……人格面具是原型的一种象征。人格面具是靠我们的肢体语言、衣着、装饰等来体现的。我们以此告诉外部世界我是谁……另一方面，人格面具的作用在于它维护了人的虚伪与怯懦，这种反应来自于自身对未知事物或人的恐惧，从而启动了心理防卫机制。"

人格面具是维护个体内部世界完整的一种机制，其肢体语言、语音语调、衣着等都会通过固定的模式表现，如何发现这些规律，并应用到我们的人际交往过程中，这是应用心理学研究的一个方面。非语言交流领域研究最早和最多的是关于撒谎的非语言判断，在现代应用心理学中有一门技术，叫作测心术，即通过个体展现的语言(包括语气语调、停顿、语言内容等)、身体动作(眼神、表情和肢体动作等)以及环境特征(衣着、居住环境、时间空间等)来判断对方此时此刻的心理状态和人格特质。

测心术起源于检测个体的撒谎行为，经过多年的努力，撒谎行为的判断在科学研究和应用实践中积累了诸多成果。心理学家通过审视你的眼神、观察你的动作、记录你的声音、辨别你的语速、分析你的语言内容，甚至简单地和你握手等等，对微妙情绪的洞察加上丝丝入扣的推理，就足以判断你是否在说谎。例如，用手摸鼻子代表掩饰，手放置在眉毛之上代表羞愧，讲话时单肩耸动，语速过快、动作和语意相反、眉毛上扬、生硬的重复等等都可能是说谎的非语言表现。身体暗示的信号，不仅仅是识别说谎的标志，还能表达更加丰富的含义。

生活中的心理学

透过脸部微表情可识别谎言

美国《华盛顿邮报》援引加拿大的最新科学研究称，科学家早就发现人类脸部会透露出“微表情”(micro-expression)，它通常只有1/20秒的时间，一般人用肉眼根本察觉不到，当事人自己也没有感觉。“微表情”就和脑波一样，虽然科学家明知其存在，但如何解读还需研究。此次实验之所以让科学家特别雀跃，是因为他们发现在各种“微表情”之中，说谎的表情特别容易被辨识出来！

在他们的研究中，研究者找来41名学生，其中35位女性、6位男性，给他们看一系列照片，有的是中性的(如一辆卡车在路上)，有的是极愉快的(如可爱的小狗在奔跑玩耍)，有的是很恐怖恶心的(如一根断骨)，并让摄像机记录其表情变化，然后将影像数据输入电脑，以研究这些人看到不同照片时的脸部变化。

研究结果除了发现这41位测试者都对极端照片出现“微表情”外，科学家还发现，当测试者看到可爱的小狗，而他可能并不觉得小狗可爱，又想装作笑眯眯地说“小狗很可爱”时，这位“说谎者”脸上的“微表情”时间会更久，约为1秒钟，且只出现在上半部或下半部的“半脸区域”。这个实验得出的一个惊人结论是，人的脸上不只“藏不住秘密”，更藏不住的是“谎言”，科学家暂称其为“情感泄露症”(emotional leakage)。这些“情感泄露症”的症状，就是比较长时间的“微表情”，只要知道规则，不仅电脑能察觉到，人眼说不定也可察觉到。

一、非语言信息在沟通中的作用

在人际交往中，有一个金三角理论。该理论认为影响沟通效果有三个最重要的因素，分别是肢体语言、语气语调、语言内容。那么在沟通的金三角中，到底哪个对沟通效果影响最大呢？专家的研究表明，对沟通效果影响最大的是肢体语言，占55%；其次是语气语调，占38%；而对沟通效果影响最小的是语言内容本身，仅占7%。也就是说，在影响沟通的有效性上，你讲了什么本身并不重要，而以什么方式讲出来，或者说表达过程中你的语气语调、视线、表情、动作姿势等对表达效果更加重要，更能影响对方，能更有效地表达自己的真意。换句话说，不同的肢体语言、不同的语气语调完全可以颠覆语言内容本身的含义。

1. 传递信息

各种非语言交流的方式跟语言内容的表达一样，也是在传递信息。我们的语气语调、肢体动作、触碰甚至穿着都会有意识或无意识地传达我们的情绪情感、需要、兴趣爱好、观念、个性特征等信息。例如，体态语言能告诉人们，两个或者更多的人之间的亲密程度和相互的地位。在初次见面的过程中，我们需要大量的非语言信息来帮助我们判断一个个的假设（比如“他在撒谎”“他性格外向”）是否成立。商业活动中，非语言信息能帮助我们洞悉谈判桌前每一个人的动机、忧虑和能力。此外，在一些特殊情况和背景下，我们会有意识地通过非语言方式表达与交流，如聋哑人的手语、信号灯等表达方式。

非语言交流除了能表达具体信息外，还可以在人际交流中给予我们一些隐含的信息。例如，摸鼻子（其他类似动作也一样）通常被认为是内部思想和外部思想被迫分裂时的一种反应。非语言信息所显示的不仅是说谎，还能显示出由于紧张时思想和动作的不协调而产生的一种很微妙的内心与外表的冲突。我们可以通过观察这些非语言信息，推断他头脑里一定有某些东西是无法用语言向我们表露和交流的。人类行为研究者发现，人类的体态交流具有一些有普遍意义的隐喻。例如距离隐喻，通过与他人身体上的距离来暗示我们与他人的关系。接近的位置或距离是喜欢或亲密的表示，身体上的亲近往往暗示着思想上的亲密或喜爱。同样，我们可以通过面部表情、语速和动作速度等非言语信息暗示一个人对某事物是多么感兴趣、多么投入和兴奋。同时，非语言的交流也可以为我们揭示日常生活中主导与屈从的关系，即权力隐喻。拥有权力的人被默认为能频繁地与人目光交流，而权力较弱者则相反。

2.关系符号

在两人及两人以上的交际中，有些非语言信息能够传递人与人之间关系的信号，我们称之为关系符号。在等级森严的社会中，非语言交流主导着各种关系，群体中每个个体的地位、角色，个体之间的关系，通过服饰、肢体语言等形象直观地表现出来。如封建王朝的官服根据其品级有严格的制式。现代军队的军衔等级也是通过肩章等服饰展现。在诸多的非语言信号中，最明显的表现关系信息的形式是肢体语言，其中身体的接近和触摸，是两人关系很亲密的显著指标。

2.1 身体接触

在人际交往中，相互亲近过程中存在“保持距离”和“进行接触”之间的矛盾，有时会出现根本性的冲突，所以即使友好的触摸也有形式和程度上的差异。两人的关系可通过身体接触的不同方式显示出来。两人之间的空间距离、身体接触的部位、接触面的大小、接触的方式等都是判断两人关系的重要因素。例如，两性关系中，手牵手表示双方都已确认对方跟自己是伴侣关系，单方面或双方的搭腰足以说明两人之间的关系亲密，而男性的手放在女性的臀部，表明两人可能已有更为亲密的关系。年轻人搀扶一位老人过街，我们可以通过搀扶时，两者接触面大小和空间距离等细节来判断两者之间的关系。当年轻人紧贴老者一侧，胳膊与手腕托扶着老者的胳膊手腕，两者之间为亲属的可能性更大，当然我们还要考虑老者的身体情况，如果老者是位行动不便的人，这种姿势有可能是热心的年轻人为了便于帮助老者过马路而不得不采取的安全方式。

身体接触时，不同的非语言信息通常会表现出不同的关系符号。

2.1.1 握手

握手可以包含不同的动作，例如，只是握手，握手加握臂，握手加握肩。随着接触方式和面积的增加，其热情程度也在逐渐加强。

2.1.2 身体指引

身体指引是一种指引或指点动作，有可能通过亲密的、接触身体的行为来完成，也可能通过非身体接触的礼节性行为来完成。亲密的行为表现为轻轻地搭着同伴的身体，以此为他指示行动方向，最常见的方式是用一只手搭在对方背上，另一只手指引方向。轻轻握住对方的手臂往前推或者大胆地握住对方的手牵引也很常见。亲密的身体指引本质上是父母牵引幼儿动作的成年人翻版，有仿父母的意味。主人对客人或者夫妻之间最有可能出现这种指引动作。

礼节性身体指引行为表现为，主客之间保持适当距离，主人用眼神和手势引导客人。酒店或宾馆的门迎也会通过微笑、侧身以及手势引导顾客进入。

2.1.3 拍

拍是一种原始的父母动作，不牵涉身体其他部位，而仅仅用手。该动作在迎接、祝贺、安慰以及平常表友好时都会使用。拍幼儿时几乎可以拍其身体的任何部位，但拍成年人时，则必须限制在手、臂、肩膀或者背部这几个部位，这样才具有“中性”性质，拍成人的头部、臀部、大腿或者膝盖不是带有优越感就是带有性意味。

2.1.4 挽臂

挽臂是同行的信号，是一方对另一方加以控制。大多数情况下，女子勾住男子的臂膀，象征性地得到一种支持和保护，也是在视觉上显示一种情感联系，是为了让人看到才这样做的。

2.1.5 身体触摸

心理学实验发现，身体触摸在人际交往过程中具有积极效应。Crusco 与 Wetzel (1984)通过现场实验发现，身体的触摸可以产生积极肯定的效应。该研究假设女服务生可以通过手的接触使顾客对其有肯定的积极的感受，而将手放在肩膀上的触摸行为被大家认为是一种统治或占优势的行为，所以肩膀的触摸行为不会产生肯定、积极的效应，尤其是对于男性顾客。研究过程如下，研究者给来自两个餐厅的 114 位女服务生随机安排了 3 个不同的任务：(1)当女服务生给顾客找零的时候，触摸顾客手掌半秒两次；(2)当女服务生给顾客找零的时候，将一只手放在顾客的肩膀上 1 到 1.5 秒之间；(3)没有任何身体接触。主要的因变量(判断效果的标准)就是小费数目。研究结果发现，无论是男性或女性顾客，有身体接触的顾客给的小费都明显高于没有身体接触的顾客，而手部接触与肩膀接触的顾客给的小费没有差异，同时也不存在性别差异。

2.2 姿势相似、对应与跟随

当两个朋友在一起做非正式交谈时，他们通常会做出相同的表情，采用相似或对应的身体姿势。尤其是当两个身份相同、意趣相投的熟人面对面交谈时，常常会采取对应的姿势，这姿势可以是前倾身体，也可以是两人都用相同的手撑着头。与此同时，他们交谈的动作也几乎是同步的，如果一个人变换动作，另一个人也会做出同样的动作。

如果两个至交对正在谈论的问题具有相同的态度，两人身体姿势会更加相像，他们交谈时的动作更具有协调性，而且几乎是完全同步的，如一个放开自己翘着的腿，另一个也会这样做。两人关系越亲密，他们之间的动作和姿势就越有同步和协调感。在生活中，行为相似和对应对个体的影响是巨大的，尤其是在一些亲密关系中的作用非常明显。长久生活在一起相互关注对方的夫妻，会越来越有夫妻相，这里的夫妻相，并不是说两人相貌长得越来越像，而是两人长久生活在一起后，行为的相似和对应导致两人的非语言特征一致化，给人一种相同感。在一些比较亲密的闺蜜之间也会出现行为的相似和对应。

行为相似和对应意味着两人的关系亲密，所以在人际交往过程中，有意识地协调自己与对方的身体姿势和行为也是一种促进双方关系的有效策略。一个医生为了安抚紧张的病人，让就诊的病人在他面前放松，可以通过有意识地模仿病人的身体姿势，让紧张、恐惧的病人放松下来，积极配合治疗。

行为相似和对应发生在相对平等的关系之间，双方相互影响，有可能是我跟随你的动作姿势，也有可能是你跟随我的动作姿势。在地位不平等的关系中，也会出现两者行为和姿势的同步和协调感，但这种相似是行为跟随情况，即下级会有意识或无意识地模仿上级的动作姿势、表情、语音语调等，并伴有跟随现象。在生活中，最易发生行为跟随的关系是上下级关系（如军队、公司等）、亲子关系（如父子、母女关系等）、师生关系（如学生与自己最敬仰的老师）。

2011 年 4 月 29 日上午 11 点（英国时间），英国威廉王子与凯特·米德尔顿的婚礼在伦敦的威斯敏斯特教堂举行，威廉和凯特在白金汉宫阳台上的深情一吻让世人见证了他们之间的浓情蜜意。据英国著名肢体语言专家彼得·科莱特分析，威廉和凯特的这一吻与查尔斯和戴妃阳台之吻完全不同，他们的肢体动作充分显示能携手共度今后的岁月。他表示："戴安娜大婚时，查尔斯的肢体语言充分表明他与戴妃的关系是没有未来的，他看上去可怜兮兮，一点也不高兴，对戴妃也不关注。典礼过程中，他不止一次擦拭眼镜，这是一个非常经典的表示悲哀、怀疑和后悔的非语言信息。""而威廉和凯特，两个人充满王室的威仪，很明显都特别享受这次大婚庆典。威廉表现出与以往不同的自信，他和凯特对彼此给予了高度关注。"

戴安娜与查尔斯

凯特与威廉

3.自我保护

一些非语言行为对于个体而言具有自我保护作用，包括退步行为和遗留行为等。

3.1 退步行为

一些人在某些时刻会出现与其平时表现差异很大的行为，如平时温柔贤淑的妻子，在吵架时会扔碗碟等，这种行为既可以释放自己的愤怒情绪，又可以避免出现最后无法收拾的局面。

有些小事情，我们有时也会用退步行为来解决，如赶不上约会时，会通过不停查看手表、抖动大腿、咬手指等行为来暂时把自己从目前的困境中解脱出来。突然性的食量大增、酩酊大醉、邋遢不堪、坚持己见等行为也可以视为退步行为。

3.2 遗留行为

成年人重返那些曾使自己感觉安全与舒适的儿童时期形成的行为模式，就是遗留行为。遗留行为能够带给成年人无意识的安全感和自我抚慰。一个人有节奏地前后摆动自己的身体，或者双手抱着双膝或腰部，通过摇动自己的身体，感受到类似于当初在母亲怀里得到的安抚，获得一种无意识的自我抚慰。痛苦的成年人只能用自我拥抱代替父母拥抱，自我摇动代替母亲怀抱的轻摇。自我拥抱、自我摇动是来自往日依赖性生活的个人遗留动作，在危难之际可以给人小小安抚。

嘴部接触是最普遍、最常见的遗留姿势。当人紧张、苦恼困惑时，用嘴部接触某种东西(一般是手，或者咬嘴唇)可以暂时重温当初含着母亲乳头时的安慰感、舒适感。儿童嘴部接触的常见形式是吸吮拇指、咬指头等；一些成人，吸吮动作则为咬铅笔、舔嘴唇等动作所代替。

头部动作中也有很多遗留行为。摇头表拒绝，是从婴儿拒绝乳头、奶瓶和调羹动作中直接演变而来的。当父母硬要婴儿吃东西时，婴儿在否定反应时会把头扭到一边，然后又扭到另一边，尽量避开眼下不需要的食物。除了把头转到一边表示拒绝食物外，婴儿还会用舌头把食物或者乳头推出来，吐舌头因此成为一种很基本的拒绝动作。这种吐舌头的遗留行为，有很多形式，包括露舌苔、吐舌尖等，一般是掩饰自己的尴尬、表达自己的歉意等。成年人生活中，在两种情况下可能出现吐舌头遗留行为：一是遇到某种麻烦事时；二是有意识地想冒犯某人，吐舌头表无礼。

简单的歪头动作也是一种遗留行为。当一个成年人想对另外一个成年人提要求，希望从他那里骗取（或获取）某种报偿或好处时，时常会做出一副笑脸，头歪到一边，同时两只眼睛满怀希望地凝视着对方。歪头动作不仅限于哄骗他人，在许多"富有魅力的少女"照片上也能看到。有些男子在最动情、最惬意时也会采用这种姿势，似乎表达这样的感情："我实际上并不是一个刚强的男子汉，只不过是一个无依无靠的小男孩。"

二、非语言交流的特点

与语言交流相比，非语言交流有一些突出的特点，使其能够提高沟通的效率。

1.直观形象

人际交往过程中，外在的行为、语音语调等非语言的变化，具有直观形象的特征。尤其是肢体语言的表达、语音语调的变化、服饰的展现等等，在社交过程中能直观形象地展示我们的独特个性，展现我们的品味，表达我们的态度。

人际交往中，我们希望尽可能多地获取非语言的信息。社会交往过程中，无论是正式沟通还是非正式沟通，非语言交流是比语言交流更简单、更有力、更有效的沟通工具，很多事情用非语言的方式比用语言更能有效地表达人们要说的意思。尤其是带有情感内容的交流，非语言交流的方式更为强大、有效。观察说话人微妙的体态语言和说话方式，可能是赢得优势地位的一种最佳途径；对体态语言的了解可以帮助一个人提升其在会议、考评甚至日常管理中的能力。同时，我们也会思考自己的语言内容，控制自己的语音语调和表情等非语言信息，通过这种方式，我们可以最大限度地了解对方所表达的意思；充分掌握所处的境况；预防或避免危险、欺骗、窘境等情况的发生；诱导、确认或控制对方的想法；帮助我们自我防卫、掩盖某些信息、避免尴尬。

对于不同个体而言，人际交往中的各种非语言信息的解读也不尽相同，对于情商高的个体而言，这种非语言信息非常直观，但对于情商感知能力差的个体而言，再明显、再直观的非语言信息，也无法对其产生任何影响。

2.动作的丰富多样

非语言信息中包含的动作是丰富多样的，使得非语言信息也是多种多样的。

2.1 个体获得动作的方式和途径是多样的

个体获得动作的方式和途径是多种多样的。根据个体获得动作的不同方式和途径，我们将非语言交流中的动作分为个体先天的、内在的、固有的一些动作以及后天通过观察、模仿、训练等获得的动作。

2.1.1 先天动作

先天动作是一种不学自会的动作。该动作的典型例子就是新生儿的吸奶动作。新生儿的先天动作研究表明，一个从没有见过人类的婴儿，或者一个天生又聋又哑的孩子，他们尽管听不到他人的哭声，他们同样会哭。儿童心理学的研究发现，婴儿的先天动作（本能）包括抓握动作、吸吮动作、微笑、皱眉等。

2.1.2 后天自行发现动作

后天自行发现动作是个体在成长过程中，自行发现、摸索出来的一些动作，也就是个体在生活中不经意地自行发现、形成的动作姿势。如个体不经意间双臂环抱自己，发现很舒服，抱臂动作就属于后天自行发现动作。

2.1.3 后天训练动作

后天训练动作必须由他人教导才可能获得，是通过他人教授或者为了某种目的有意识地通过观察、模仿、强化和实践而习得的动作，是一种有意识的动作习得过程。例如，高难度的体育动作（体操、游泳等）或技能动作（骑车、开车等），和一些比较复杂的小技巧如弹手指、吹口哨等，都属后天训练动作。

2.1.4 后天环境动作

后天环境动作是有意或无意地模仿他人的动作，不知不觉地从同伴或环境中其他人那里习得的动作。个体习得的动作会因其所处的群体、文化和民族的不同而发生变异。我们知道，人类尤其是儿童具有很强的模仿能力，一个人如果不受社会上典型的行为模式的感染，不遵守社会行为道德规范，要想健康地生存和成长是不可能的。我们的行走和站立动作，嬉笑和扮鬼脸的样子，无一不受后天环境的影响。

2.1.5 混合动作

混合动作是通过两种及两种以上的途径获得的动作。

不同的社会和文化背景对某些动作有不同的认知和判断。随着时代的转变，一些动作（如礼仪）还会在生活中逐步消失，一些动作在社会中的范围不断减小，但它们总能以某种方式在某些地方存留下来。这些动作也可能根据时代的进步，不断简化，日趋随便，演化为日常所见的种种同化动作，典型的例子就是英国人的掀帽子问候的礼仪，到现在只是把手放在额头边示意一下。

2.2 表示个体当前心理状态的动作是多元的

表示个体当前心理状态的动作是多元的，主要包括加强行为和替换行为。伴随一种情绪或者为了强调自己正在表达的信息而做的一些动作，可以是先天获得的，也可以是后天获得的，但都是为了加强正在表达的情绪或信息，即加强行为，比如在讲话时强调节奏的动作（眉毛的扬起、手的姿势等）。

替换行为是为了掩饰某种内心的情绪而表现出来的一种动作。绝大多数人经常从替换行为中透露出情绪状况。如等待面试的人可能会有过分打扮（整理衣服、摆弄首饰等）、吃东西、喝水或吸烟以及晃腿、乱动东西和假装阅读等多余举动。在撒谎过程中，也会有很多替换行为，如注视对方眼睛（为了看看自己的把戏是否得逞）、话语重复、声音上扬、为了掩饰真相不自觉地揉鼻子（撒谎时，鼻子内的海绵体和黏膜会受到刺激，尤其是男人鼻子里的海绵体在撒谎时容易痒）等。手一直摩挲，是作假者一种自我安慰的姿态。

3.确定性与不确定性

3.1 非语言交流的确定性

非语言交流可能提供某些有价值的线索。所有的非语言交流都具有沟通的价值和意义，这个影响是在无意识层面上完成的。个体所表现的大多数表情、眼神、姿势和所做的大多数动作，可能在其身上出现过几千次、上万次。这些姿势与行为，大多数都是无意识的、自发的和不经自我控制做出的。在许多情况下，我们都习以为常，以至连我们自己也不明白为何这样做。如两手十指交叉时，总会有一个拇指在另一个拇指上面，对于不同的人来说，习惯于左手拇指在上还是右手拇指在上，是其不会意识到的。这是我们成年累月固定不变的姿势，如果让我们颠倒一下拇指位置，我们会感觉古怪而别扭。

从心理学的角度来看，这是因为肢体语言所使用的是动作思维，这是我们人类最早熟知的一种思维方式，也是个体最先熟悉并掌握的思维方式。动作思维即通过动作来表达情绪、情感和内心的思想。对人类而言，这种思维方式在进化前就已存在。对于个体而言，其始于婴儿时期。3 个月大的婴儿掌握了社会性微笑后，当他喜欢某个人时会通过笑来表达这种情感，并且会通过触摸、抓握或玩弄某个事物（如玩具、奶瓶等）来探索周围的世界。这种动作思维在成人世界则表现为肢体语言。例如，当我们讨厌某个人时，我们会有意或无意地侧对或背对着他以避免面对面的接触和交流。当我们喜欢某个人时，我们会主动面对面，并期望与其进行眼神等交流，当然有时也可能会故意回避对方，这可能是因为害羞的缘故。

肢体语言由于它本身的原始性和自发性，使其很难与内心相背。例如，在自然状态下，肢体语言基本不可能撒谎。某个害羞的男孩因为窘迫而背对着自己喜欢的女孩，但是他脚的朝向会无意识地指向他喜欢的女孩，其动作无意中出卖了他真实的想法。作假行为很难迷惑有心人，因为在说谎时，你可以控制身体的某些部位，但不能同样有效地控制其他部位。一些人撒谎时会有过度不安、咬嘴唇（遗留姿势）、抱臂、微笑（刻意为之）等神态变化来缓解自己的压力和不安。作假时需要把信号限制在语言和脸部表情的范围内，需要把身体的其余部分隐蔽起来，或者不停地做出各种杂乱的机械的动作（例如忙着穿针线或忙于停车）来掩饰，以便通过混乱的肢体信息，让对方无法辨别作假线索。心理学研究表明，离大脑越远的肢体所表达的想法越真实，即当手脚动作出现不一致时，脚所表达的肢体语言比手所表达的更为可信。从脑神经科学的角度来看，是因为大脑发送一个信号到脚比到手的传导时间要长，所以大脑接收到外界刺激后，可以轻易地控制自己的手来掩饰真实意图，而要控制脚却不是如此容易。

3.2 非语言交流的不确定性

在某些特殊场合，非语言交流传递的信息也容易被误判。例如，在拥挤不堪的商场或交通要道上，一个年轻人搀扶一个老人过街，你会认为他们本来认识，是亲人，还是青年热心帮助老年人？虽然会存在误判，但是我们可以通过更细微的细节来精确判断。通常关系深厚的两人的非语言特点包括：(1)对对方的个人称呼、语气语调等趋于随便，甚至用小名或绰号等；(2)握手动作极少使用，在老朋友之间握手动作越来越少，除非是在久别重逢之际或者公共正式场合；(3)表面上的客气，即谈话时不断地微笑和点头，仅在社交场合才出现。老友或配偶，两人之间可以默默静坐良久而不会觉得尴尬或不舒服，有必要时才会相互做点愉快的闲谈；(4)注意力分散。有深厚感情和持久关系的两人之间不会再有意地相互注意对方，也不再做出各种动作姿势来刻意吸引对方的注意力。初期的那种全神贯注地交往，有意识地控制自身的语言和行为，已让位给一种比较放松、安详的共处，双方语言和行为等非语言都是最自然的呈现；(5)关于个人历史的交谈已毫无必要——两人都已知道对方的历史和底细。因此，我们可以通过更详细的观察来做出进一步的判断，例如观察两人身体接触面是否很大、是否有亲密的交谈等等。有些职业要求个体的表现必须遵循社会准则，这使得这些身体姿势的价值会被大大地降低。如军人站军姿，被告受审时必须要坐立端正等，这很容易导致姿势上的"信号弱化"。

同一种非语言交流方式，例如同一种动作，在不同的社会文化背景下可能代表不同的意义。不同团体和文化对同一信号的不同理解，不可避免地导致很多信息的流失或混淆，从而导致非语言信息解读的不确定性。个性的差异、个体身心状态的变化、所处的社会文化背景、职业的要求等等各种因素，有时会导致非语言沟通表意不明。

有一种错误的观点认为，非语言如体态语言知识在实践中的应用应该是这样的：通过专业的以及多方面的技能训练与学习，可以完全读懂他人的想法和动机，继而影响与控制他们。例如，有人相信销售人员经过这种技能训练，可以在某种程度上使潜在顾客背离其理性判断，采购被推销的产品。这显然是错误的，销售人员拥有多种技能，但其目的都是使顾客放松并理解他们的需求，进而满足他们。

三、影响非语言交流的因素

一些非语言的信息的确具有一致性，例如，世界各地的人在打招呼时都会做出一种快速闪动眉毛的动作，即眉毛往上一抬，随即又放下。但是，已有的研究也充分表明，社会文化、性别与个性等因素，也会影响非语言交流。

1.非语言交流的社会文化差异

不同的国别，由于其经济的、政治的、教育的、科技的、文学的、艺术的、历史的因素，会具有不同的社会文化背景，这种文化背景对生长与生活于其中的个体而言具有举足轻重的作用，它是影响非语言交流的重要因素。

不同的自然环境决定了某个区域、国家的社会文明及其生产方式，不同的生产方式影响着当地的社会文化特点，不同的社会文化背景下的家庭教养方式存在显著差异，而教养方式最首要的就是要培养出适应当前社会文化和生产方式的社会劳动者，这也决定了不同教养方式下个体的行为差异。巴里等人的研究表明，因纽特人生活在冰天雪地的北极，以渔猎为生，需要坚定、独立、勇于冒险的性格。他们以仁慈宽大的方式管教孩子并鼓励其个性化，以培养出猎人所具备的人格特征。而生活在西班牙的塞姆人以种植粮食为生，需要老实、服从、保守的性格。他们对孩子的关爱只在断乳期之前，之后便严厉管教，甚至排泄也严格训练，不允许有任何个性化，以便造就出农业所需要的个性特征。农业社会储存食物多，狩猎社会很少储存食物。高食物储存社会教养孩子时注意责任和服从；低食物储存社会则强调成就、自信和独立。所以，不同社会文化背景下，个体的非语言特征具有显著差异。

1.1 不同社会风俗影响非语言交流

文化传承过程中会逐步发展出独特的非语言交流的特定规则，我们常常能在一些有关礼仪的书籍里看到这些规则，比如，何时何地及出于何种原因可以与他人发生身体碰触、如何发出问候等等。西蒙·柯蒂斯导演的《克兰福德纪事》里，形象生动地描述了社会文化中严格的社交礼仪对个体行为的深刻影响。该电视剧以在英国克兰福德镇上生活的两姐妹为中心，描绘了 19 世纪中期英国中上层社会的日常生活。她们保留着经年不变的社交习惯，互相拜访的时间只能在午后，礼节性的拜访不能超过 15 分钟，连在餐桌上吃汁水多的橙子也成了挑战礼仪，最后恪守规矩的姐姐只能建议大家各自带着橙子回房，以自己的方式吃橙子。在这样封闭刻板的小世界里，每个个体都遵守着社交礼仪规定的行为规范，能惊起一滩鸥鹭的只能是外部世界的陌生人了。

1.2 不同社会群体的亚文化影响非语言交流

当前的社会是多元化的，在特定社会中除了以主流文化为导向，还存在丰富多样的各种亚文化，不同亚文化在不同群体中流传，作为群体中的一员，每个个体不仅要具备与群体一致的观念，还必须具有该群体典型的一些非语言特征，如方言、口头禅、服饰、行为动作等等，这样才更容易被群体所接纳和认同。同理，个体会通过各种典型的非语言信息来展示自己，向他人表明自己所属的群体。

两种不同群体喝咖啡时典型的姿势语言

1.3 现代传媒对非语言交流的影响

社会因素对非语言交流的影响主要通过现代传媒得以实现，如电脑、电视、电影、报纸杂志、文学作品等等。例如，电视对儿童行为的影响是巨大的。美国的心理学家在 1971 年进行的实验证明，电视节目里的许多攻击性行为对年幼无知的孩子的行为发展影响很大。在他们的研究中，让一组八九岁的儿童每天花一些时间看具有攻击性行为的卡通节目，而另一组小孩则在同样长的时间里观看没有攻击性行为的卡通节目。在实验中，同时对这两组儿童所表现出的攻击性行为进行细致的观察记录。结果发现，观看含攻击性行为的卡通节目的儿童，其攻击性行为增多；那些看不含攻击性行为的卡通节目的儿童，在行为上却没有改变。经过十年的追踪研究发现，以前参与观看含攻击性行为节目的儿童，即使到了 19 岁，仍然比较具有攻击性，只是女性没有这种相关现象存在。

随着信息时代的到来，通过因特网传播的各种信息会对儿童非语言交流的形成产生正面或负面影响，而且其影响是广泛而深刻的。这对教育工作者和家长提出了新的研究课题，即如何引导、教育学生正确选择、利用网上信息，提高抵制不健康信息的能力。

2.非语言交流的性别差异

个体出生后，其生理性别决定了父母对其教养方式的不同，从而影响了非语言交流。例如，在大多数文化中，男女两性的非语言交流在很多方面都有显著的差异。例如，在进行沟通时，女性倾向于面对面的交流，而男性更偏好肩并肩的活动，因此，在沟通中女性通常会面对面地谈话，男性则倾向于使自己的身体与对方呈 45 度角；女性比男性有更多的眼神接触；女性在人际距离上通常较男性近。研究也发现，在沟通中，女性比男性更容易借助面部表情来传达更多的感情，肢体语言也更多。大多数男性在说谎时会有躲避目光这种行为，但若是这种情况发生在女人之间，则具有不同的意义。因为当女人不愿意把自己的内心体验传递给对方时，多半会产生凝视对方的行为。女性在说谎时，反而会出现注视对方的倾向，越是说谎，越不会躲避。所以一直盯着对方的女性，心中可能有隐情。心理学家艾克斯莱恩等人曾做过人们对视的实验，实验结果表明，如果事先指示受测者“隐瞒真意”，在测试中，注视对方的比率，男性会降低，女人则反而提高。男人在未接到指示的情况下，其谈话时间内有 66.8％的时间在注视对方，但得到指示后，却只有 60.8％的时间在注视对方。女性在接受指示之后，注视对方的时间却显著地提高了。因此，当在公开场所遇见女人注视自己过久的时候，不妨认为她可能心中隐藏着什么，要注意她言不由衷的真相。

同样，文化对性别角色的作用表现在支配我们的行为举止。通过文化多样性比较，我们可以发现性别角色的多样性。例如，新几内亚岛柴姆布利族人，其性别角色与大多数社会文化的性别角色恰恰相反。新几内亚岛柴姆布利族女性控制社会权力和经济生活，在追求异性和性行为上女性也占主动，而男性则被认为应当是依赖他人的。

3.非语言交流的个性差异

非语言是个性的一部分，每个个体都有其独特的、固定的一套非语言系统，即每个个体都有一套特有的语音语调系统、一系列与众不同的行为模式，这些都具备相对稳定性，都是其个性中重要的一部分，是个性中外显的、可以观察到的部分。这些固定动作模式是行为的基本单元，所以也是人类行为观察者所着重注意的对象。如撒谎、掩饰紧张等非语言行为都属于遮掩行为，个体遮掩行为也是其独特的固定的行为模式，这种模式与其平时行为模式有差异，这种差异就是我们判断对方是否撒谎或紧张的一种依据。

再比如接吻。吻，是一种情不自禁的行为，也可以说是一种甜蜜的阴谋。单纯看男人的吻是无法判断其真实心理活动的，但是，观察接吻时男人的手放在哪里，也可以了解男性的个性化心理特征。接吻时搂着女性的腰、脸、肩，这种爱从容、醇厚、大气、有宽容之心，相信自己的爱可以征服对方，是个对爱执着的人。吻可以如此从容，那他一定成竹在胸，也一定爱得游刃有余。接吻时抚摩女性的头发，他的爱细致温柔，很贴心，这种爱情比较艺术、重细节、感性、温暖。激情所至，他还有空这样欣赏，可见对女人有种由内而外的喜爱，而不是单纯的冲动。接吻时摸女性的臀部，这种爱比较成熟，也很有激情，是燃烧的火鸟，可见他是个富有挑战性格的人，他懂女人心，但是也暴露出他极可能是个有魅力的"狠角色"。接吻时乱摸，这样的男子比较浮躁，爱情对他而言是新鲜刺激的，他性急，也可能是缺乏经验导致的，也可能对爱情感到没有把握，所以有些忙乱，也有"蹭一点是一点"的贪小便宜心理。接吻时抱得很紧，这种男人需要安全感，尊重对方，在乎"在一起"的感觉，爱的温度很高。

每个个体的非语言交流的个性特点，是在社会文化大背景下展现的。每个个体都具有相同的生理结构、生化反应，我们的遮掩行为也有共性和个性之分，是共性与个性的统一。在某一个文化或亚文化下成长或生活的个体，会有共同的某种心理特征和行为模式。

下面的这些动作，被认为在很大程度上真实展现了个体此时此地的内心活动和心理特征。(1)边说边笑:这种人与你交谈时你会觉得非常轻松愉快。他们大都性格开朗，对生活要求从不苛刻，很注意"知足常乐"，富有人情味。感情专一，对友情、亲情特别珍惜。人缘较好，喜爱平静的生活。(2)掰手指节:这种人习惯于把自己的手指掰得响。他们通常精力旺盛，非常健谈，喜欢钻"牛角尖"。对事业、工作环境比较挑剔，如果是他喜欢干的事，他会不计任何代价而踏实努力地去干。(3)腿脚抖动:这类人总是喜欢用脚或脚尖使整个腿部抖动;最明显的表现是自私，很少考虑别人，凡事从利己出发，对别人很吝啬，对自己却很知足。但是很善于思考，能经常提出一些意想不到的问题。(4)抹嘴捏鼻:习惯于抹嘴捏鼻的人，大都喜欢捉弄别人，却又不敢"敢做敢当"，爱哗众取宠。这种人最终是被人支配的人，别人要他做什么，他就做什么，购物时常拿不定主意。(5)常常低头:慎重派。讨厌过分激烈、轻浮的事，勤劳，交朋友也很慎重。

(6)托腮:服务精神旺盛,讨厌错误的事情,工作时对松懈型的合作对象会很反感。(7)摸弄头发:这是一个情绪化的、常常感到郁闷焦躁的人物。对流行很敏感,但忽冷忽热。(8)靠着某样物体:冷酷的性格,有责任感和韧性,属独自奋斗型。(9)到处张望:具有社交性格的乐天派,有顺应性,对什么事都有兴趣,对人有明显的好恶感。(10)摇头晃脑:这种人特别自信,以至于唯我独尊。他们在社交场合很会表现自己,对事业一往无前的精神常受人赞叹。

复习巩固

1.非语言信息在沟通中的作用有哪些?
2.非语言交流有哪些突出的特点?
3.影响非语言交流的因素有哪些?
4.怎样理解非语言交流的确定性与不确定性?

第二节 非语言交流的方式与途径

非语言交流几乎需要所有的感官参与,其主要的交流方式与途径包括肢体语言、声音、时间与空间的使用等。

一、肢体语言

1.眼神

眼睛被誉为"心灵的窗户"。一般情况下,在生活中,个体内心如果有什么欲望或情感,必然会表露于视线上。因此,如何透过视线的活动了解他人的心态,对人与人之间的心理沟通具有重要意义。

从医学角度看,眼睛是人类五官中最灵敏的。在正常人的生活中,眼睛感觉几乎涵盖了个体所有感觉70%以上。以品尝食物为例,我们绝不会只靠嗅觉和味觉,而会同时观察食物的颜色、装盛方式或排列方法等,这些视觉刺激会影响我们对食物的认知,从而使我们有愉悦、喜欢或厌恶的情绪体验,这就是视觉影响心理的过程。假使我们在阴暗、家具破旧的房间里用餐,就算知道那是我们期待已久的美味佳肴,也会产生不安的感觉,使我们无心品尝,甚至胃口大减。反之,在整洁、明亮、灯光柔和、器皿精致的餐厅进餐,就会使人产生良好的就餐情绪。

在人际交往活动中,个体的注视行为不同,其心态也大不相同。人的视线活动方式反映着人当时的心态。例如，在一般情况下，目不转睛地注视对方的人较为诚实，但不一定是自始至终盯着不放。我们的注视行为主要有目光接触、直视、视线移动三种情况，直视表示愤怒、恐惧等强烈的情感；视线移动导致的扫视则与羞涩、傲慢、屈辱等情绪有关。在较为节制的情况下，不太强烈的感情可以受到控制，在社会化的过程中，人们的外部表现如表情、语气等的被训练成几乎是统一的"点头和微笑"，然而，眼神并不像微笑那样容易训练。

1.1 眼神传递的非语言信息

1.1.1 目光接触

目光接触表示诚意，不过，一个人被别人看久了，会有内心被看穿或隐私被侵犯的不舒服感。对方是否在看着自己，亦即有无视线接触，说明对方是否对自己有好感。如果对方完全不看自己，便是对自己不感兴趣或无亲近感。相反，当我们在路上行走时，发现陌生人一直盯着我们，必定会感到不安，甚至会觉得害怕。

不相识的人，彼此视线偶然相交的时候，便会立刻移开。这是因为一个人被别人看久了，会觉得被看穿内心或被侵犯隐私权。当我们在等公共汽车或站在影剧院卖票口排队买票时，会背向后面的人，这样做，不仅是为了往前进，也是为了避免同不相识的人视线相交。但也有面对面者，这些人多为朋友、夫妻、亲人、恋人等。这些人会彼此默许自己的隐私权受到某种程度的侵犯，因此，他们偶尔会视线交错，便于相互言谈，心理沟通。

因此，我们可以判断：相识者彼此视线相交之际，即表示有意进行心理沟通。一位名叫詹姆士·薛农的建筑家，曾经画过一幅皱着眉头的眼睛抽象画，镶于大透明板上，然后悬挂在几家商店前，想借此减少偷窃行为。果然，在悬挂期间，偷窃率大大减少。虽然并不是真正的眼睛，但对那些做贼心虚的人来说，却构成了威胁，极力想避开该视线，以免有被盯梢的感觉，因此不敢进商店内，即使走进商店里，也不敢行窃了。

1.1.2 视线移动

在沟通中，视线移动是一种常见的现象。美国的比较心理学家理查·科斯曾做过一个实验，让患有强度自闭症的儿童与陌生的成年人见面，以观测他面对成年人时间的长度。将成年人的眼睛蒙上与不蒙的两种情况相比较，发现儿童注视前者（蒙上）的时间，居然为后者（不蒙）的三倍。这就是说，双方眼光一接触，儿童会立刻移开视线。

在交往活动中，通过观察人的视线方向，也能透视人的心态。一般来说，初次见面时，先移开视线者，其性格较为主动，也容易在沟通中处于优势地位。当视线接触时，先移开目光的人就是胜利者。相反，因对方移开视线而耿耿于怀的人，就可能胡思乱想，以为对方嫌弃自己，或者与自己谈不来，因此，在无形中完全受对方的牵制了。因此，对于初次见面就不集中视线跟你谈话的挑战型对象，应特别小心应付。不过，同样是移开视线的行为，如果是在受人注意时才移开视线，那又另当别论了。一般而言，当我们心中有愧疚或有所隐瞒时，就会产生这种现象。

被对方注视时，便立刻移开视线者，大都有自卑感或缺陷；看对方一眼后，随即故意移开视线者，表示有着强烈的兴趣；斜眼看对方者，表示对对方非常有兴趣，但又不想让对方识破；翻眼看人者，表示对对方存有尊敬与信赖；俯视对方者，想显示对对方的一种威严；视线不集中在对方，很快移开视线者，大多为性格内向。

视线移动在两性交往中也能传递很丰富的信息。在交往中，如果面对异性，只望上一眼，便故意移开视线的人，大都是由于对对方有着强烈的兴趣。行为学家亚宾·高曼通过研究认为，对异性瞄上一眼之后，闭上眼睛，即是一种"我相信你，不怕你"的体态语。所以，当看异性时，不要把视线移开，而是闭上眼后，再睁眼望一望，如此反复，就是尊敬与信赖的表现。尤其是当女性这样看男性的时候，便可认为有交往的可能。在火车上或公共汽车上，上来一位年轻貌美的女性，所有人的眼光几乎都会集中在她身上，但年轻的男性往往会很快把脸扭向一旁。他们虽然也非常感兴趣，不过基于强烈的压抑作用而产生自制行为。假使兴趣增大时，便会用斜视来偷看。这是由于想看清对方，却又不愿让对方知道自己心思的缘故。一项关于接吻习惯的调查结果显示，接吻时睁着眼睛的男生在"最大程度的付出"维度上得分显著低于闭上眼睛的男生，他们不会给予恋人无私的关怀，无论是精神上还是物质上。男人潜意识对这段感情有隐忧，他在吻恋人时就不愿自然地闭上双眼。值得提醒的是，这种不安全感隐藏在男人无意识里，连他自己都不知道。

1.2 影响眼神交流的因素

眼睛注视可以携带大量的信息，瞳孔变大、眨眼频率、目光的方向和目光的延伸都传达出非常清晰的信号。以下因素会影响眼神交流。

1.2.1 距离

空间距离影响眼神交流。例如，在电梯内，人们彼此距离贴近，会减少眼光交流，以缓解因身体领域被侵占而引发的不适感。

1.2.2 话题

当双方在谈及羞耻或尴尬的事情时，或在自我反省的时刻里，仅仅感觉到别人的存在比直面他人会更好，同时，倾听者最好不要直视他们。

1.2.3 人际关系

人际关系影响眼神交流。人们对自己喜欢的人注视得更多一些。对于感兴趣的人和事物，你的瞳孔会毫不掩饰地放大。当上级与下级讨论工作时，上级的视线肯定会由高处发出，而且会很自然地直接投射下来。反之，作为下级，虽然并未做任何错事，但视线却常常由下而上，而且往往显得软弱无力。这是由于职位高的人，总是希望对下级保持威严的心理作用。

1.2.4 个性

外向的人常常更多地、更长时间地注视谈话对象；性格内向的人，大都无法一直注视对方；害羞、含蓄的人，也会在交流中表现出更少的目光凝视；有精神分裂症和情绪压抑的人倾向于在谈话中转移视线。

1.2.5 戴墨镜或反光镜

从心理学的角度讲，戴墨镜与人打交道不但不利于交往，还会给对方带来心理不适感。眼睛是心灵的窗口，如果戴着墨镜与人交往，就好像窗户拉上了窗帘，别人看不到你的眼睛，就不知道你在想什么，不但让人感到不适，同时还会降低你的可信度，心与心的交流就更无法进行了。与人打交道或与人沟通，目光交流是最自然、最好的方式。如果你想与人进行“心”的交流，千万别为了摆酷而戴上墨镜。

但是戴墨镜也可以起到减少不必要的麻烦或种种意外事件发生的作用。如，心理学研究表明，双方眼睛对视的时间一次不要超过 10 秒钟，如果超过 10 秒钟或直瞪瞪地看着对方，会让人感到恐慌。戴墨镜时，由于对方看不到你的目光和视线，但你可以看到对方的目光和视线，对方无法通过你的眼神察觉到你的真实想法和意图，从而产生一种安全感，可以避免你因撒谎等出现的紧张感。同时，戴墨镜可以营造一种神秘感，有时还会有震慑力。有位心理学家说过，女人外出戴墨镜比带两个保镖都管用。

2.面部微表情

人们通过做一些表情把内心感受表达给他人看，或者掩饰自己真实的感受，在人们表现的各种不同表情之间，或是某个表情里，脸部肌肉活动会“泄露”出真实的信息，这就是微表情。微表情最短可持续 1/25 秒，通常情况下做表情的人和观察者都察觉不到。在实验里，只有 10%的人察觉到微表情。虽然一个下意识的微表情可能只持续一瞬间，但它很容易暴露真实情绪。

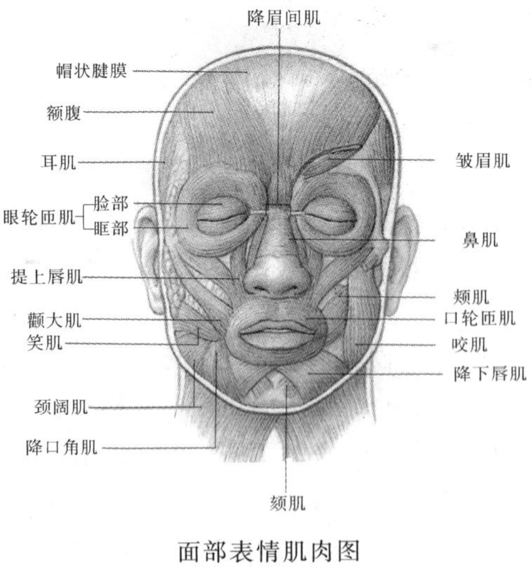

面部表情肌肉图

表情靠肌肉，人类面部的表情肌有 42 块。我们之所以能做出各种表情，都是因为肌肉的收缩。例如，我们是如何笑的呢？首先颧肌使嘴咧开，面颊提升，然后眼轮匝肌收缩，眼睛变小，眼角出现皱褶（即鱼尾纹）。所以情绪会影响皮肤的紧致度，这一点也不夸张，因为情绪会产生表情，表情会牵动肌肉，快乐时肌肉上扬，悲伤时肌肉下垂，长期无表情，肌肉纤维会僵硬，形成僵硬的脸部轮廓。

人的脸部可以传输信息，它是媒介，是信息传输器。“阅读”一张脸时，有非常多的信息需要我们去发现。其中包括脸部的基本结构和肌肉特性：这张脸很长且棱角分明，还是又圆又胖？通常，看到一张陌生的面孔后，我们会翻阅自己记忆中的各种脸型，在认识的人里找出脸型相似的人。我们也会通过观察人们的眼镜、化妆、文身或穿着等人为装饰来做出自己的判断。

面部表情的变化，如笑、皱眉、发怒，能迅速地提供更多的信息，由此我们能很清楚地了解人们当时的心情、意图。心里的事全在脸上写着，想获取你信任的人会冲你笑，想吓唬你的人会冲你发怒。同理，通过微表情，我们就能断定对方是不是喜欢某个人。通常人们把这归因于下意识、直觉或是本能感觉。

对于整个人类来说，很多表情及其表现的情绪都是很常见的，因此大脑能够搜寻并理解这些面部信息。同样，当情绪有变化时，我们的面部也有种奇特的习性，能做出相应的表情，有时这不需要我们具备知识就能明白。

比起人们有意识做出的显表情，微表情更能体现人们真实的感受和动机。售货员的笑脸里可能闪过一毫秒轻蔑的嗤笑，停车场里表情严峻、向你走来的人可能会突然闪现恐惧的表情。

虽然我们会忽略微表情，但是我们的大脑依然受其影响，改变我们对别人表情的理解。所以，如果某人很自然地表现高兴的表情，且其中不含有微表情，我们就能断定这人是高兴的。但是如果其间有嗤笑的微表情闪现，就算你没有刻意去察觉，你会更倾向于认为这张高兴的面孔是狡猾的或不可信的。

这个潜意识的行为可能会过度。研究表明，对于患有社会焦虑症的人群，当潜意识察觉到恐惧的微表情时，其大脑活动比平时更活跃。因为危险的情境会引发负面的感受，察觉到别人的恐惧也会使自己同样害怕。更为复杂的是，表现恐惧和惊讶的表情很相似，常被观察者混淆。

为了帮助执法和情报机构更好地辨别可疑行为和欺骗行为，研究微表情的专家Ekman分享了自己的研究。Ekman认为，通过用照片或摄像来研究人们脸部的变化，能够增强察觉和理解微表情的能力。在机场排队的人群中辨认出恐怖分子，是应用察觉微表情能力的一个极端的例子。在日常生活中，这种能力也能帮助我们。如果我们错误地理解微表情的含义，我们会对交流对象形成错误的判断，这只会增加人们之间的隔阂，而不是互信。如果理解了微表情，我们就更能够从一闪而过的表情信号里发现有价值的信息。

3.肢体动作

3.1 躯干姿势

姿势是情绪状态的指数，肌肉的紧张会导致不良姿势，有些人认为可以通过改变姿势来改变(放松)情绪状态。瑜伽和太极拳也是希望通过锻炼或塑造体态来改善健康状态。面试或评估测试中的姿势能较好地说明一个人紧张或放松的过程。会议发言者的姿势也能让人们洞悉他的自信程度。

一个人的坐姿,不仅反映他惯常的性格特征,而且更反映他此时此刻的心理。因此,我们在人际交往中有必要注意一下他人的坐姿。在与人交流时,当我们身体前倾,传达的是仔细地倾听;当我们身体后仰或者侧身的时候,表明我们不想继续这个话题或者是不想与这个人进行交流。重重地坐下去的人,此时的心情可能是非常烦躁的;轻轻地坐下去的人,此时的心情可能是非常平和的;侧身坐的人,此时的心情除了舒畅外,还觉得没有必要给你留下什么更好的印象;在你面前猛然坐下的人,其内心或隐藏着不安,或有心事不愿告诉你;双腿不断相互碰撞或不断地拍打地板的人,此时一定有什么事使他紧张和焦躁。

喜欢与你对着坐的人,是由于他希望能够被你理解;喜欢与你并排坐着的人,是由于他认为与你有共同感;有意识从并排坐改为对着坐的人,或是对你抱有疑惑,或是对你有了新的兴趣;有意识挪动身体的人,是想在心理上与你保持一定的距离。斜成一个半躺姿势或深深坐入椅内,腰板挺直头高昂的人,是由于他在心理上对你有优越感;把身体尽力缩成一堆,双手夹在大腿中的人,是由于他的心理上对你有劣势感;正襟危坐、目不斜视的人,或对你恭敬并力图留下个好印象,或此刻其内心有什么不安;把椅子反过来,椅背朝前,双腿叉开,跨骑在椅子上的人,此刻的心情是想显示自己对你的讲话感到厌烦;架起二郎腿的女性,或是她对自己的容貌有信心,或是她很想引起你的注意。

3.2 手部动作

不同的手部动作传递不同的信息。交叉双臂是防御性的举动,往往体现了身体上的不安,这是不确定和缺乏自信的信号。把手放在口袋里,这个人也许内心怯懦、偷偷摸摸的,可能还非常沮丧。手摸鼻子时可能正在说谎,或者试图掩饰他的真实情感。拍打头部这个动作是表示懊悔和自我谴责,这种人对人苛刻,但对事业有一种开拓进取的精神,他们一般心直口快,为人真诚,富有同情心,愿意帮助他人,但守不住秘密。

耸肩摊手这种动作是表示自己无所谓。这类人大多为人热情而且诚恳,富有想象力,会创造生活,也会享受生活,他们追求的最大幸福是生活在和睦、舒畅的环境中。两手腕交叉的人往往对事情保持着独特的看法,常给人冷漠的感觉,属于易吃亏的人,稍微有些自我主义。把手放在嘴上的人属于敏感型,是秘密主义者,常常嘴上逞强,但内心却很温柔。手握着手臂的人是保守派非理性的人,因为不太拒绝别人的要求,有招致吃亏的可能。

摆弄饰物的人多为女性,一般都比较内向,不轻易使感情外露。她们的另一个特点是做事认真踏实,大凡有座谈会、晚会或舞会,人们都散了,最后收拾打扫会场的总是她们。

3.3 脚部姿势

在身体语言中，特别有意义的是腿和脚，因为这些是人们很少意识到的身体部位。人们在说谎时，可能会有意识地控制身体的其他部位，但一般不会注意到腿和脚。

英国心理学家莫里斯经过研究，发现了一个有趣的现象："人体中越是远离大脑的部位，其可信度越大。"脸部因为离大脑中枢最近而最不诚实。我们与他人相处时，总是关注他们的脸；而且我们知道，别人也以相同方式注意我们。所以，人们都在借一颦一笑撒谎。再往下看，手位于人体的中间偏下，诚实度也算中等，人们多少利用它说过谎。可是脚远离大脑，绝大多数人都顾不上这个部位，于是，它比脸、手诚实得多。它构成了人们独特的心理泄露——脚语。

就好像人体语言的其他信号一样，脚的习惯动作也有着自己的语言。在我国丰富的语言词汇里，有许多描述脚语的形容词。这些形容词与其说是描写脚步的轻、重、缓、急、稳、沉、乱等，不如说是描述人的内心稳定或失衡、恬静或急躁、安详或失措的状态。人的心情不同，走路的姿势也就不同；人的秉性各异，走起路来也有不同的风采。脚语是一种节奏，是为情绪打拍子的，如同舞场的旋律。

脚语除了可以反映人的情绪外，还可以反映人的性格品质。如果一个端庄秀美的女子平时走路的风格是匆匆忙忙，脚步重且乱，就可断定这位女子可能是个性格开朗、心直口快、不留心眼的人；反之，看上去五大三粗，平时走路的姿势却是小心翼翼的样子，这样的人很可能是外粗内细的精明人，她做事往往是在豪放的外表的掩盖下具有严密的章法。

人在站立时，脚往往朝着主体心中惦念的或追求的方向或事物。例如，有三个男人站在一起，表面看来他们在专心交谈，谁也没有理会站在一旁的漂亮姑娘，但实际上不是这么回事，每个人都有一只脚的方向朝着这个姑娘。也就是说，每个人都在注意她，他们的专心致志只是一种假面具，而真情被隐蔽着，但他们的脚语却把各自的秘密泄露了。

人的脚步尽管因地因事而异，但是每个人都有自己固定的脚语。这样我们就能解释一种现象：对于熟悉者，你不用看到其人，仅凭那或急或轻或重或稳的脚步声，就能判断出十之八九了。人的心理指向往往从脚语中泄露出来。若有人一坐下来就跷起二郎腿，表明他怀有不服输的对抗意识。若是女性大胆地跷起二郎腿，则表示她们对自己的容貌有足够的信心，也表示她怀有想要显示自己的强烈欲望。以下是一些常见的脚语的含义。

(1)开放姿态：面对着对方，两腿稍稍分开，手也放在看得到的地方。这是容易说服的姿势。

(2)封闭姿态：侧身面对，两腿交叉，下腿呈准备做什么的姿势，这是拒绝的表现。

(3)交叉双腿：防御性的，很压抑，甚至觉得充满敌意。

(4)频繁地更换腿的交叉，或者不断抖动腿：表明心情烦躁不安，这两个动作是压制烦乱心情的行为表现。腿在交叉时，总是右腿在上的人，有点内向，凡事都不积极，总是希望有人带头去做。左腿在上的人，大多数是开放积极的性格，但也有任性的一面。

（5）并拢双腿：腿紧紧地交叉在一起，是防卫心理在活动。两腿并拢，向左或向右倾斜，多是充满自信、有优越感的人。

（6）双腿分开：两腿分开，脚开得很大，心眼小。腿没有交叉，脚尖不断敲打地面，表示焦虑的心理状态，或者是有点神经质、爱焦虑的性格特点。

二、声音

1.电话

心理学的研究发现，写信与电话各有优缺点。信件的弱点也可以是它的优点。写信会花费时间，并且反馈会延迟。当没有足够的把握处理反馈结果时，我们倾向于用写信的方式传达坏消息。遭遇到不公平待遇后，生气但不果敢的人往往会写信和电子邮件来抱怨，各个年龄段的人都差不多。出现这种情况的原因是他们害怕收到负面的、攻击性的或直接的回应。

电话与写信相比存在诸多优点，最显著的优点是反馈快。其次就是你可以同某人说话，你可以听到对方的声音，包括对方的语音语调、话语之间的停顿等等，尽管你事实上了解他不多。当对方是你不熟悉的人，我们无法判断电话另一端的人有多正直、真诚、忠心、可信赖等等。但当对方是你熟悉的人，你就可以通过对方的声音，判断其当时的身心状态。

2.口头禅

口头禅在我们的生活中经常会出现。口头禅原指有的禅宗只空谈禅理而不实行，也指借用禅宗常用语作为谈话的点缀。现在口头禅是指经常挂在口头上而无实际意义的词，该词仿佛未经大脑就已脱口而出，多是某个人或某类人的习惯用语，譬如李逵爱说“鸟人”，武汉人爱说“苕货”，现在年轻人爱说“浮云”。

2.1 口头禅的分类

口头禅一般分两类：一类是职业用语，是某种职业内部交流过程中经过缩略而约定俗成的惯用词；另一类则完全属于社会流行用语。

职业用语适用于职场中，只要对话者双方能心领神会，则无可厚非，但若是主客双方非同一职业，就不可滥用本职业惯用语当口头禅。尤其是服务行业，员工将行业惯用语当作口头禅与客人交流，那就很可能引起误解和不必要的麻烦。如在民用航空业，飞机在着陆之前，乘务员必须进行安全检查的同时，把一切留在飞机上的机供品，包括饮料、用具用封条封好，保存。于是某某物品“封了吗”与“封了”就成了乘务员之间交流的行话。如果乘务员用“封了吗”来与乘客交流，就很容易造成误解。

使用社会流行用语做自己的口头禅比较广泛，然而口头禅有讨人喜欢的，也有讨人嫌的。讨人喜欢的口头禅大抵会被视为一种美，因而被人接受。比如较为礼貌的“对不起”“我试试看”“有请”等，体现出一个人的素养和文化气质，没有人不乐意接受。但讨人嫌的口头禅就不一样了。比如满口污言秽语，开口便是国骂、乡骂等口头禅的人，自然让人觉得粗鲁无教养；说话时喜欢插几句摆老资格的“说句大实话”“我以前……”“想当初……”；再比如逢友张口闭口总说他人“真没劲”“真无聊”“真讨厌”……这些讨人嫌的口头禅或多或少都有损自己的形象。还有更糟糕的口头禅，就是轻诺式的口头禅。比如一些并没有什么真本事的人，逢人逢事便讲“有事找我”“没问题”之类，都有可能既误人也误事。

2.2 口头禅的作用

一位知名人类行为学家曾说：“人类有两种表情，一种是脸上所呈现的表情，另一种是说话时传达给对方的信息。”可见，语言是人类的第二表情。而语库中提用率和重复率较高的口头禅，就是表情的个人特点，它具有某种心理投射功能，在一定程度上揭示说话者当前的内心世界和个性特征。

口头禅的形成，跟使用者的性格、生活遭遇或当前精神状态有关，也是其独特的性格特征的标志，同时也影响着其他人对使用者的感觉。例如常说“差不多吧”“随便”的人大多安于现状、缺乏主见、目标不明确；常说“据说”“也许”“算了吧”的人大多自信心不足；常说“看我的”“没问题”的人通常充满自信，乐于承担责任。

语言风格是个人文化素养的体现，挂在嘴边的口头禅所属的语言风格，会让人很自然地把你与这种气质联系到一起，例如“谢谢”“对不起”等文明、有教养的词汇让人感觉到你的素质高；总是把“无聊”“没劲”挂在嘴边的人也会让别人感觉到他的颓废、疲惫和无追求。

口头禅作为个体语言风格的一部分，会影响到我们的人际关系。有人会因为口头禅而让自己失去很多交朋友的机会，因此优化自己的口头禅是件很重要的事。例如，对方本来正在兴致勃勃地和你聊天，结果刚说了两句就听到了你的“郁闷”“没劲”等口头禅，不论对方是谁，聊天的兴头都会立即从高点跌到低谷。而如果你能够适时地将上面的话改成“真的！”“太棒了！”等词语，相信你一定能够大大增加自己受欢迎的程度。

口头禅有强烈的自我暗示作用，经常使用的某种口头禅会对我们产生积极或消极的影响。著名心理学家威廉·詹姆斯说过：“播下一个行动，收获一种习惯；播下一种习惯，收获一种性格；播下一种性格，收获一种命运。”脱口而出的口头禅，其实并不是毫无意义的。口头禅反映了对某一类情形的反应模式。尤其是带有消极词汇的口头禅，对认知和情绪都是一种消极暗示，所以，心理治疗师即使肯定别人，也很少说“不错”等带有双重否定的词汇。

生活中，我们要注意避免一些消极口头禅的出现。第一类是否定自己的口头禅。例如，“我不行”“老了，不中用了”。中国人讲话时习惯自贬以示谦和，因此这类口头禅相当普遍。殊不知，贬低自我的口头禅，就相当于一条能给所有信息“挑刺”的加工渠道，让人时刻注意到自己的弱点，结果连优点也打了折扣。试想，发言前就认定自己会怯场，那么发言时就更会因为不自信而发挥失常，这样又强化了一开始的消极评价，长此以往，会形成自我挫败的恶性循环。

第二类需要注意的是那些对外界环境有偏见的口头禅。例如，许多人还记得鲁迅笔下老是感叹“一代不如一代”的九斤老太，而现在“男人靠得住，母猪会爬树”“人心隔肚皮”这样的口头禅也随处可见。这种语言虽说是他人或自己社会经验的积累，但往往夸大了事物的阴暗面，成为了一种消极的思维定式，让人在处事时容易犯以偏概全、非黑即白的认知错误，从而导致不理性的判断和行为。

第三类需要注意的口头禅是那些过于频繁地宣泄负面情绪的词语。例如，“郁闷”“烦死了”，这些情绪词的脱口而出，往往能让不佳情绪一吐为快，适当地说能有效表达和缓解情绪。但情绪如浮云，老是徘徊不去的乌云不仅让人持续低迷，而且也让旁人觉得压抑。所以，不要光喊“郁闷”，还要提出自己的愿望并寻求解决的办法。

2.3 口头禅的意义

不同的口头禅隐含着不同的心理状态与个性特征。例如，“说真的”“老实说，的确”“不骗你”，这种人有一种担心对方误解自己的心理，性格有些急躁，内心常有不平；而经常说“应该”，此类人自信心极强，显得很理智，为人冷静，自认为能够将对方说服。

“听说、据说、也许”等口头禅之所以被使用，是使用者自信心不足的表现，是为了给自己留有一定的余地。这种人可能见多识广，但决断力和自信略显不足。很多处世圆滑的人，为了防止承担某种责任和后果也易用此类口头语来规避风险。

说“可能是吧、大概是吧”这种口头禅的人，自我防卫本能强，不会将内心的想法完全暴露出来，在处事待人方面冷静。从政的人多用这类口头禅。这类口头语隐藏了自己的真心。

把“但是、不过”作为口头禅的人可能有些任性，总是提出一个“但是”来为自己辩解。“但是”是为保护自己而使用的。“同时”“也”反映了温和的特点，它很委婉，没有断然的意味，不致令人有冷落感。从事公共关系的人常有这类口头禅。

“啊、呀、这个、嗯”常是使用者词汇少、思维慢的表现，在说话时利用这些词作为间歇的方法。因此，这种口头禅的人反应较迟钝。在一些特殊场合，如尴尬或者重大问题面前，也可能临时出现这类口头禅，使用者为了考虑用什么恰当的词来解困或者表达自己真实的想法等等，如一些公务员或者公众人物偶尔会有这种口头禅。

三、时间和空间的使用

人际交往过程中，个体以及社会文化习俗对时间和空间的处理，也反映了不同的信息和心理需求。

1.时间

人们的时间观念以及处理时间的方式也会蕴含着许多有意识或无意识的信息。如,在一般的社会里,等待是一个很重要的信息指标。重要人物的时间被认为比不重要人物的时间有价值得多,在日本,一家人说话闲聊时,每个人发言的顺序、介入的时间等等都有严格的要求。

2.座位选择

在选择座位的过程中,人们在有意无意之间,会选择坐在与自己性格相符合的位子。考虑自己的地位、位子的显著程度、与他人的距离、空间的大小、出入的便利等,然后选择一个让自己感到舒服的位子。

L形长桌,坐在长桌正中间的人属于"老板"型。这类人喜欢坐在能听左右两边的人发言的位子,喜欢掌握对话的气氛,善于与人交流,但不喜欢被人命令。选择坐在老板旁边的人,通常性格温和,可以与任何人友好相处。虽然在积极性上有些欠缺,但不会注意细小的事情。

坐在L形拐角的人,喜欢与人交流,不喜欢独处。他可以用丰富的话题来活跃气氛。但这种人嘴巴不严密,有时不光是自己的事,连别人的秘密也会成为他谈论的内容。

坐在短桌靠边的人,是喜欢有自己的空间、不愿被束缚的人。这种人,一般只跟邻座的人倾诉自己的苦衷,不喜欢人多热闹的场合。坐在靠近门边的座位的人,与坐在短桌靠边的人有点相似。

3.起居室

我们可以从一个人所生活的房间的布局、装饰装潢、整洁与否判断他的个性特征,以及他当前的生活状态。例如,客厅及卧室装潢得简单现代,可能表示主人是个直接、简约的人。

四、其他

1.服饰

我们知道着装对人的影响可以表现为"当穿着体面时,自我感觉会变好,精气神会有很大提升"。服饰可以影响到我们的自我认知、自信、自尊等,同时服饰也向周围的人传达我们独特的品位、喜好等个人信息,以及我们的地位、角色等社会信息。

整个服装及时尚行业就是设计各种衣饰,使人们能传递关于财富、品位和价值以及属于或不属于某些群体的信息。时尚潮流随着时间的变化在不断变化,唯一不变的就是,人们通过搭配不同服饰来展现独特的自我,展示自己的品位和个性。制服在社会交往中有独特的地位和作用,如医生的白大褂、警察的警服。

2.笔迹

每个人的笔迹具有鲜明的个性特征，如书写的力度、字体的大小、形状、格式、行距等等都能形成对人格的判断。可以从笔迹的形状、大小、笔印（写字力度）等信息判断一个人的性格。形状可以从直线或曲线来判断。字体工整、有棱有角的人，可以认为是认真慎重的人；字体圆润的人，性格上一般感受性强，有幽默感，活泼，想象力丰富。字体大的人，性格外向、自信、积极；字体小的人，性格内向、对待任何事情都很谨慎。笔印重的人一般神经质、认真的比较多；笔印轻的人一般感情丰富、社交面广、性格开朗，但意志薄弱，易于受感情支配。字体呈右上倾斜且直线书写的人，有讨厌向人发号施令的倾向。完整地完成最后一笔的人，喜欢照顾别人。

3. 生活习惯

喜欢自嘲的人一般不会是自卑的人。一个人经常炫耀什么，说明内心缺少什么；一个人越在意的地方，就是最令他自卑的地方；人越是得意的事情越爱隐藏，越是痛苦的事情越爱小题大做。

认为食客众多、有人排队的饭店的食品好吃，表现出的是依赖他人评价做出选择的心理，因为个体会尽量采取与别人同调的行动来获得安心感、归属感等。当然有例外，如一些喜欢特立独行的人，对自己的判断有很大自信，是个内心强大的人。

拓展阅读

非语言沟通训练

下面的一些训练可以帮助我们提高非语言沟通的能力。

1.重要性体验训练

两人一组，就某个话题展开交流，如A与B，两人面对面站立，A就喜欢踢足球展开话题，B倾听，A在表达时，B不能出声，只能通过肢体语言来表达自己的想法和观点。3分钟后B解释自己理解的意思给A听，看B理解的意思与A想表达的意思有多少是相似的，一般情况下，有50%的意思能够被理解。然后，让B表达，A倾听，完成同样的步骤。

2.观察训练

要在人际交往中做一个主动的接收者，你必须意识到两个或两个以上人交往中随时出现的非言语因素。为帮助你了解这些因素，现在请打开电视机，但不要让它发出任何声音。然后，将注意力集中在画面人物的面部表情、眼睛的运动和身体的姿势（手、臂、腿和脚）上。每次用几分钟的时间做这个练习，然后问自己，画面人物的肢体沟通触发了你什么情感。下一步，问自己对电视画面上人物的动作做了什么解释。

这个练习的关键不是让你判断对错，而仅仅是让你意识到沟通中肢体因素的重要性和通过它们传递错误信息的危险。要重复几次这个练习，直到注意对方的肢体因素已成为自己的习惯。

3.对着镜子练习

让自己站在镜子前大声说出计划做的事情，观察自己的非言语表达方式，并纠正你觉得可能传递出与自我感觉不同意思的姿势或行为。将这一过程重复几次，直到感到这样做时很放松而且是无意识的，它将有助于你在人际沟通中更有效地利用非语言因素。

复习巩固

1.非语言交流中，肢体语言包含哪些方面？

2.影响眼神交流的因素有哪些？

本章小结

非语言沟通是采用包括肢体语言（眼神、表情和肢体动作）、语气语调、触碰、衣着、装饰、环境、时间空间等各种非语言内容进行的交流。非语言沟通能够超越语言之外，传递人与人之间个人关系的信号，即关系符号。同时，一些非语言的行为还能在沟通中对自我进行保护。非语言沟通形象、直观并具备丰富多彩的表现形式，使其能有效地提高人际沟通，产生许多意想不到的效果。非语言信息在沟通中既能表现出一些稳定的含义，同时也容易受到文化背景、性别和个性等因素的影响而引发歧义。

非语言沟通主要的类型有：眼神、面部表情、肢体动作、声音、时间和空间等。眼睛是心灵的窗口。在沟通中，熟悉的人与陌生人之间的眼神交流的模式不同；人际沟通时的空间距离、话题本身、人际关系的类型和程度、个性以及是否带墨镜都会影响人们的眼神交流。同时，我们的面部表情特别是面部微表情也能传递很多信息。一个人的坐姿、沟通时的手部动作、脚部姿态，也传递了很多心理特征。我们也可以通过分析对方的语音语调和口头禅，认识对方的一些人格特质和心理特征。此外，服饰、笔迹和生活习惯也包含了丰富的信息。

本章关键词语

非语言信息　非语言交流的作用　非语言交流的特点　影响非语言交流的因素　金三角理论　眼神　面部微表情 肢体动作行为　声音　非语言交流中时间与空间的应用

章后练习

1.金三角理论认为在对沟通效果的影响程度上,有三个最重要的因素,分别是(　　)。

A.肢体语言　B.语气语调　C.时间空间　D.语言内容

2.非语言信息主要包括(　　)

A.肢体语言　B.语气语调　C.触碰　D.时间空间

3.下面哪些因素会影响眼神交流?(　　)

A.距离　B.话题　C.人际关系　D.个性

4. 下面哪些属于积极口头禅?(　　)。

A.谢谢　B.我不行　C.老了,不中用了　D.男人靠得住,母猪会爬树

5.除了肢体语言、语气语调,下面哪些信息也可能是在人际交往中有用的非语言信息?(　　)

A.服饰　B.生活习惯　C.饮食习惯　D.座位顺序

6.一个平时温柔体贴、很有教养的女性,发脾气时会破口骂人,这被称为(　　)

A.退步行为　B.遗留行为　C.替换行为　D.加强行为

7.下面哪些行为属于遗留行为?(　　)

A.自我摇晃　B.吮手指　C.吐舌头　D.咬铅笔

8.个体的动作包括(　　)。

A.先天动作　B.后天自行发现动作　C.后天训练动作

D.后天环境获得动作　E.混合动作

9.下面行为中属于加强行为的是(　　)

A .整理衣服　B.眉毛扬起　C.摆弄首饰　D. 摸鼻子

10.下面的哪些行为动作,被认为在很大程度上真实展现了个体此时此地的内心活动和心理特征?( )

A.边走边笑　B.到处张望　C.腿脚抖动　D.摇头晃脑

11.心理学研究表明,双方眼睛对视的时间一次不要超过(　　),否则会让人感到恐慌。

A.5 秒　B.5 分钟　C.10 秒　D.2 分钟

12.微表情最短可持续(　　)。

A.1/15 秒　B.1/5 秒　C.1/2 秒　D.1/25

13.辨析:经过专业训练,人们可以通过非语言信息完全读懂他人的心理。

第六章　沟通中的个体差异

每个人都有不同的经历和背景，因而在沟通中也会显示出不同的特点。性别和文化差异是沟通中两种重要的个体差异。在生活中，男性和女性会因为不同的沟通模式导致冲突。在全球化背景下，也需要在沟通中特别重视文化差异。在本章中，你将学习到：(1)男女两性会话的特点和促进两性和谐对话的技巧；(2)跨文化沟通的理论模型和影响跨文化沟通的因素。

第一节　沟通中的性别差异

世界上没有完全相同的两片树叶，在沟通中个体的表现也是千差万别的。接受彼此的差异，是建立良好沟通的第一要素。语言学家 Deborah Tannen 曾指出，良好沟通最基本也最困难的原则是将沟通对象视为与自己完全不同的人。当我们能够了解到彼此之间的差异，并接受彼此之间的差异，即使没有人做出任何改变，也能够减少对自己、对他人和对关系的指责，使彼此的关系得到改善。

在众多的个体差异中，沟通中的性别差异曾是哲学家和普通民众共同的话题。例如，哲学家 Goerge Santayana 曾经调侃道，男人和女人的观点通常仅仅在结论上达成一致，而达成一致的原因却各不相同。在社交网站上，则充斥着大量的关于两性沟通差异的视频和漫画。许多电视节目和动画片，例如电视剧《王贵与安娜》、电影《辛普森一家》等都大量地运用了由于丈夫和妻子交流方式不同而无意中产生的幽默。约翰·格雷博士在其畅销书《男人来自火星，女人来自金星》中认为男女两性在沟通中具有完全不同的行为模式。他写道："男人和女人在交流方式上是完全不同的……他们似乎来自不同的星球，说着不同的语言。"尽管没有任何实验来支持他的结论，但是他写的系列读物的发行量已超过 40 亿册。

当代的学术研究，特别是语言学和心理学的一系列研究表明，男女两性在沟通中的确存在不同的说话模式。不过，这种差异可能并没有格雷博士所说的那样严重。例如，朱莉亚·伍德、德博拉·坦嫩和凯瑟琳·迪迪亚等学者主张，男女两性沟通差异产生的原因，是由于男女两性在社会活动中形成了各有特点的规则和价值观念，是由两种不同的文化所导致的。Brant Burleson 和 Adrianne Kunkel 等学者则主张，男女两性沟通模式上的相似性远高于其差异性，男女两性在沟通中都会倾听和安慰，都寻求人际支持，且对人际支持信息有相同的理解方式。一项研究甚至指出，只有 1% 的沟通不一致是由性别差异造成的。因此，认为男女两性来自不同星球的观点，可能会阻碍你对异性观点的理解，妨碍双方的和谐沟通。在面临两性冲突的时候，那些持有男女两性来自不同星球的观点的人，更不太可能努力修复与异性之间的亲密关系。

一、性别与沟通

性别在广义上至少包括生理性别、心理性别角色和性取向三方面内容。生理性别是我们的遗传特征，表明我们在生理上是男性或者女性。生理性别是自我认同的重要基础，对沟通行为有显著的影响。例如，现有的研究较为一致地发现女人比男人能觉察到更多的非言语信息。朱蒂斯·霍尔发现男女两性在区分人们面部表情（如悲伤、高兴、生气、害怕)的能力方面具有显著差异。

心理性别角色是指心理上的性别取向,可以分为男性化、女性化以及中性化。男性化反映的是社会对男性的性别角色期望。大部分社会对男性化角色的期待包括力量、竞争、攻击性、独立、逻辑思考等特点。女性化反映的是社会对女性的性别角色的期望。大部分社会对女性化角色的期待包括同情、情感外露、合作、顺从等特点。中性化则综合了男性化和女性化的特质。由于社会对男女两性具有不同的期待,因此也会影响到男女两性的沟通模式。例如,如果女性表现得如男性一样好强,很容易被认为是霸道的、无理的。在大多数的文化中,对男性的性别角色期望要比女性更严厉。不过,随着社会的发展,男女两性也越来越平等了。在实际生活中,人们也更喜欢中性化的恋人或配偶。

性取向反映的是个体的性渴望、幻想和感觉的对象。性取向可分为异性恋、同性恋、双性恋和无性恋四种类型。异性恋基本上只对社会中与自己性别不同的人产生爱慕;同性恋在性爱、心理、情感方面的兴趣对象主要为同性别的人;双性恋则对两种性别的人都会产生性吸引或性冲动;无性恋对人没有性渴望。近年来,越来越多的研究发现,性取向对我们的沟通行为有一定的影响。例如,最近的一些研究发现,男同性恋人在表达情感和亲密关系方面优于普通男性,而女同性恋在通过语言传递信息和解决问题方面优于普通女性。

在日常生活中,由于生理性别、性别角色和性取向的影响,男女两性在价值观念以及行为标准上的不同会在人际交往中表现出来,使沟通出现一定的障碍,有时甚至会出现彼此之间完全不能理解的情况。不过,目前大部分的研究都只简单地将性别区分为男性和女性,心理性别角色和性取向对沟通的影响还不完全清楚。后面介绍的男女两性的沟通差异,主要来自生理性别导致的差异,也包含一些性别角色对沟通的影响。

二、男女两性沟通模式的差异

已有的研究表明,男女两性沟通模式的差异表现在以下几个方面。

1.男性比女性更倾向于采用权力型的说话方式

语言能够反映权力的分配模式。高权力的说话方式包括说得更多、更频繁地打断别人、更多地发号施令以及更多地评价和提出自己的意见,而低权力的说话方式则包括多问一些问题、使用更委婉的语气。Pam Kalbfeisch 和 Anita Herold 的研究表明,总体来说,男性比女性更倾向于使用高权力型沟通模式。男性在沟通中给出更多的指令并更多地表达出个人观点,而女性在与他人说话时语气更为委婉和谨慎。

Deborah Tannen 认为,导致男性比女性更多采用权力型沟通模式的原因,可能与男女两性的心理需求有关。男性在沟通中注重身份地位。在男性看来,生活如战场,人们必须挣扎、奋斗、维护尊严和独立,避免失败。生活如楼梯,每个人都站在或高或低的属于自己的台阶上，阶层由权力和成就来决定。谈话就像是谈判，要占上风，避免自己被别人推挤下去。因此，在男性的沟通中倾向于建立一种竞争性的不对称关系。有一位女同学曾经很困惑，班上有一位男生，当他还没有当班干部的时候，经常批评班干部的很多行为，为维护班上的同学的利益，经常和班干部争吵。大家看到他这么关心同学的事情，就推举他做了班干部。结果这位男同学做了班干部之后，就不允许班上的同学不听他的指令，还制订了很多更严格的规定。其实，这位男同学在没有成为班干部之前，他位于班干部的权威之下，因此他尽其所能地去限制权威；当自己升为班干部拥有权威时，他又膨胀权威。这位男生的行为变化，反映的是男性对地位的敏感性。

男性这种对地位的敏感，也可以解释他们在沟通中的许多行为模式。例如，很多男性在生活中不喜欢问路。因为对男性而言，向别人问路就意味着向别人求助，这样自己就处于低等级的位阶了。同样，为了维护地位，男性在谈话中更喜欢能够充分展示自己能力的话题。例如，男性谈话的内容往往涉及政治、体育等新闻题材，因为掌握了更多的新闻意味着掌握了更多的信息。他们在谈话中更多地使用评价性的词语来凸显自己的身份地位。同时，为了维护友谊，他们通常会在谈话中不断地转换话题，以便沟通的双方能够轮流居于高的位阶。下面是一段两位男性朋友之间的对话。

阿威：昨天我女朋友过来和我聊天，不知怎么搞的，我心里觉得不舒服。

小强：我无法理解这种感觉（笑起来了）。昨天我送我女朋友回去的时候，她骂了我一顿。她知道我们昨天喝醉了酒的事情。喝酒看来真不是什么好事情。

阿威：我可不这么认为，你也知道，那不是什么大不了的问题。

在这段对话中，小强首先否定了阿威的感受，贬低了对方面临的困境。接着小强又转移了话题，并做了一个评价性的判断（喝酒不是什么好事情）。同样，阿威也否定了小强的感受，也做了一个评价性的判断（那不是什么大不了的问题）。男性在沟通中的这种寻求地位和不对称关系的倾向，与性别学习过程密切相关。在许多社会中，男性都被要求有卓越的成就。

与男性不同，女性在沟通中寻求建立一种较为平衡的关系。在女性眼中，生活是一张网，谈话的目的是为了促进彼此之间的亲近，为避免被别人推开，避免孤独，她们付出自己的关心来寻求他人的肯定和支持，并寻求彼此之间达到一致。与男性强调竞争性关系不同，女性在沟通中特别强调关怀和平等。吉利根的研究发现，男性较强调公正和公平，而女性更强调关怀和关心。发展心理学的研究也表明，女孩很早就利用孤立某个同伴来表达她们对这个同伴某种行为的不满。因此，在女性的谈话中，她们往往倾向于支持和帮助对方，避免自己被推开。在她们的谈话中，亲密是一种关键性的需求。她们经常使用陈述来向他人表示支持，显示地位同等。例如："我也有类似的遭遇。""我想你一定很伤心。"女性说话通常也较为谨慎，会在谈话中问更多的问题来分享信息，使用更委婉的语气。例如，她们会问"你觉得怎样？""你下一步打算怎么做?”,更可能使用较委婉的方式说“这只是我的想法”而不是用明确的语气说“我认为”。在会话中,女性也更常用修饰性的副词(例如“你真的很有趣”)、更多不确定动词(例如“你说的好像是对的”)、更多的语言矛盾(例如“这件衣服很丑,不过,还好啦!”)。与男性在会话中忽略细节不同,女性在谈话中借由描述和询问细节,特别是生活中的琐碎细节来使谈话持续下去,从而表达亲密。与男性聚在一起讨论政治、体育、房子、汽车等话题不同,女性聚集在一起讨论生活中发生的琐事和情绪感受是话题的重心所在。因此,她们的话题集中在感情、关系和美食、化妆、服饰、购物等私人话题上。

下面是一段女性之间的对话。

芳芳:我爱上了一个小流氓。他没有正式工作,成天游手好闲,但是对我很好,好纠结啊!

小雅:我知道你的感受。

芳芳:你真的知道?

小雅:嗯。我跟你说,我曾经爱上过一个已婚男子呢。哎呀!刚才你准备告诉我你和那个男子的事情,我却打断你了,真不好意思啊!

芳芳:没关系,我觉得很好。

在这段对话中,芳芳首先描述了她男朋友的一些细节,表达了自己很纠结的感受。她的朋友小雅则明确表示理解对方的感受,提供了支持。在芳芳表达自己的怀疑之后,小雅接下来通过说出自己的一个秘密来进一步呼应对方的感受。虽然小雅谈论的话题与芳芳的话题并无关联之处,似乎是对芳芳话题的一个中断,小雅也为这个中断进行了道歉,但这个中断是为了进一步阐明小雅真的理解芳芳的感受,因此,芳芳并没有觉得小雅的谈话是一种故意的中断。因此,我们可以看到,女性间充满了共情和相互理解,同时她们通过追随对方的叙述并加以询问的方式表示关心,把打断对方的谈话视为冒犯。这与男性之间互相否认对方的感受和经常性地转移话题是不相同的。

小雅在对芳芳的呼应中透露自己的秘密,也反映了女性会话的一个重要特点,即她们喜欢在会话中飞短流长,甚至泄露自己的秘密。这种会话特点也与女性寻求亲密关系、避免被排斥的心理特点有关。虽然飞短流长具有潜在的破坏性的力量,然而,许多学者主张飞短流长的存在价值是大于它的批判价值的。例如,飞短流长中也包含大量的关于个人身份地位、人与人之间的关系等方面的信息。同时,飞短流长也是建立亲密关系的重要手段。例如,讨论不在场的某个人时,可以借由相同的判断和评价,强化彼此之间的共同价值观和信念,从而使关系变得亲密。通常,秘密会揭露个人的弱点,让他人知道自己的秘密可能让自己处于不利的地位。然而,对女性而言,如果无法倾吐自己的秘密,就可能意味着她缺乏可以倾诉的对象,将痛苦地感觉到自己的孤立。有时,女性借吐露自己的秘密来得到同伴的支持和认同。对男性而言,吐露自己的秘密等于暴露自己的弱点,给人以脆弱的印象,因此需要保守秘密来维持个人的形象。

2.在谈话中男性倾向于解决问题,而女性则倾向于表达情绪

男女两性会话的另外一个特点是:男性在谈话中倾向于解决问题,而女性则倾向于表达情绪。对男性而言,能够解决问题显示的是高的能力和成就,显示的是高的身份地位。在专业领域之外,很多男性认为向另外一个男性请教是一件很丢脸的事情。因此,男性在会话中比较倾向于提出建议和评价,通过指导性的话语来显示自己的身份地位。例如:他们会说:"这没什么大不了的。""你只需要这么做,你的问题就会被解决。"他们在谈话中,典型的句子模式是抓住重点,马上解决问题。例如,他们会说:"今天我很忙乱,耽误了领导交代的事情,领导对我很不满意。我准备明天上班给领导解释一下。"

女性重视亲密和关怀的特点,使她们在会话中倾向于让情绪被充分地表达和理解,句子中也有更多的关于情感的陈述,例如,"如果他真的爱你……"同时,她们也喜欢把事情的详细经过描述出来,因为她们认为这种方式可以把自己的心路历程、自己的情感和思考都完整地表达出来,这样彼此的关系就会很亲密,同时,自己的情绪也能得到纾解。例如,同样是因为忙而耽误了领导交办的工作,她们会说:"今天早上我接到了好几个部门的电话,把我忙惨了。正当我忙得不可开交的时候,领导又打电话让我准备一份材料。我千辛万苦终于把领导要的材料准备好了,结果我去另外一个部门交材料的时候,发现把领导交代的材料给落下了,真是把我急死了。我不得不回去找,害得我没能按时完成领导交代的任务,领导把我说了一顿,我郁闷得很,唉,不知道该怎么办呢。"

女性在谈话中重视表达情绪的一个显著特征,是她们在生活中经常与他人进行比较。比如,女性常常会抱怨她们的男朋友或者丈夫:"你到底是喜欢游戏还是喜欢我?"也常常强迫自己的男朋友或者丈夫回答诸如"我和某某女明星究竟谁更漂亮"这样的话题。其实,有些东西是无法进行比较的。不同性质、不同关系的东西,因标准不同,若硬拿来比,是没有意义的。然而,女性在谈话中喜欢比较,是因为她们期望交谈对象的话语能够帮助自己减少内心的不安全感和危机感,从而满足自己的情感需求。

男性与女性谈话的差异,常常会导致会话中的冲突。男性常常会觉得女性说话没有逻辑,没有重点,不知道对方到底在讲什么;女性则常常抱怨男性没有认真地倾听,根本就没把她的话听进去,不明白她的感受。例如,下面这段对话就反映了男女两性的这种会话的差异。

一位女性在一家私人小企业工作了3年,企业很重视她,在企业里面人际关系也很好。最近参加了一家大企业的面试,结果被录用了。

女:你看我是留下来好,还是转到大企业好?

男:随便你啊!(头也不抬,接着看电视)

女:在这都三年了,大家都熟了,不想离开。到大企业去又是新手。

男:那就留下来嘛。(头也不抬,接着看电视)

女:大企业大家都抢着去,大企业有保障,有发展空间。

男:那你就去大企业啊。(随便回答了句,接着看电视)

女:(哭起来了……)

男:(终于看女的了)要换单位也不用哭啊。

女:我问你意见,你连头都不抬,眼睛也不看我一下!

男:你到底要我怎么样嘛?我有提供意见啊!

女:你随便哼两句,那叫意见啊?你根本就不关心我!跟你说话,还不如跟小狗说话;我对小狗讲话,它也会汪汪叫两声,眼睛还会看着我摇尾巴呢!

男:你一向不是都很有主见吗?我若真的告诉你意见,你又不一定会同意,说了不也是白说?

女:至少你也要安慰我一下啊……

在这段对话中,当女性表示出她的困扰的时候,男性给出了解决问题的方案。例如,当女性说小公司的好处时,男性就建议她留在小公司;而当女性说大公司的好处的时候,男性就建议她去大公司。因此,在这段会话中,男性认为他实际上提供了意见,帮助解决问题。然而,正如女性自己所说的,她需要的是她的情绪被尊重和理解,需要的是安慰。男女两性对待困扰有不同的处理方式,男性期望直捣问题的根源来解决问题,而女性往往期望自己的感受能够获得支持。再比如,有一对恋人,在旅途中碰巧参观了一个带游泳池的别墅,然后女生就说:“那个带游泳池的别墅真舒服啊!”男生可能马上就会怀疑,自己的女朋友是不是嫌弃我买不起那样的房子了啊。其实,女生想表达的仅仅是她觉得那个房子很好而已!这时,作为男生,可以通过说“是啊,我也觉得那个房子真的很好。要是将来我们也能住上那样的房子就好了”来呼应女性的情绪。

3.男性倾向于工具性谈话,女性倾向于表意性谈话

在大多数的文化中,社会所期待的男性应该具有“男子气”,期望他们自信、独立、果断、能干、好强,而女性应该具有“女人味”,期望她们热情、敏感、感情丰富、友善。为了避免语言上的僵化与误解,研究者将与解决问题有关的“男子气”称为工具性特质,与社交和情感有关的“女人味”则称为表意性特质。工具性谈话是一种把沟通交流作为解决问题或完成任务的一种途径的谈话模式,而表意性谈话是更加强调情感表达和亲密关系的建立的谈话模式。

由于文化的影响,男性被鼓励具有更高的工具性特质,而女性被鼓励具有更高的表意性特质。例如,在儿童时期,男孩和女孩玩不同的游戏。男孩的游戏如打仗、篮球等通常都较强调规则、结构和竞争,而女孩的游戏如跳绳、过家家等则更倾向于强调合作、情感交流。通过榜样学习和社会化,符合传统文化期望的男性倾向于高工具性低表意性特质,女性倾向于低工具性高表意性特质。在沟通模式上,则男性倾向于工具

性谈话，而女性倾向于表意性谈话。

男女两性对工具性谈话和表意性谈话的不同倾向也会导致很多沟通上的障碍和冲突。例如，有一位女性，她生日那天正好是世界杯的决赛，而她的男朋友是足球迷。这时，她的男朋友提出晚上想去看足球比赛，就不陪她过生日了。于是，她就说："你想去，就去看足球比赛好了，如果你真的很想去看的话。"她的男朋友果然去看足球比赛了，搞得她气呼呼的，到了半夜把她男朋友臭骂了一顿。为什么会有这种冲突呢？因为男性倾向于工具性表达，谈话的目的是为了传递信息，探讨问题的目的是为了寻找更好的解决问题的方式。女朋友不是明明让我去看足球比赛的吗？我去看了，那我有什么错呢？可是，女性倾向于表意性表达，重要的不是句子的表面信息，而是句子背后所传递的情感和社会关系。女性说的"如果你真的想去的话"这句话的实际含义是："你一定不能去，在我人生当中的重要日子，我需要你来陪我。"正是由于这种反应倾向的不同，导致女性抱怨男性是白痴动物，而男性则抱怨女性是难缠的动物。

尽管这些研究揭示了男女两性沟通模式存在大量的差异，然而，我们也需要注意，这些结论也并非适合每个男人和女人。有些女性也表现出高权力语言模式，而有些男性也表现出低权力语言模式。有研究甚至指出，男性和女性在沟通上的差异程度，还比不上男性与男性、女性与女性之间沟通上的个体差异程度。因此，有学者指出，应该用语言的性别来代替生理上的性别。

的确，男女双方的谈话模式中蕴含着不同的价值判断标准。强调以身份地位解决问题的人，往往认为利用情感是一种欺骗；而强调以情感方式解决问题的人，又通常倾向于认为利用身份地位来解决问题是操纵和控制别人，对对方是不公平的。这种价值判断上的差异在谈话中容易导致冲突。然而，男女两性的谈话特点本身是不存在好坏的，身份地位和表达情绪都能解决问题。例如，家里的水管坏了，采用贬低对方身份地位的方式可以说："我和你领导是兄弟，你不给我赶紧来修，我就给我的兄弟说，让你滚蛋！"采用抬高对方身份地位的方式则可以说："水管破了，找不到地方洗澡，生活很不方便，你可不可以帮我修好？"采用情感方式，则可以先和水管工套近乎："原来我们是老乡啊！"

同样，工具性和表意性都是有价值的特质。Lefkowitz 和 Zeldow 的研究显示那些适应能力强、有效率、感觉自己很幸福、心理很健康的人士通常同时具备工具性和表意性两种特质，那些拥有满意伴侣的夫妻通常工具性和表意性都很高。因此，我们应该发展出双性化的特质：既自信又热情，既敏感又独立。我们在沟通中需要意识到男女两性的差异，但是也要认识到，两者之间的差异并不是男女两性沟通中不可逾越的障碍。

生活中的心理学

女性比男性话更多吗

在日常生活中,人们的经验是女性比男性话多,因此有“长舌妇”的称谓。很多资料都报道说女人平均每天说 20000 个单词,而男人每天说 7000 个单词。然而进一步的调查显示,这一数据完全来自一本自助图书和许多的二手资料,并没有经过系统的研究。心理学家珍妮特·海德对 73 项控制实验的结果进行了分析,发现女人的确比男人健谈,然而,这种差异极其微小,在日常生活中几乎察觉不到。在一项由 Mehl, Vazire, Ramirez, Esparza, Slatcher 和 Pennebaker 从 1998 年一直持续到 2004 年的研究中,他们采用电子激发记录器(一种语音数码录音机)记录了 210 名女大学生和 198 名男大学生在清醒状态下的语音。该设备每隔 12.5 分钟就记录被试与他人说话的 30 秒语音片断,然后研究人员统计了被试说了多少个词语。他们的研究结果显示,女性平均每天讲 16215 个单词,男性平均每天讲 15699 个单词,在统计上两者之间差异不显著。因此,此项研究显示,女性并不比男性话更多。

三、与男女两性谈话的技巧

1.与男性谈话需要注意的问题

与男性谈话时,可以优先注意以下几点。

1.1 注意身份地位,尊重独立性

男性强调上下位的不平等关系。意识到男性对地位的敏感性有利于获得更多的信息,也有利于你更巧妙地参与到男性的谈话中。例如,当一位妻子希望自己的丈夫把家里的垃圾扔掉时,采用命令的语气“把垃圾扔掉!”会损害男性的地位意识,此时,还不如说“你可以帮我把垃圾扔掉吗?”。因为帮助他人的行为具有不对等性。通常,帮助别人的人具有较高的社会位阶,而被帮助的人往往具有较低的社会位阶。因此,采用命令的语气对男性说话,特别是在男性权力社会中,男性很容易有被冒犯的感觉。同样,当男性遇到困难而没有提出需要帮助的情况下,主动为男性提供帮助也较容易被男性理解为轻蔑。

例如,惠芬喜欢上了新来的单身同事赵先生。一次,公司安排惠芬和赵先生一起去做一个项目。惠芬心里很兴奋,热心地打电话给赵先生说:“赵先生,这次公司项目的资料都准备好了吗?要不要我帮忙,提供一些资料啊?”“不用了,我还应付得来,应该没问题,谢谢你,真的不用了!”赵先生很客气地回绝了惠芬的好意。在这个案例中,惠芬主动提出帮助赵先生，这在赵先生看来，自己需要同事的协助，即意味着自己没有能力完成工作，是对他能力的不信任，因此，他当然要拒绝惠芬的提议，保护自己的自尊，彰显自己的能力。因此，惠芬的这次约会失败，就是因为没有注意到男性的地位意识。如果改变策略，惠芬向赵先生提出："对不起哦，赵先生，为了完成这个项目，我还需要一个很重要的简报，但是我的资料不太齐全，想请您帮一下忙，不知道您有没有空？可不可以指导我一下？"这样，赵先生就会欣然赴约了。这是因为对男性而言，向自己求助，是信任自己能力的表现，表明自己处于较高的位阶。

男性强调地位的特点也决定了他们喜欢独立地解决问题。因为这能够向别人证明，他有独立解决问题的能力。除非问题太大，一个人实在是解决不了，否则不会轻易地向别人求助。因此，当男性遇到困难的时候，他们的第一反应往往是"我先独自解决看看"。有时有的人出于好意，询问对方："你到底怎么了，需要帮忙吗？"男性往往会回答说："没事。"好意提供帮助的人会觉得这个人不通情理，好意帮他，得到的回答却冷冰冰的。其实，男性关注的焦点在于解决问题，很容易忽略他人的情绪。因此，当男性需要解决问题的时候，让他安静地独自解决问题，反而是对他最大的尊重。

1.2 明确立场，关注事实，将注意力集中于要解决的问题上

适当的、友好的竞争让大多数男性觉得舒服和自然。男性的语言和行动的含义都相对直接，他们会欣然接受一个直接的请求，而不喜欢试图去理解某些象征性的暗示。

女孩：我想吃炒饭。

男孩：那我马上去做。

女孩：我不要吃你做的炒饭。

男孩：我去外面买。

女孩：外面买回来都凉了。

男孩：那我们一起到外面去吃。

女孩：外面冷，我不想出门。

男孩：那你到底要怎样？

女孩：我要吃炒饭。

经过上面的对话之后，男孩根本无法理解女孩的真实意图。再比如，恋爱中的男女吵架后，女性有时会说："你走开！我再也不想见到你了！"有些男生看到对方情绪这么激烈，会想："哇，她都让我走开了，情绪这么激动，我还是走开比较好。"结果男方就真的走开了，女方会更生气。这时，女方还不如明地确说："刚才我很生气，我想你过来抱抱我。"因此，明确地讲出你的观点、感觉和需要，将赢得男性更多的尊重和合作的机会。即使是不赞同的观点，男性也愿意知道，因为树立观点、划清界限是维护他们的地位和权力的方式。

当你和男性交流的时候，要关注你所观察到的事实，寻求对事情的理解和解释，并控制自己的情绪。例如，有些女性面临生活中的苦难，需要表达和倾听时，男性通常会

给女性一些建议。女性可能会拒绝男性的建议。其实，男性可能在你诉说你的遭遇的时候，就已经寻找到了解决问题的方案，这些方案对女性来说可能是有用的，不要一味地拒绝和忽略。不管男性的建议有没有用、合不合理，对方能够提出来，都是表示想帮助女性，是他们表示关怀的一种方式。此时，女性就需要控制自己的情绪，不要因为觉得对方没有倾听而向其发火，这会影响男性关心和帮助你的积极性。他们在以后的交往中可能会逃避。他们会觉得："我已经给了你解决问题的方案，你不听，你现在的困境是你自找的。再说，我说了，你又不听，还不如不要听、不要说了。"

对事情的描述要简洁明确，避免唠叨。男性通常觉得唠叨意味着持续性的否定评价，暗示自己能力不足，什么事情都做不好，受到指责。这会影响男性的自尊，妨碍他们在沟通中的积极表现。同时，他们也认为唠叨琐碎，没有重点，不知道要解决什么问题。可以明确告诉男性你不高兴的原因，明确你的要求，但不要一直重复，也可以用行动来代替唠叨。例如，男朋友总改不了乱放东西、不喜欢打扫卫生的毛病。你就不要帮他收拾，不帮他打扫。等他自己觉得生活不方便了，就知道乱放东西不打扫是个大问题。几次之后，他就会改正了。

根据男性喜欢解决问题的心理特点，你可以在和他们的交流中表现出"我可以解决"的态度，和他们一起探讨解决问题的所有方案，评估每个方案导致的后果，决定怎样去做，是否适合去做。同样，当你需要帮助时，你也可以去向男性求助，让他们给你一些建议和解决问题的方法。

1.3 表达尊重

男性重视身份和地位，因此，在与男性的谈话中，可以通过信任对方的能力、欣赏对方的才华、肯定对方的努力来表示对对方的尊重和理解，促进彼此之间的良好关系。

能力与成就是男性评价自己的最重要的指标，而男性在遇到问题之后，往往会进行深入思考，直到确实认为自己需要帮助，才会开口求助，此时他们较容易忽略别人的情绪。如果没有得到男性的允许，就主动施以援手，你的好心就容易被男性理解为对其自尊的破坏。

欣赏对方的才华，就是要在言语上多赞美对方，多鼓励对方。例如，老公在工作中做出成绩，不要大事化小，要多说："老公，你好厉害啊！你真棒！"要是对男性说："你就那点能耐啊！"你们的关系就容易疏远。

要对男性在事业和生活中的努力多表示肯定，这样他们才会更有动力。当男性帮助了你，要多说"谢谢"来传递"我知道你很努力，而且我很感激"的含义，满足男性的情绪需求。当丈夫做了家务，妻子也不要认为是理所当然的事情。如果妻子说"老公辛苦了！上班这么忙还帮我做家务，我好感动哦！"或者"老公好体贴啊，我好幸福啊！"之类的表示感谢的话，男性会做更多的家务。如果男性为你做事，你却认为对方理所应当，男性就没有动力继续为你付出时间和精精力。

2.与女性谈话的注意事项

与女性谈话时,需要优先注意以下几点。

2.1 建立联系,避免对方孤独、被排斥

女性在谈话中重视关系的建立。在日常生活和工作中,你要注意女性同伴和同事是否被孤立,或者和团队减少了联系。例如,丈夫回家可以在打开电视之前先给对方一个拥抱。争吵的时候说“不要让这个破坏我们的关系”来告诉对方,她没有被隔离。虽然独立工作可能有更高的效率,但是鼓励女性一起完成工作能够减少女性同事的孤立感,修复女性与团队的联系。在工作场合向女性透露一些你私人生活的信息,例如你的兴趣、爱好、家庭情况,能够促进彼此的合作。

可以通过聊天来密切你和女性之间的关系。即使是讨论一些无关紧要的事情,完整地回答女性提出的问题,告诉对方你的想法和感受,即使这些想法和感受没有什么实际意义,你说的话没有什么深刻的见解,也能够和女性维持一种关系和亲密感。

在和女性谈话时,不要总是以主导的姿态或者敌对的态度去交流。要在沟通中多询问与女性有关的事情,例如,询问“你在哪儿上的小学啊?”“你今天穿的这件衣服很好看,在哪儿买的啊?”等女性生活中的点点滴滴,发现你们共同的地方,而不是在沟通中争胜。例如,“哦,这么巧啊,我也在那个地方读的小学。”“啊!我也在那里买了一件我很喜欢的衣服。”

2.2 共情倾听,关注情绪

女性谈话的目的在很多时候仅仅是说出来,她需要的是倾听。例如,有位女性在工作中遇到了很多问题,憋在心里很难受,回家就想把它们说出来。如果急着帮对方解决问题,反而容易使事情变得更糟糕。

女:我每天忙死了,好多事情都要限期完成。在这些领导看来,这些事情都只是小事情。可是他们不知道,就是这些小事情,要花好多时间和精力!

男:我早就说让你换工作啦!

女:那怎么行。我喜欢我的工作。而且现在工作也不好找。

男:那你就和你领导反映下,明确地说你的工作太多了啊。

女:哎呀,我现在每天忙得团团转,老板也不会听我解释。家里厨房漏水,你不是说找人去修的吗?怎么还没解决?最讨厌你们这些自以为是的男人了,答应了的事情也不完成。

男:明天我一定找人来修。

女:哎呀,说帮我同学打听事情的,结果忘记了。

男:那明天再打听吧。你这么忙,你同学会理解的。

女(生气):你话怎么这么多啊,能不能听我把话说完。

男:我一直在听,一直在帮你想办法啊。

女(更生气):你走开,从我说话开始你就一直说话,你根本没好好听我说话!

此时，你需要做的是保持目光接触、认真倾听，用“我知道了”“要是我，我也会觉得很痛苦。”“原来是这样啊！”“你好可怜啊！”等来回应对方，而不是急着提出自己的解决问题的方案。即使你感觉不可思议，也要认真倾听。当她开始数落生活中的不愉快，也要有耐心继续听下去，不要急着反驳或者为自己辩护。在倾听时，你可以想象对方所面临的处境，试着从对方的角度去体会并理解她的情绪。

对女性来说，把她们遇到的问题说出来并不是为了解决她们的问题，而是为了纾解她们的情绪。只有当她们的情绪被理解，她们才会更有效率地处理和解决她们面临的问题。高质量的倾听会有助于女性更好地舒缓她们的情绪，使她们感到被理解、被关心、被支持。女性之间进行谈话时，当她们彼此问候“你好吗？”“最近怎样？”之类问题的时候，回应的一方常常会说出自己真实的感受，例如：“我最近情绪有点低落。”“今天找工作不是很顺利。”在女性看来，分享自己的问题，让朋友知道自己真正的困扰，不是表示自己软弱，而是一种分担问题、收集他人观点和意见、获得情感支持的方式。当她们知道对方的困扰之后会更多地考虑对方，而不会减少对对方的关心。

关注女性情绪的一个重要方面是尊重对方的感受，承认对方的感受是真实的。例如，女性被电视剧剧情感动，问你：“如果这种情况发生在我们身上，你觉得会怎样啊？”要是回答：“怎么这么无聊啊，问这么白痴的问题，那是电视啦！”，女性会觉得自己的感受没有被尊重，从而怀疑彼此之间的关系。此时，还不如把对方话语背后的情绪或内容表现出来。例如，你可以说“那个女主角真幸福啊，有这样一个真心爱她的人！”或者“看来你很羡慕她，是不是啊？”可以通过观察对方说话的语气，或者直接询问对方“你感觉怎样？”“你对我们的生活有什么建议？”来了解女性的情绪和需求。

2.3 时常表示关怀，保障安全感

对女性而言，情感的需求中很重要的一项是时常被关怀和关心。这种关怀和关心表现在很多方面，包括情绪被关注、生活上的关心和照料等。普通的一句问候，一道关爱的眼神，一个小小的关怀举动，都能够使对方感受到亲密。例如，帮对方倒一杯水、开一下窗、天气变化的时候询问下对方是否不适，都能增进彼此的关系。和女性交往要“勿以善小而不为”。

对女性的某些行为和想法表示肯定，能让女性觉得自己被支持、被关注。而女性觉得自己被支持，被关注，也就更容易感到自己被关心。因此，当女性做出令你欣赏的事情时，你一定要大声说出来。与男性相比，女性更倾向于认为称赞是令人满意的支持和关注。

和女性交往时，要注意保障对方的安全感。女性没有安全感，会伴随很多负面的情绪和行为，例如，可能会变得多疑、担忧、紧张等，影响彼此之间的沟通质量。要保障女性的安全感，不忽略对方是一个很重要的方面。例如，有时候因为工作，你不得不放弃和女性朋友约好的旅行机会，你直接说“因为工作，实在没办法”，女性可能会觉得“你其实一点也不关心我，觉得我没有工作重要”。换一种说法：“我很期待我们计划的一起旅行,为了保证我们的计划能顺利进行,我也想了很多办法,结果却出去不成了,我很郁闷啊!"把自己遗憾的心情传递给对方,会让对方觉得你还是在乎她,在你心目中她还是很重要的,值得同情的反而是你。在恋爱和婚姻中,多次对女性说"我爱你",也是不断给予女性安全感的行为,让对方对你的忠诚放心。

复习巩固

1.男女两性沟通模式的差异体现在哪些方面?
2.与男性对话,需要注意哪些方面?
3.与女性对话,需要注意哪些方面?

第二节　沟通中的文化差异

中国是一个多民族的国家,不同民族的人能够彼此尊重,进行有效沟通,是社会和谐与稳定发展的重要基础。经济全球化的趋势下,不同国家、不同种族之间的交流也越来越频繁。不同文化间的交流带来文化的融合,但也带来很多新的矛盾与冲突。不同文化间可能因为语言、价值观和沟通风格的不同,导致沟通中出现差异。在跨文化沟通中,由于沟通双方来自不同文化背景,所以对语言和文化的诠释就会千差万别。在跨文化沟通场景中,当不同文化群体成员按各自文化的行为标准来进行接触,将极易导致各种各样的文化冲突。每种文化都有其独特性,都是在不同的社会环境中长期积累形成的,这种独特性是导致跨文化冲突的最主要因素。认识、理解、认同文化的独特性及每种文化的行为取向标准是跨文化沟通成功进行的基本前提。

一、文化与跨文化沟通

"文化"一词在西方源于拉丁语 Cultura(cultus),英语是 culture。该词的本意为土地耕耘和作物栽培,含有经过人类劳动加工,区别与驾驭大自然的意思。后来该词逐步引申为特指人类的心灵、智慧和情操的培养教育,后又泛指一切知识和整个人类社会生活的内容。

著名人类学者泰勒在 1871 年发表的《文化的起源》一书中这样定义文化:"文化或者文明就是作为社会成员的人所获得的,包括知识、信念、艺术、道德法则、法律、风俗以及其他能力和习惯的复杂整体。"

人类学家爱德华·霍尔通过一系列著作对文化进行了更深入的研究。他将文化定义为沟通的一种形式,文化受潜在规则的约束,而且文化中既包括言语,也包括行动。他将文化定义为“人类行为中尚未探测过的巨大区域，它存在于人们知觉认识的范围之外”。Lustig Koester 认为“文化不是生来有之，而是通过与他人的交往学习而习得的，交际是人们在一定语境下创造共享意义的符号转换的释义过程，当重大文化差异对如何满意地交流带来不同的阐释和期待的时候，便会产生跨文化交际”。

1982 年在墨西哥城举行的第二届世界文化政策大会上，联合国教科文组织给文化下的定义是：文化在今天应该被视为一个社会和社会集团的精神和物质、知识和情感的所有与众不同显著特色的集合体，除了艺术和文学，它还包括生活方式、人权、价值体系、传统以及信仰。

目前广为中国学者所接受的定义是：文化有广义和狭义之分，广义的文化是指人类社会发展过程中创造出来的所有物质财富和精神财富的总和，即人类劳动创造的财富的总和。狭义的文化是指包括语言、文字、艺术及一切意识形态在内的精神产品。文化具有抽象性、复杂性和广义性的特点。

跨文化（Intercultural）又称为交叉文化（Cross-culture），是指具有不同文化背景的群体之间的交互作用。跨文化沟通（Intercultural Communication）也叫跨文化交际，是指在一种文化中编码的信息，包括语言、手势和表情等，在某一特定文化单元中有特定的含义，传递到另一文化单元中，要经过解释和破译，才能被对方接受、感知和理解。从心理学的角度讲，跨文化沟通就是在跨文化交流过程中，双方传递和共享意义、信息、感情的过程。跨文化沟通与一般沟通不同，其关键就在于沟通双方的文化背景不同。不同的文化背景所拥有的价值观、沟通风格等带有文化印记的内容有差异，导致了沟通的方式、过程和结果不一致。因此，跨文化沟通中可能经常出现误会、敌意等一系列问题。这些问题给很多初次到国外旅游、留学、访问的人造成很多不适应，例如，因语言不通无法到达目的地，因生活习惯不同产生误会等。当然，即使双方可以使用同一种语言进行沟通，但是如果双方来自不同的文化背景并且对对方的文化不是很了解，误会等问题依然无法避免。

不同文化间的交流需求和人类的历史一样久远，然而，四五十年前人们才真正开始对文化交流进行理论研究，发展出跨文化交际学。跨文化交际学作为一门独立的边缘学科，其诞生有三个标志。一是 1959 年美国人类学家爱德华·霍尔的 *The Silent Language* 的出版；二是 1970 年国际传播学会正式成立了跨文化交际学分会；三是 1974 年《国际与跨文化交际学年刊》创刊。在 *The Silent Language* 中霍尔首次使用了“跨文化交际”这一术语，并被视为跨文化交际学科之父。中国关于跨文化交际的研究是从 20 世纪 80 年代开始的，至今已发展了三十年。学术界一般认为，许国璋于 1980 年在《现代外语》第 4 期上发表的题为“Culturally-loaded Words English Language Teaching”一文，标志着跨文化交际学在中国的诞生。国内研究者在借鉴美国跨文化交际理论、研究方法和实践经验的基础上，结合中国实际，探索我国自身的跨文化交际，为中国的跨文化交流提供更多的理论和实践指导。

跨文化沟通在经济快速发展的今天，除了对人们的日常生活产生影响外，它带来的巨大经济效益引起了更多的关注。几乎每一个跨国企业的发展都无法逃避跨文化沟通问题。

二、跨文化沟通的经典理论

跨文化沟通理论中影响最大的是吉尔特·霍夫斯塔德的文化分类系统，该理论对不同文化的行为标准做出了系统分析，并对跨文化的价值观进行了比较。

吉尔特·霍夫斯塔德

荷兰学者霍夫斯塔德是著名的组织人类学和国际管理学专家，早在1966年，他就开始在IBM公司中进行跨文化沟通的研究，对IBM公司员工做跨文化的价值观分析。他领导的团队进行了2次大样本的调查。一次是从1967年到1969年，一次是从1971年到1973年。他采用的调查问卷是对文化进行综合性调查，共有150多道题，其中60道题涉及员工的基本价值观和信念问题。问卷还包括员工收入、工作安全感、挑战性、自由、合作等工作特性，另外还涉及管理风格等问题。最后，这个团队收集了来自72个国家和地区、使用20种不同语言的1160000份调查问卷。

霍夫斯塔德在调查数据的基础上，研究分析了在同一个大规模的跨国公司内部，来自不同文化背景下的员工所表现出来的不同的行为方式，重点讨论社会文化因素对主管与下属之间权利分配及其关系的影响。研究的目的是为了建立一个理论来描述国家间的文化差异，总结不同国家和民族文化中的差别。霍夫斯塔德认为，不同的群体，不同的国家或地区的人们，共有的心理程序之所以会有差别，是因为他们从小接受不同的教育，有着不同的生活和工作，从而就有了不同的思维方式。他从四个维度分析了不同文化中人们的价值观差异。

1.权力距离

权力距离通常是指某种文化中社会和组织对权力的分配，以及权力较小者对权力分配不平等的接受程度。权力距离是民族文化差异的最典型特征，不同文化对权力距离的强调程度是不一样的。对权力距离越强调的文化，权力的影响越明显，社会等级的差异也越鲜明，人与人之间越不平等，带有权力意义的符号和行为也会更多，不太容忍社会地位上迁的可能性，例如对开会时的座次、称呼的用语等有明确的限制。日本、菲律宾、印度、墨西哥等属于这种强调权力距离的文化。在日本，社会组织较看重地位，上级与下级的称呼之间都能明显地体现等级差异。对权力距离强调低的文化，不太强调地位的差异，人与人之间更平等和一致，价值观念多半是民主、平等的。奥地利、瑞典、美国、以色列等属于这种文化。例如，瑞典是属于权力距离比较小的国家，上下级之间关系比较平等和融洽。员工之间愿意学习和交流，不断实现自我价值。

2.个人主义和集体主义

个人主义重视自身的价值和需要，强调个人的成就、自主性、独立性，依靠个人努力来实现自身的利益。集体主义通常是指以紧密的社会框架为特征，个体是群体中的一员，强调团体的成就、相互之间的依赖和人际关系，通过集体的成功来获得个人价值的实现。个人主义文化中的个体把个人放在首位，对与自我有关的信息更加关注，相对而言个体间的人际关系较松散。集体主义文化中的个体更多地表现出对他人关注的倾向，比较容易维持亲密的自然亲属关系，更强调家庭的重要性和对家庭成员的责任感。

美国、英国等属于典型的个人主义文化的国家，在社会文化中表现为更推崇个人英雄主义。中国、日本、墨西哥等属于集体主义文化，表现为更推崇集体的力量。

3.男性价值和女性价值

男性价值和女性价值主要涉及在社会文化中居于主导的价值标准是传统的男性价值观（如强调物质、权力、地位和影响），还是女性价值观（即强调人际关系的和谐、个人欲望的满足和幸福，人们崇尚关系与合作、友好氛围和职业安全）。强调男性价值感的社会，人们会更关注生活中物质资源的多少，如薪水的高低、住房的大小等，通常性别分化比较明显，男性通常拥有更多的社会资源、更高的权力地位，女性的生活通常受到男性的支配和控制。日本、德国、墨西哥等国家属于男性价值文化。女性价值为主的社会，人们会更关注生活的幸福程度，如我是否能从工作中得到愉悦、居住的地方是否使我感到舒适等，通常强调男女之间的平等，反对性别歧视。瑞典、挪威、芬兰等国家属于这种文化。

4.不确定性规避

不确定性规避是指一个社会感受到的不明确、模糊状态的威胁程度，以及在多大程度上会采取一些措施来避免这些不确定性，即某种文化是否倾向于回避不确定性事物。不确定性规避低的文化，更能容忍未来的模糊性和变化性，欢迎对现状提出挑战。人们对新环境有更好的适应性，更容易接纳他人的不同意见，待人较宽容，不喜欢受诸多规则的限制。不确定性规避高的文化，会希望对一切行为都制定具体的规定，知道会有哪些问题以及如何解决这些问题。人们倾向于在熟悉的环境中生活，并为了避免失败而不乐于承担风险，更倾向于回避反对的意见，更喜欢让人感觉安全和避免模糊的社会规则。比较能容忍不确定性的国家有英国、印度、美国、丹麦、瑞典等，比较不能容忍不确定性的国家有日本、韩国、希腊、葡萄牙、法国等。

随着经济全球化进程的加快和信息技术的推广，跨文化沟通越来越频繁，所以关于跨文化沟通的研究目前仍然是研究的热点问题。

三、跨文化沟通的障碍

有很多因素导致跨文化沟通不顺畅，包括语言因素、沟通风格、非语言因素、民族中心主义、思维模式等。

1. 语言障碍

语言普遍论的核心观点是世界上存在着适用于所有文化的语言规则，支持的证据包括人类语言器官的解剖特征和神经体系都具有普遍性，语言的发展过程具有普遍性，语言的规则具有普遍性。

语言的普遍性使不同语言的沟通存在可能性，但语言是文化的载体，不同的语言带有不同的文化烙印，有不同的文化内涵。在跨文化沟通中，语言的多样性与复杂性是造成沟通障碍的主要原因。沟通中的语言障碍常常表现在语义和语用两个方面。语义方面的障碍主要是由于沟通双方没有掌握对方的语言，沟通过程是通过翻译进行的，而翻译有可能导致意义的流失或误解。例如，我国一家名叫“白象”的电池生产企业在进军国际市场时，把品牌名直接翻译为“white elephant”，导致该产品在市场上出现滞销。原因是英语中“white elephant”表示的是“无用”，翻译上的错误引起误会，导致沟通无法进行。

语用方面的障碍表现为语用迁移，即用本文化的语言规则去套用另外一种文化中的语言。语言使用规则因文化不同而不同，某一文化的标准规范只适用于该文化，需要按其特定的条件加以解释。沟通失败有时就是因为人们缺乏对语言差异的敏感性，无意识地进行了语用迁移。一个典型的例子是 2002 年 2 月 7 日《北京青年报》刊登的一则报道，标题是《中国货在俄罗斯》。文章讲述的是中国某生产炸薯片的企业在跨国推广自己的商品时，因文化之间的差异导致失败的案例。该炸薯片在美国被称为“YAMI”，而在中国则叫作“卡卡”。有一家俄罗斯公司决定购买这种产品，并提供了俄文标准译名，译名就是在美国使用的“YAMI”，并强调按这一译名制作包装，签订了合同。一个月后，几千箱炸薯片用火车运到了俄罗斯，当在场的中俄双方人员打开车厢门，看到外包装纸箱上醒目地印着“KAKA”四个字母时，皆目瞪口呆。因为在俄文中“KAKA”表示的是大便的意思。后来这一特大新闻被报道出来，当地的报纸和电视台都发表了对此事的评论，甚至连俄罗斯全国性主要报纸《共青团真理报》也发布了新闻，报道说:“中国一家企业把大便作为食品向俄罗斯出口。”事发之后，俄方有关人员与该企业进行交涉，质问该公司为什么没有按俄方提供的译名来制作，而是擅自更改译名。该企业解释道，他们专门请了某高校的一位教授对产品的俄文说明书和译名进行核定。该教授认为，“YAMI”一词不具有形象性，而“KAKA”却极具形象色彩，作为一个象声词，会使人联想起吃炸薯片时发出的那种清脆声响，更利于商品的推广，于是这位教授建议该公司把“YAMI”换成了“KAKA”。该案例表明，在跨文化沟通中，不恰当的语用迁移会对沟通产生很大障碍。

2.沟通风格的差异

所谓沟通风格，就是人们在沟通过程中将自己表达给对方的一贯的方式，包括自己喜欢谈论的话题，最喜欢的交往方式，如礼仪、应答方式、辩论、自我表白及沟通过程中希望达到的深度等。它还包括信息的意义是通过语言和内容来进行传递，还是通过手势、语调、语速等情境因素来表达。

不同的文化有不同的沟通风格，沟通风格的差异往往会影响沟通的方式和效果。例如，有的文化强调直截了当的沟通，有的文化强调含蓄、委婉的表达；有的文化倾向于以自己的体验来开展谈话，有的文化喜欢以他人的经历来作为谈话的基础。

2.1 高情境与低情境

著名的社会学家爱德华·霍尔在1976年提出了高情境沟通文化与低情境沟通文化的概念，根据沟通过程中对情境的依赖性来区分这两种不同的沟通风格。霍尔创造了“高情境”和“低情境”这两个术语，用以描述某种文化的共同模式和偏好。高情境文化是指沟通的信息主要是通过表达的方式、手势、语调等情境因素来传递，语言传递的信息只是很小的一部分。低情境文化中的信息主要通过直接而明确的语言来传递，对情境因素的依赖少。高情境、低情境只是沟通风格的倾向性不同，这两种情境存在于一切文化中，其中一种占主导。

高情境文化和低情境文化导致沟通出现问题的一个典型例子是日本和美国的贸易谈判。美国谈判者的沟通方式属于低情境的沟通方式，日本谈判者的沟通方式属于高情境的沟通方式。在谈判中，美国谈判者会直截了当地提出自己的要求，关注谈判的成功。而日本谈判者则主要使用非语言的谈判方式，重视双方之间关系的建立。在推销商品时，美国谈判者往往不等日本买主做出反应，就提出新的提案，因为日本贸易谈判代表的点头和沉默，常常让美国谈判者无法理解。他们发现，无论日本谈判者同不同意新的报价都会不断点头，而且他们不明白日本谈判者表示出的沉默是代表不同意还是在思考，所以往往最终以妥协告终。其实，日本人的点头只是一种礼貌性的反应，不代表同意，他们通过点头的行为鼓励美国谈判者提出新的报价。

2.2 直接与间接

不同文化在沟通风格上的另一个显著差异就是直接和间接。直接的沟通风格一般是用清晰的语言明确地传递信息，并且倾向于重要信息重点讲或先讲。间接的沟通风格是用含糊、含蓄的语言传递信息，倾向于通过微妙方式暗示关键信息。例如，向朋友借钱这件事上，美国人会马上切入主题，用清晰的语言表述自己的目的，他们会说：“John，I want to borrow 200 dollars”。而中国人往往会先做一番铺垫，营造一种“含而不露”的氛围，让对方自己意会，他们会这样表述：“工资还有一段时间才能发，但是一大家子都还在等着我养活，你看……”真正要表达的内容隐含在语言营造出的氛围内，没有直接表述出来。美国人讲求实效，他们通常会避免过长的问候语和告别语，离题太远或是花大量的篇幅来描述事情的来龙去脉，都会让美国人觉得不耐烦。而中国人认为把问题直接提出来，会让对方觉得尴尬，是一种不礼貌的表现。

3.非语言沟通障碍

非语言沟通是指通过人的手势、各种姿势（身势）、面部表情等“无声言语”传递信息的过程，或是通过使用不属于语言范畴的方法和手段来传递消息的过程。非语言沟通不仅包括手势、面部表情、人们对时间和空间的看法，还包括交际时的音高、语调等，甚至还包括交际参与者的穿戴和交际发生时的环境。在跨文化沟通中，沟通的手段不仅仅是语言，还有很多非语言的沟通方式。David Abercrombie 指出：“我们用发音器官说话，但其实是我们整个身体在交谈。”心理学家 Mehrabian 也提出：“谈话中的93%的意义是通过非语言形式传递的。”由此可见，非语言沟通方式在人际互动中是很重要的。

不同文化背景的国家对非语言沟通方式的使用偏好不同。在高情境文化的国家，沟通双方非常重视非语言沟通，语言只传递了很小的一部分信息，其余部分依靠听众自身的理解来补充。而低情境文化的国家，人们较多使用直接性的沟通方式，运用清晰、准确的语言来传递信息。

非语言行为能传递大量的信息，它既是社会关系的反映，又是行动及感情的暗示。很多非语言行为在不同的文化中有共同之处，例如微笑和伸出手都表示欢迎；皱眉头表示不满或厌恶；挥手表示再见等。但是，也有很多非语言行为在不同的文化中传达的是不一样的意义，例如掌心向下、手指连续弯曲的手势，在中国文化中表达的是招呼对方靠近，而在美国文化中则表示呼唤小动物过来；“OK”手势在美国文化中表示“很好”、“同意”的意思，而在法国文化中则代表“零”或“毫无价值”，在日本文化中表示“钱”，在泰国意味着“没问题”。可以看出，当非语言行为的意义不一致时，交流很难实现。

4.民族中心主义

民族自我中心主义在跨文化交际领域又可称为民族/群体中心主义。它是由两个希腊词根 ethos（民族）和 ketron（中心）组成，指以某人所处的文化为评判其他文化的价值标准，即用本族文化的观点和标准去理解和衡量不同文化成员的行为，或者指个人认为本民族文化优于其他文化。威廉·格雷厄姆·萨姆纳 1840 年曾对这一概念进行比较详细的解释。他认为民族中心主义是指某个民族把自己当作世界的中心，把本民族的文化当作对待其他民族文化的参照系，以本民族的文化标准来衡量其他民族的行为，并把本民族文化与其他文化隔离开来。民族中心主义产生于民族情感，这种情感有积极性和创造，它能使整个民族更加团结，资源上更加集中。但是当民族情感过度，就会产生民族中心主义。民族中心主义导致沟通双方缺乏跨文化意识，缺乏对文化差异的敏感性，一味地以本民族文化的模式看待其他文化，从而造成误会，使沟通无法继续。

5.思维模式差异

思维从广义上来讲是人脑对客观现实概括的和间接的反映，它反映的是事物的本质和事物间规律性的联系。

西方人的思维是直线式的，注重抽象逻辑思维，擅长运用抽象的概念表达具体的事物；东方人的思维是曲线式的，习惯用形象的事物表达抽象的概念。英语中常用概括的词来表达理性概念，给人以“虚”“泛”之感；汉语习惯用具体形象的词来表达虚的概念，如“草木皆兵”，给人以“实”“明”的感觉。

思维模式的差异还表现在用整体性、系统性的表达还是使用具体的、个性的表达。中国人在很多事件的报道中总喜欢以“全体人民”、“全体师生”、“全体部门”开头，营造一种团体的氛围和声势，体现整个群体的团结一致。西方人喜欢从个人的角度出发，采用个案来传递他要表达的意思和信息。

拓展阅读

整体式思维与分析式思维

著名跨文化心理学专家 Nisbett 和彭凯平教授等人指出，以中国人为代表的东方人的思维方式是整体式的，而以美国人为代表的西方人的思维方式是分析式的。

所谓整体式思维，是把背景或领域作为一个整体，包括注重客体与背景之间的关系，更偏重于把事件放在事物的关系中进行解释和预测。整体取向依赖于以经验为基础的知识，而不是抽象的逻辑和辩证性思考。它强调的是变化、矛盾的识别，多重观点的需要，以及在对立的观点中寻找折中。中国是一个比较强调整体式思维的国家，在它文化的各个方面都有所体现，例如儒家的中庸思想、中医的全面调理思想。

所谓分析式思维，是把客体从它所处的背景中分离出来，聚焦于对客体进行分解和分析；倾向于根据规则对客体的行为进行解释和预测；倾向于在内容脱离语境的结构中进行推理，使用形式逻辑，避免矛盾。美国是一个强调分析式思维的国家，注重对具体和个别的分析。

复习巩固

1.不同文化的人的价值观差异体现在哪些方面？

2.哪些因素容易导致跨文化沟通的障碍？

本章小结

性别会影响沟通。性别主要包括生理性别、性别角色和性取向。沟通中的性别差异主要表现在男性比女性更多采用高权力语言形态;在谈话中男性倾向于强调身份地位,女性强调亲密和对等的关系;男性强调解决问题,女性强调表达情绪;男性更多地使用工具性表达,女性更多地使用表意性表达。

采用符合男女两性沟通特点的谈话方式进行沟通更容易促进关系,提高沟通的质量。例如,和男性谈话时,要注意维护他们的身份地位,尊重他们的独立性;话语要简洁明确,关注事实,将注意力集中于要解决的问题上;表达出对对方的尊重。和女性谈话则需要避免排斥对方,不要让女性感受到孤独;要认真倾听,理解其谈话背后蕴含的情绪和需要;要时刻表现出对女性的关心和关怀,保障其心理上的安全感。

随着社会开放程度的加深,跨文化沟通变得越来越频繁,文化对沟通的影响也日益显现出来。霍夫斯塔德的研究显示,不同文化中体现出的权力距离大小、个人主义和集体主义价值观、男性价值和女性价值、不确定规避会深刻地影响沟通。语言、沟通风格、非语言行为、民族中心主义和思维模式的差异则会导致跨文化沟通的障碍,需要在跨文化交流中加以注意。

本章关键词语

性别与沟通　男女两性沟通模式　工具性谈话　表意性谈话　文化　跨文化沟通　跨文化沟通障碍

章后练习

1.以下哪个术语不属于性取向(　　)

A.同性恋　　B.异性恋　　C.双性恋　　D.变性恋

2.下面男女两性沟通差异的描述中,正确的是(　　)

A.男性和女性每天说话的单词数量是差不多的

B.女性比男性更多地表露自己的情感

C.女性比男性问更多的问题

D.以上都是

3.下面属于表意性交谈的例子是(　　)

A.“你最好明天就去找主任把事情办完。”

B.“我很感激你。感谢你在我最困难的时候帮助我。”

C.“你都和她分手了,再纠缠下去有什么意义呢?”

D.“如果我是你的话,我会选择不去参加那个会议。”

4.那些拥有满意、幸福伴侣的夫妻通常(　　)

A.工具性特征高,表意性特征低

B.工具性特征低,表意性特征高

C.工具性特征高,表意性特征高

D.工具性特征低,表意性特征低

5.太太回家就对老公说:"今天逛超市,碰到张太太,她开口就讲我胖了很多,气死我了。"丈夫哪种回应方式较为妥当(　　)

A.沉默不语

B."哎呀,人家随口一句,你也气成这样啊!"

C."就是啊,我也被人说胖,张太太怎么能随便说人呢,真是太过分了!"

D."看来你要减肥了。"

6.丈夫下班回家,妻子见其脸色不好,哪种回应方式较为妥当(　　)

A ."如果你想和我说话,我随时奉陪。"然后沉默不语,做自己的事情。

B ."怎么了,你还好吧?"

C ."今天发生什么事了,你说给我听听。"

D ."你到底怎么啦? 跟我说说话。"

7.在高(　　)文化中的人们相信特定的个人和群体比别人拥有更高的权利。

A .权力距离　　B.情境语境　　C.女性价值　　D.表意性特征

8.寻找第一名反映的是(　　)的文化观点。

A .集体主义　　B.个人主义　　C.男性价值　　D.女性价值

9.高度女性化的文化比高度男性化的文化更看中(　　)

A .成就　　B.社会地位　　C.金钱　　D.抚育后代

10.从小被教育没有任何人有特权的文化属于(　　)

A .高权力距离文化　B.低表意性文化　C.低利力距离文化　D.高语境文化

第七章　沟通中的情绪

情绪是日常生活中常见的心理现象，在人类生活中扮演重要角色。情绪能够不同程度地影响沟通。动不动就生气会使沟通不畅，破坏你和他人的关系，而稳重和富有安全感的沟通有助于预防或解决问题。在本章中，你将会学习到：

(1)情绪与沟通，主要包括情绪的界定，情绪如何影响沟通；

(2)情绪表达，学习如何在沟通中恰当地表达自己的情绪；

(3)情绪管理，了解如何在沟通中管理自己的情绪。

第一节 情绪与沟通

在现实生活中，人们有时会感到高兴和喜悦，有时会感到悲伤和忧虑，有时会感到气愤和憎恶，有时会感到爱慕和钦佩，有时会感到孤独和恐惧等等。这些都是人的情绪过程。

一、情绪的性质与特点

1.情绪的概念

情绪是极其复杂的心理现象，它有着独特的心理过程。“情绪”出自拉丁文的“emotum”，是指古时候人们看到树上有蜂窝，用树枝去捅蜂窝，蜜蜂一下倾巢而出的情景。德国莱比锡大学心理学系教授冯特博士是世界上第一位用科学实验来研究情绪的专家，他了解情绪的特性之后，发现用“emotum”倾巢而出的原意来形容情绪再恰当不过了，就引用“emotum”来指代情绪这个词。这也是英语中“emotion”一词的由来。

情绪是人对客观事物的态度体验及其相应的行为反应。情绪同认识活动一样，也是人脑对客观现实的反映。情绪反映的是一种主客体关系，是作为主体的人的需要和客观事物之间的关系。情绪以主观态度体验的方式来反映客观对象，并伴随有身体的行为表现和生理变化。需要是情绪产生的重要基础。按照需要是否获得满足，情绪具有肯定和否定的性质。凡能满足已有需要或促进已有需要得到满足的事物，便能引起肯定情绪；凡不能满足已有需要或阻碍已有需要得到满足的事物，便会引起否定情绪。

2.情绪的分类

心理学家认为情绪本身是非常复杂的，因此要对情绪进行准确的分类就显得尤为困难。我国古代有喜、怒、忧、思、悲、恐、惊的七情说。美国心理学家普拉切克提出了八种基本情绪：悲痛、恐惧、惊奇、接受、狂喜、狂怒、警惕、憎恨。还有的心理学家提出了九种类别。许多研究者对此进行了长期的探索，其中有两种分类方法颇具代表性。

2.1 依据情绪的性质分类

依据情绪的性质，情绪分为快乐、愤怒、悲哀、恐惧四种基本情绪，在以上四种基本情绪之上，可以派生出众多的复杂情绪，如厌恶、羞耻、悔恨、嫉妒、喜欢、同情等。

2.1.1 快乐

快乐是目的实现后，继之而来的紧张解除时的情绪体验。由于需要得到满足，愿望得以实现，心理的急迫感和紧张感解除，快乐随之而生。它是具有正性享乐色调的情绪,使人产生超越感、自由感和接纳感。快乐有强度的差异,从满意、愉快到大喜、狂喜,这种差异和所追求的目的对自身的意义以及实现的难易程度有关。

2.1.2 愤怒

愤怒是由于受到干扰而不能达到目标时所产生的情绪体验。愤怒时紧张感增加,有时不能自我控制,甚至出现攻击行为。愤怒也有程度上的区别,一般的愿望无法实现时,只会感到不快或生气,但当遇到不合理的阻碍或恶意的破坏时,愤怒会急剧爆发。具体来说,愤怒的程度依次是:不满、生气、愠怒、愤、激愤、大怒、暴怒。

2.1.3 悲哀

悲哀与失去所盼望、所追求的东西或目的有关,是在失去心爱的对象或愿望破灭、理想不能实现时所产生的体验。悲哀情绪体验的程度取决于对象、愿望、理想的重要性与价值。悲哀的程度依次是:遗憾、失望、难过、悲伤、哀痛。悲哀所带来的紧张的释放会产生哭泣。当然,悲哀不总是消极的,它有时能够转化为前进的动力。

2.1.4 恐惧

恐惧是一种有机体企图摆脱、逃避某种情景而又无能为力的情绪体验。恐惧是因为周围有不可预料、不确定的因素而导致的无所适从的心理或生理的一种强烈反应,是人与动物才有的一种特有现象。恐惧往往是由于缺乏处理、摆脱可怕情景的力量和能力而造成的。

2.2 依据情绪状态分类

依据情绪状态,情绪可分为心境、激情与应激。

2.2.1 心境

心境是一种微弱、弥散和持久的情绪。心境的好坏,常常是由某个具体而直接的原因造成的,它所带来的愉快或不愉快会保持一段较长的时间,并且把这种情绪带入工作、学习和生活中,影响人的感知、思维和记忆。愉快的心境让人精神抖擞,感知敏锐,思维活跃,待人宽容;而不愉快的心境让人萎靡不振,感知和思维麻木,多疑,看到的、听到的全都是不如意、不顺心的事物。

2.2.2 激情

激情是一种猛烈、迅急和短暂的情绪。激情是由某个事件或原因引起的当场发作,情绪表现猛烈,但持续的时间不长,并且牵涉的面不广。激情通过激烈的言语爆发出来,是一种心理能量的宣泄,从较长的时间来看,对人的身心健康的平衡有益,但过激的情绪也会使当时的失衡产生潜在的危险。特别是当激情表现为惊恐、狂怒而又爆发不出来的时候,容易出现全身发抖、手脚冰凉、小便失禁、浑身瘫软等症状。

2.2.3 应激

应激是出乎意料的紧张所引起的情绪状态。在突如其来的或十分危险的条件下,必须迅速地、几乎没有选择余地地做出决定的时刻,容易出现应激状态。当人面临危险或突发事件时,身心会处于高度紧张状态,引发一系列生理反应。在应激状态下,人可能有两种表现：一种是目瞪口呆，手足无措，陷入一片混乱之中；一种是头脑清醒，急中生智，动作准确，行动有力，及时摆脱困境。对付应激状态是可以训练的，但应激的状态不能维持过久，因为这样很消耗人的体力和心理能量。若长时间处于应激状态，可能导致适应性疾病的发生。

3.情绪的过程

美国心理学家伊扎德认为，情绪包括生理层面上的生理唤醒、认知层面上的主观体验、表达层面上的外部行为。当情绪产生时，这三种层面共同活动，构成一个完整的情绪体验过程。情绪与有机体的需要联系紧密，它是以需要为中介的一种反映形式。客观世界的某些刺激并不全都能引发人的情绪，只有与人的需要有直接或间接联系的事物，才使人产生情绪。

3.1 生理唤醒

人在产生情绪反应时，常常会伴随着一定的生理唤醒。生理唤醒是指情绪与情感发生时的生理反应，它涉及一系列生理活动过程，如神经系统、循环系统、内分泌系统等活动。20 世纪 80 年代，艾克曼等研究人员让被测试者用面部肌肉来表达愉快、发怒、惊奇、恐惧、悲伤或厌恶等情绪，同时给他们一面镜子，以辅助他们确定自己面部表情的模式，要求他们把每一种表情保持 10 秒钟，并对他们的生理反应情况进行测量。结果表明，各种面部表情的生理反应存在明显差异。保持发怒和恐惧的表情时，被测试者心率都会加快。保持发怒的表情时，被测试者的皮肤温度会上升。保持恐惧的表情时，被测试者的皮肤温度则会下降。另一些研究表明，许多情绪都使人的心率加快：发怒时，被测试者脖子以下发热，感觉热血沸腾；恐惧时，被测试者骨子里发冷、浑身发凉。

3.2 主观体验

主观体验是个人对不同情绪状态的自我感受，喜、怒、哀、惧等每一种情绪都有不同的主观体验，都代表了人们对特定事物的不同感受，也构成了每个人情绪的心理内容。当一个人处于某种情绪状态时，当事人都能体验到，而且每个人体验到的情绪内容、性质、强度等都是主观的。正是由于只有当事人才能真切地体验到不同情境引起的不同情绪，局外人虽然能够从当事人的反应（如表情、姿态、行为等）上察言观色，细心揣摩出其情绪状态，但不能直接通过具体刺激来推测其情绪。因为外部刺激与情绪反应之间存在着其他中介因素，如感觉、认识、评价等，所以标准化的外部刺激所引起的当事人的情绪反应难以标准化。例如，某企业员工因工作成绩突出，意外领到奖金 5000 元，该员工可能会兴奋不已，但他身边与他有竞争关系的同事，也可能因没有拿到奖金而懊恼。作为人们的主观体验，一方面情绪具有不可控制的特点，因此情绪往往“不由自主”地影响人们的心理生活；另一方面，既然情绪是一种主观体验，人们就能够通过自主调节来影响这种体验，这也为更美好的生活提供了可能。

3.3 外部行为

在情绪产生时，人们还会出现一些外部反应过程，这一过程也是情绪的表达过程。例如，高兴时会开怀大笑，激动时会手舞足蹈，悲伤时会痛哭流涕等。伴随情绪出现的这些相应的身体姿态和面部表情，就是情绪的外部行为。它经常成为人们判断和推测情绪的外部指标。由于人类心理的复杂性，有时人们的外部行为会出现与主观体验不一致的现象。例如，有的人能做到内心紧张惊慌，但外表却镇定自若。

学者 Paul.Ekman 和 W.V.Friesen 走访世界各地，研究各种文化背景下的人。通过研究国外城市、偏远岛屿和与世隔绝的丛林中的人，他们发现人类至少有七种情绪，并且有些外部行为具有跨文化的一致性。例如，人们高兴时的面部动作包括：嘴角翘起，面颊上抬起皱，眼睑收缩，眼睛尾部会形成“鱼尾纹”。伤心时的面部特征包括眯眼，眉毛收紧，嘴角下拉，下巴抬起或收紧。害怕时，人们的嘴巴和眼睛张开，眉毛上扬，鼻孔张大。愤怒时人们通常眉毛下垂，前额紧皱，眼睑和嘴唇紧张。厌恶的表情包括嗤鼻，上嘴唇上抬，眉毛下垂，眯眼。惊讶时，下颚下垂，嘴唇和嘴巴放松，眼睛张大，眼睑和眉毛微抬。而轻蔑的特征就是嘴角一侧抬起。

生理唤醒、主观体验和外部行为作为情绪的三个组成部分，只有三者同时活动，同时存在，才能构成一个完整的情绪体验过程。

二、情绪对沟通的影响

1.情绪上的感染力能决定沟通的效率与影响的力度

情绪在一定程度上能够决定沟通的效率和影响力度。在我们的日常生活中，常常有这样的体验，当你心情很差的时候，别人给你任何意见你都很难听进去；当你心情愉快的时候，你则比较容易接纳他人的意见。这就是情绪对沟通效率的影响。

很多人在沟通时，一直将重点放在自己的信息、材料与逻辑上，他们也常常觉得很困惑，自己讲得这么清楚，怎么对方却不能理解呢？其实，人是“知、情、意”的统一体。其中，“知”是指认知，在沟通中主要指的是所传递的信息与材料；“情”是指情感、情绪；“意”是指意志，是当方向确定以后，努力地排除困难，付诸行动，直到达到目标为止的决心与毅力。正因为人是“知、情、意”的统一体，在沟通中，完备的材料、信息、知识固然重要，阐述观点时的方式、语气和表情以及双方在情绪上的感染力对沟通也具有重要的影响。例如，如果说话者所讲的内容自己都不相信，说话的语气比较犹豫、迟疑，或者表现得好像不得不讲，就很容易给听话者产生一种印象，认为他们只是出于礼貌不得不听，最后，弄得讲的人白讲，听的人白听。为什么会这样？因为“连他自己都不信”，不够真诚、确定的事实，透过情绪感染力，被别人感受到了。

其实，人和人交往是很容易发生情绪感染的。例如，今天你宿舍的室友很高兴，你也很容易感受到高兴；如果今天和你一起生活的朋友心情很糟，你也容易觉得心情很糟。美国夏威夷大学的心理系教授埃莱妮·哈特菲尔德和她的同事经过研究发现，包括喜怒哀乐在内的所有情绪都可以在极短的时间内从一个人身上感染给另一个人，而且这种情绪感染的传递速度非常快，比较隐蔽，甚至连当事人都不会察觉到这种情绪的蔓延。因为情绪感染的存在，隐含在说话者话语中的情绪信息会被传递出来，从而影响沟通的效率。例如，当一个演讲者用热情、充满自信的话语进行演讲，让听演讲的人感觉到尊重，感觉到安静、舒畅，那么听演讲的人会更倾向于认为演讲者的演讲特别有说服力。我们在日常生活中也会发现，那些能够保持冷静与泰然自若的神态的人，能够更有效地与他人进行沟通。

2.强烈情绪对沟通和人际关系有不良影响

沟通不只是信息的传播，更是情感的交流。由于人是情感的动物，行为模式容易受到情感的影响，因此在沟通中，也容易受到情绪的影响。有研究表明，在人际沟通中，70％处理的是情绪信息，30％处理的是内容信息。如果沟通中情绪问题没有解决，会严重影响沟通的效果。例如，教育家阿黛尔·费伯就主张，成人与儿童的沟通中，要优先处理儿童的负面情绪，只有儿童的情绪问题被解决，他们才能理智地解决他们面临的问题。在我们的日常生活中，也能看到许多强烈情绪特别是强烈负性情绪影响沟通的例子。例如，有些人为一些鸡毛蒜皮的小事发生争吵，场面惊心动魄、火药味十足；有些人经常信奉“人争一口气，佛争一炉香”，对他人的情绪反应很激烈，尤其是中国人对面子问题有根深蒂固的旧观念，经常会因为一些所谓的面子问题起争执，导致邻里不睦，家庭不和，影响人际关系。过于高兴，也容易导致沟通问题。俗话说，乐极生悲，就是过度高兴影响沟通的例子。

强烈情绪对沟通和人际关系的不良影响，与情绪本身的特点有关。首先，情绪对沟通的影响具有隐蔽性。人们通常不容易察觉情绪对我们自身想法、观点和认知的影响，也不容易了解情绪对每个个体的沟通模式的影响。例如，你还没有察觉到你自己的愤怒时，别人可能早就注意到你颈部肌肉已紧张起来，脸部开始涨红，说话声音也变了调。其次，情绪具有伪装性。有的时候我们做出的行为反应，在我们看来是自然而然的，是经过理性思考的，但这种行为反应可能是过去某种情绪经验的反应，当面临类似的情境时，我们根据过去的经验做出反应，却误以为我们的反应是理性的、顺理成章的。最后，强烈情绪特别是负面情绪具有破坏性和夸大性。当我们产生负面情绪时，会诱发我们的负面思维，从而夸大自己的不良感受、扩大事件对自己的不良影响，有时甚至会在后续的事实描述中产生颠倒黑白的现象。例如，研究发现，一些在学校常被欺负的儿童，会更容易将他人的行为理解为攻击行为，从而使他们的人际关系变得更差，变得更容易被欺负。

生活中的心理学

公交狂躁症

我们常常听到和看到一些发生在公交车上的暴力事件，而这些事件往往是乘客因为一些小事就短暂性爆发狂躁情绪引发的，这就是公交狂躁症。公交狂躁症者平时的行为举止显得比较有修养，但到了公交车这样一个公共场合却一反常态。导致公交狂躁症的原因可能是交通拥挤、赶时间等，一旦发生拥挤碰撞等就自然找到一个爆发点，情绪失控。公交车是一个公共场合，观众效应也是诱发公交狂躁症的一个原因。所谓观众效应，指由于他人的存在会使人的心理发生微妙的变化的心理特征。这种变化有积极和消极两种趋势。当发生积极的变化时，即在有人的情况下，会表现得比较好，心理学上称为社会促进效应。发生消极的变化时，即“人来疯”类的人，越是人多，行为表现越是怪诞，称为社会干扰效应。与公交狂躁类似的还有公路狂躁症，是汽车司机在公路上表现出的疯狂超车、超速、疯狂按喇叭，在极端情况下用车子撞人等行为。公路狂躁症也较普遍，男性与女性的频率相当，且主要发生在25岁以下的司机身上。其实，每个人都有可能在遇到让自己不舒服、不顺心的事情时，由于情绪变坏而与他人发生冲突，关键是要学会自我调节，让自己的心理经常处于平衡状态，才能避免类似事件发生。

复习巩固

1.情绪有哪两种主要的类型？

2.根据美国心理学家伊扎德的观点，情绪的过程是怎样的？

3.情绪对沟通的影响体现在哪些方面？

第二节　情绪表达

情绪表达对沟通和人际关系有重要的影响。有许多研究认为，良好的情绪表达能有效地促进沟通，增进人际关系。例如，Flioyd就曾指出，能够良好表达情绪的人比不能良好表达情绪的人更快乐、更自我肯定，在生活中也不容易感受到压力，也不容易沮丧。在人际关系方面，能够良好表达情绪的人比不能良好表达情绪的人较少感受到人际关系的孤立，相反，他们更容易在人际关系中体验到亲密，也比较容易接受别人的感情，有更满意的朋友关系、家庭关系和恋爱关系。也有研究表明，那些不善于表达情绪的人和那些抑制自己情绪的人，较容易患抑郁症、心脏病、癌症等疾病。此外，过度表达情绪，也容易损害健康。例如，当人激动时，他们的血压会升高。建设性地表达情绪，不仅能带来事业和生活上的成功，也能帮助个体心情更佳，生活满意度提升。

一、影响情绪表达的因素

1.性别

生理性别和性别角色对情绪表达有着重要的影响。生理性别是检测和解释情绪表达能力的有效预测指标，比教育程度、文化等更能有效预测情绪表达能力。有关情绪表达的大量研究都显示，在许多文化中，男性不善于表达情绪，而女性则较善于表达情绪。还有研究显示，女性能比男性更好地完成情绪回忆任务。在许多文化中，男性比女性更多地表现出愤怒等敌对情绪。相反，女性要比男性更多地表现出恐惧、难过、羞愧和内疚等意味着脆弱的情绪。不管是同文化还是跨文化的研究都发现，男性和女性在一些情绪的表达方式上也有不同。女性比男性更善于表达积极情绪，如快乐和爱，比男性更容易表达难过和沮丧的情绪。总之，文化间的一致性说明了情绪体验的性别差异是有生物学原因的。

情绪表达既受生理性别影响，也受性别角色的影响。一些研究人员认为，传统的女性化是鼓励女性表达有利于促进关系的情绪（如开心），或者使她们看起来比较脆弱的情绪（如悲伤），而抑制她们看起来很强势的情绪（如愤怒）。而传统的男性化鼓励男性表达愤怒而抑制其他情绪。例如，在一项研究中发现，女人味十足的女性比具有男子气概的女性更善于表达消极情绪，包括内疚、难过、悲观和自我反感。相对而言，具有男子气概的男性比女性化的男性更容易产生社会性退缩情绪、不满情绪以及自杀念头。有研究也发现，与传统性别角色的男女相比，具有男子气概的女性和女性化的男性都会更多地表现积极情绪。总之，这些观察和研究表明，传统的性别角色会影响沟通中情绪的表达。

2.社会习俗

情绪表达受到许多社会规范的影响。例如，销售人员必须要对顾客展现笑容，不论顾客多么令人反感；工作场所必须理性行事并且情绪控制得宜等。人们通常习惯于分享正向的情绪，例如，夸奖、赞扬他人（“你的歌唱得真好，把这首歌的意境都表现出来了，就好像看到了真实的画面一样。”），或者给别人留面子（“我很抱歉让您久等了。”）。同时，我们很少直接向交谈对象表达负面情绪（例如，“你太让我失望了”“我都快要被你逼疯了。”）。

不过，有些社会规范也禁止太多的正向情绪表达。例如，在中国传统社会中，夫妻之间像“我爱你”这样单纯的表达也并不常见。一个小男生可以和父亲牵手，甚至对母亲拥抱亲吻，但随着年龄的增长，亲人之间的这种积极情感的表露越来越少。

3.情绪智力

情绪智力，是心理学家丹尼尔·戈尔曼提出的概念，通常人们将此概念简化为“情商”，是指准确地感知和表达情绪，使用情绪促进思想表达，理解情绪、管理情绪以及增进感情的能力。具有高情绪智力的人能够很快感受到自己和他人的情绪并关注他人的情绪，随之决定如何反应。大部分研究都显示，情绪智力高的人往往比情绪智力低的人更善于表达热情、爱以及其他亲近型情绪。很多取得成就的人士，并不依靠其天才的智商，而是靠着了解和管理自己的情绪，体察他人的情绪而成功的。例如，一些研究发现，具有高情绪智力的销售员往往比低情绪智力的销售员能够获得更多的业绩。用情绪智力作为聘用或晋升管理职位的基本标准往往也会很奏效。研究还发现，对管理人员进行情绪智力的培训也有利于提高生产率，减少员工抱怨。

影响情绪智力的一个因素是述情障碍。具有述情障碍的人在理解、加工和描述情绪时存在困难，他们往往不能很好地理解自己的情绪，经常面无表情、冷淡；他们也不关心他人的感觉，可能会避免发展亲密的人际关系。即便是在已确定的关系中，述情障碍也会削弱人际关系的满意度，因为述情障碍使双方都很难理解彼此的感受。根据目前的研究结果，述情障碍的发生率约为5％～9％，并且男性和女性都可能会出现述情障碍，没有显著的性别差异。

4.个性

个性与情感的表达有显著的关联性，例如，外向的人比内向的人更容易表达正面的情绪。研究表明，个性的三个方面即宜人性、外向性和神经质会影响情绪表达。

宜人性是指个体对其他人所持的态度，包括对他人是否有同情心、是否信任他人、是否具有复仇心等。宜人性高的人通常被认为是很讨人喜欢、随和、友好、慷慨大方并且是具有合作意识的人。和普通人相比，高宜人性的人更加快乐，能更好地处理压力和情绪；更加重视合作与人际关系的和谐；更多地通过建设性的方式管理冲突。

外向性的人通常表现出快乐、乐观、乐于与人接触。他们更加享受社交，他们通常善于言谈，高度自信和热情，往往关注他人或情境的积极方面，因此，外向性的人比内向性的人更容易在生活中表达出正面的情绪。

神经质是指对自身有消极想法的倾向。神经质的人通常具有易紧张、好激动、多愁善感、敏感多疑、容易沮丧等特点，他们容易担心、焦虑、牵挂，通常看到事情消极的一面，把大部分注意力放在消极的事情上，因此，神经质的人比一般人更易于感受消极情绪，如愤怒、内疚、忧虑和沮丧，他们往往也很难快乐。同时，他们在管理和控制自身的情绪方面也不太成功，更容易在日常生活中表现出负面情绪。

5.父母的情绪教导方式

有观点认为成人的情绪表达能力与童年时父母的情绪教导方式有关。父母的情绪教导方式可以分为情绪教导型和情绪疏离型。情绪教导型父母很懂得帮助孩子去抒发和调节情绪;情绪疏离型父母则压抑孩子的情绪,使孩子不懂得如何正确处理自己的情绪问题。例如,当孩子因心爱的狗死了,非常伤心,在那里痛哭。情绪教导型父母会说:“狗死了,你好伤心,是不是?”而情绪疏离型的父母会说:“狗死了,换一条就好了,哭什么!”当孩子在学校被欺负了,情绪教导型父母会说:“被同学欺负了,你很伤心,是吧? 你是怎么被欺负的呢?”而情绪疏离型的父母会说:“全校这么多同学,怎么只有你被欺负,肯定是你不好,先欺负了别人。”情绪教导型父母养育的孩子成年后通常有好的沟通能力和更满意的人际关系,而情绪疏离型父母养育的孩子成年后在沟通能力上通常也会存在很大问题,较之于前者更不容易获得良好的人际关系。由此可见,两种截然不同的教育方式会对儿童的情绪处理产生巨大的影响,甚至影响其成年后的情绪表达能力。

二、沟通中情绪的表达

1.辨认情绪

辨认自己的情绪是最重要的情绪沟通技能。研究表明,那些能够明确识别自身情绪感受的人,能用有效的方式管理情绪,能够发展出处理这些情绪的策略,不管这种情绪是生气、紧张、难过、羞愧还是内疚。至少有三种方法能够帮助我们辨认情绪:倾听你的身体、关注你的想法、观察你所处的情境。

1.1 倾听你的身体

关注身体的变化能帮助我们辨认情绪。情绪会引起生理变化,尽管不同的情绪会引发非常相似的生理变化,但是了解身体如何反应会有助于你判断自己的情绪是什么。例如,在感受的基础上,你能了解到嫉妒引发的生理变化与愤怒、高兴、厌恶和惊奇是不同的,因此,理解生理反应能够帮助你确定自己所体会的情绪感受是什么。通过观察身体各部位情况,能从中得到有关自己情绪的重要信息。例如,肠胃不适、手心冒汗、下巴肌肉紧绷、握紧双拳或者使劲抓着什么东西、说话声调提高等动作多半意味着愤怒、沮丧或害怕的情绪。轻柔的声音、湿润的眼睛等身体反应,则通常意味着爱慕、同情或者伤心。身体感受在不同的场合可能表达着不同的情绪。一旦注意到这些变化,察觉自己的情绪也就不难了。为了培养这种意识,你可以在不同场合和不同程度的压力下进行练习。例如,你可以在和朋友吃饭、看一场伤感的电影、进行一场困难的讨论等场合进行练习,随着对自己身体反应越来越了解,察觉情绪变得越来越容易。

1.2 关注你的想法

关注你的想法能帮助辨认情绪。情绪不仅会影响你的身体,同样会影响你的想法,因此,关注你的想法能够帮助你澄清自己的情绪感受。例如,你想对某个人大吼或者说苛刻的话,这些想法可能就来自生气、愤怒。如果你关注你所失去的(例如,一段珍贵的友谊，一段美好时光），你感到的是难过。同样，了解他人的想法，也能帮助你识别他人的情绪。

1.3 观察你所处的情境

确定产生情绪的情境也能帮助你识别情绪。例如，考试成绩下来了，你感到心烦，但是无法分清是焦虑还是羡慕。但你发现是因为最近生病而导致成绩下降，那么这种情境会让你感到焦虑，因为它干扰了完成学业这个目标。通常，我们能够通过认清什么事情阻碍了目标的达成以识别自己目前所体会的情绪。观察所处的情境也能帮助我们确定他人的情绪。例如，你发现平时活泼的室友突然变得非常安静，但是你无法确定他是在生气、担心还是仅仅有点劳累。观察他所处的情境，然后换位思考，想象自己处在这样的情境下会有什么样的感受，你就能准确了解他现在的真实感受。

2.区分情绪和行为

情绪总是和行为相连的，大多数情绪都有特定的行为倾向，但是感受一种情绪并不意味着你必须对它有所行动。事实上，表现出生气的人，即使是通过在沙袋上打拳发泄出来，也会比生气而没有发泄出来的人感觉更差。因此，恨一个人不一定要辱骂对方，爱一个人也并不一定要表达出来。了解辨认情绪和发泄情绪之间的差异，有助于你在沟通中建设性地表达你自己，通过最合适和最有效的方法对自己的情绪做出反应。

3.用语言描述情绪

用语言描述情绪是沟通中非常重要的一部分。在用语言来表达自己的情绪时，我们可以用一些简单的词语来描述自己的情绪，例如，“我在生气”“我很高兴”等等。在一些对话中，许多沟通者用一种伪装的方式来表达情绪，例如，一个谈话者感到无聊，就说“我们应该去看场电影”。这种谈话方式中缺乏明确的表达情绪的词汇，因此句子中蕴含的无聊的情绪就不容易被理解。在日常对话中，可以用“我觉得＋情绪词汇”来描述我们的情绪，清楚地表达心中各种复杂的情绪。不过，很多时候，人们在说“我觉得……”的时候，都以为自己在表达情绪，事实上，他们大多只是在描述他们心中的“想法”。

温柔：我觉得我们最近玩得太多。

振国：我觉得我们现在比以前勤奋多了。

温柔：我觉得你还是要少玩游戏……

振国：我觉得你才该少逛街呢。

振国与温柔的对话实际上只表达了他们的意见（或看法），两个人说“我觉得”时，实际上是在说“我认为”。这是想法，而不是情绪。如果能加上一些情绪词汇，会使他们对彼此的想法与感受有更深一层的了解，进而帮助他们解决问题。

温柔：我们约会花了很多时间，马上要考试了，我觉得很紧张，我想我们需要好好计划下学习。

振国：我也觉得紧张。一想到考试不及格要补考，我就觉得害怕。

温柔：我们在一起学习的时间比以前已经多很多了。我们只要稍微再努力一点，就没问题了。

振国：是啊，我也有同感。

人在沟通时若只谈想法，会令人觉得被拒于千里之外。较有效的沟通是先表达感受（这有提纲挈领的功用），接着解释自己的想法。当振国和温柔懂得用"担心"、"害怕"等情绪词汇进行表达时，这些情绪词汇不但促进了沟通，也帮助他们更加了解彼此的想法与感受，因而会增加他们之间的亲密感。

当我们使用"我觉得你……"的句子时要非常小心。当你告诉对方"我觉得你……"时，通常你不是在表达自己的情绪，而是在评价对方。用"我觉得你……"开头，常会给对方你要开始批评了的预感。因此，这样的开头常会引起对方的防卫心理与紧接而来的反击。

温柔：我觉得你睡眠不足。

振国：我认为我睡得够。

温柔：我觉得你要是病了，会把感冒传染给我。

振国：（防卫性）这么快就担心我妨碍你了啊！

温柔用"我觉得你……"作为一句话的开头，振国听起来就觉得温柔在批评他，本是好意却引起一场不愉快。解决的方法，是用"我觉得"为开头，以情绪字眼来表达感受，最后再把个人的想法说出来。

温柔：看你这几天睡眠不足，我觉得很担心。

振国：我不觉得累啊！

温柔：我担心你要是累出病来怎么办啊。

振国：谢谢你关心，我会找时间休息。

温柔懂得在"我觉得"后面加上情绪词汇，让振国了解她的感受，然后再表达她的想法，结果双方都能感受到彼此的爱与关怀。

要用语言来表达你的感觉，而不要用非理性、非语言的"发泄"来表达情绪，这样做一方面可以减少误会，另一方面也给对方一起解决问题的机会。例如，在与温柔激烈地争辩之后，振国冲出教室，"砰"的一声把门关上。此后两天温柔拒绝与振国说话，也不和他一起去自习。在此情境中，振国就是采用了非语言的方式来发泄自己的情绪。他生气时，用"掉头就走"与"甩门"的动作来表达他的情绪。温柔也一样，未能用语言表达她的怒气，而是以冷战的方式来对付振国，结果两个人都换来了好几天的不愉快。当你受到伤害、非常生气时，本能的反应是马上用一些夸张的动作来表达你的感受。可是，用摔门或冷战这类动作来发泄情绪，会阻碍沟通，使战火升高，同时减少了双方彼此同情、相互帮助的机会。在同样的情况下，振国如果先把愤怒的情绪用语言表明，然后告诉对方他的需要，解决问题的机会就会大增。

振国：我已经气得快受不了了！现在能不能不谈了。

温柔：我不希望就这样不了了之。15分钟以后再谈好不好？

振国：好吧，不过等一下我们最好到外面谈，也许我可以冷静些。如果15分钟后我还很生气的话，我可能需要多一些冷静的时间。

当你决定用情绪词汇表达自己的情绪时，可以清楚地向你的沟通对象阐明你的情绪所处的特定情境。使用"当你……时，我觉得＋（情绪词汇）"能更好地与对方沟通。例如，你可以说，"当你迟到时，我觉得很生气。""我生日那天你没能参加我的聚会，我觉得很遗憾。"

情绪词汇还可以帮助你表达不同强度的情绪。比如，你可以说"我有点担心……"，或用更强烈的"我非常恼火……"。用词汇表达不同程度的情绪不会威胁到对方，也可以帮助你的伙伴清楚地知道事情对你的影响。

有时候，你需要表达的情绪是很复杂的。例如，你可能在生气之前经历了困惑、沮丧、失望等复杂的情绪。通常，我们只表达多种情绪中最负面的那种情绪，此时，沟通的对象将没有机会去了解你的所有情绪。如果全面地描述自己的情绪，将更加有利于他人了解你的情绪，促进问题的良好解决。例如，"你要迟到了却不打电话通知我，我觉得很生气"可能会导致争执，如果更全面地表达自己的情绪："约会时间到了，你还没到，我很担心，害怕出了什么意外。同时，你要迟到了却不打电话通知我，我觉得很生气，我认为你不尊重我。"后一种方式能让你的沟通对象更能理解你的感受。

4.接纳和尊重他人的情绪

接纳和尊重他人的情绪在沟通中有非常重要的作用。排斥他人的情绪会使对方感觉自己被排斥，自尊受到威胁，他们通常会感到不安全、害怕和愤怒，这些情绪会成为解决问题的障碍，从而导致沟通中出现很多障碍。例如，有自卑倾向或担心失去自尊的人，通常会在争执中固执己见。他们怕丢面子，做事犹豫不决，最终使结局变得糟糕。

虽然排斥他人的情绪并没有造成双方沟通的实际障碍（交通渠道仍然畅通），但排斥带来的心理障碍是具有破坏性的。例如，正熊穿着刚买的衣服去上化学实验课，结果，女同学艾米不小心把试剂弄撒了，溅到了正熊的衣服上。这时，我们可以想象一下当时可能的场景。

谈话内容	效果
"真见鬼，你是怎样做实验的？"	指责对方
"真是不能让女人学化学。"	贬低对方
"没有像你这样做实验的，别找借口了。"	不容对方分辩

经过这番抢白，艾米没有分辩的余地，又被损了一顿，自然很生气。这样的结果便是：（1）艾米不可能与正熊诚心诚意地沟通；（2）正熊不可能理解艾米对事情的看法；（3）正

熊和艾米彼此都不会相信对方。这样，他们不太可能很好地处理这件事。即使没有完全排斥对方，这对双方的关系也有损害。

在日常生活中，我们经常会遇到一些人试图通过贬低别人来抬高自己。他们经常说："我总是乐于帮助别人，但是他却很自私。"排斥他人，不管是采用明显的方式还是采用隐蔽的话语，都传递了同样的意思：我是对的、你是错的，我没什么可以从你那儿学的，你根本就一文不值。本来对方可能还有诚意同你沟通，了解你的看法，信任你或者同你合作，产生了这层意思，对方也就没有什么诚意来保持沟通了。排斥对方等于宣布：你对于我无关紧要，我丝毫不会受你的影响，这样的行为和思考问题的模式将破坏双方共同解决分歧的能力，使人际沟通出现障碍。那我们应该如何接受和尊重他人的情绪呢？

4.1 认真倾听对方的情绪表达

完全站在倾诉者的角度，体验对方的情绪，和沟通对象同悲同喜。感受到关怀的倾诉者自然会对倾听者敞开心扉。在倾听时，你可以用身体语言体现你的关注：身体稍微倾向对方，目光始终投向对方的眼睛，不要受别的因素干扰；避免下意识的小动作；不要轻易打断对方的话，当然更不能自始至终总是点头，要抓住适当的时机，以适当的方式提问。例如，询问事件发生的细节，询问事件发生后对方的感受等等。回应对方的感受时，不要从你的角度和立场出发对对方进行评价。不要说"你怎么会有那种感受呢？""我一点也不觉得那很耻辱。"因为每个人的感受都是真实的，不存在对和错。要尊重对方感受的真实性，你可以试着用"当……的时候，你觉得＋(情绪词汇)，是不是？"来回应对方，如果你把对方想表达的情绪表达出来，对方会感到你是真正理解他的情绪的。

4.2 了解对方的情绪

在日常生活中，人与人之间的交往大都是戴着"面具"进行的：人们喜欢把真实的情绪藏在心里，只把希望对方看到的情绪放在脸上。这样做有时是为了不伤害对方，避免尴尬，但有时隐蔽自己的情绪会妨碍他人了解我们，从而增加有效沟通的难度。

仔细观察对方行为的细节，能帮助我们了解他人的情绪。对方的眼神、表情、身体语言等向你传达了他的情绪。例如，朋友过生日，你送了一件礼物给他。尽管从拆开包装的那一刻起他就惊呼"心仪这个礼物很久了"，你对他的心思"真是无比了解"，可你却能感觉到他并不喜欢这个礼物，因为他的手指不停地敲桌子。

人们的话语模式也能包含一些隐蔽的情绪，需要被识别和了解。通常有八种典型的隐藏情绪的话语模式。第一种是"我很好"。"我很好"有多种表达的形式，例如，"我很成功""我很勇敢""我很有权力""我很有钱"。这种句子的核心是突出自己的品质，背后隐藏的情绪是自己是一个完美的人。第二种是"我很好，但是你不好"。这种话语含有批评和指责，是竭力通过显示别人不好来证明自己优秀，从而提高自尊。第三种是"你很好，但是我不好"。这种句子表达的情绪通常是奉承、拍马屁，有时也被用来拒绝不合理的要求和期望。这个句子是沮丧者的常用语，用作逃避、拒绝的方式和不去改变的借口。第四种隐藏情绪的句子模式是“我很无助，我很痛苦”。这个句子表达的情绪是“我陷入困境、竭尽全力也不能逃避，是没有希望的，不要让我对痛苦做些什么，我没有这个责任，也没有什么办法”。“我很无助，我很痛苦”隐藏的情绪，是避免提出可能会引起恐慌的新办法或者推迟即将面临的人生重大改变的借口，这种模式也容易对亲密的人产生“爱”的勒索，用来控制和操纵他人。第五种是“我毫无过错”。这个句子主要用来推脱自己的责任，让外界或他人来为自己的失败承担责任。第六种隐藏情绪的句子是“我很脆弱”。这个句子蕴含的情绪是“不要伤害我，我需要保护”。这种句子的典型表达有“你们总是吵架，我不想卷进去”“你为什么总是告诉我那些让我头疼的事情呢?”。第七种隐藏情绪的句子是“我很坚强”。在交谈时，他们会列出很长的一个工作或任务的清单，表明自己工作多忙，多能干。其实，这种表达蕴含的隐蔽情绪是“我已经很忙了，不要要求我太多”，目的是躲避伤害，是对自己没有信心的表现。第八种典型的隐藏情绪的句子是“我无所不知”。他们在谈话中滔滔不绝，就像教授在课堂上上课一样。这种“我无所不知”所蕴含的，可能是情绪低落或压力过大，或者避免以前因为了解不多而造成的耻辱经验。总之，这些隐含有情绪的句子和话语模式，目的是建立或保护自己现在的地位，是将自己的动机或需要以隐蔽的方式表达出来，需要在沟通中被识别和被尊重。

4.3 分清接受和赞同之间的差异

接纳他人的情绪，并不是要求你赞同对方。我们在意对方，愿意倾听他的意见，尊重对方的情绪，愿意同他合作，目的是为了顺利沟通，解决问题。但我们也没有必要对对方的错误行径视而不见。例如学生逃学，老师肯定不赞同。老师可能会采取两种做法。一种是，由于担心不给学生点厉害就会姑息学生的行为，所以他不给学生解释的机会:“我可不想听到任何借口 ，学生不允许逃学旷课，要写检查。”学生会觉得老师不理解他，不听他解释，也不信任他。从此以后，学生和老师间可能有数不清的争执。另一种做法是，老师说:“同学，我在你这么大的时候也逃过课，后来很后悔。如果你有什么正当理由逃学的话，我很想听听。但是我要把话说在前头，我可不赞成你这种行为。”这样的话，学生感觉到了尊重和关心，同时也明白老师不赞同旷课这种事。接纳他人的情绪，并不表示我们必须接受对方的价值观。不必认为对方的观点是正确的，也没有必要赞许对方的行为，认为对方的行为是可以接受的。但是，我们有必要真心诚意地同对方打交道，倾听他人的观点和情绪，并充分考虑他应得的利益。

复习巩固

1.影响情绪表达的因素有哪些?

2.如何在沟通中表达情绪?

第三节　情绪管理

情绪在我们的日常沟通中扮演着重要的角色，能影响我们沟通的效率，对我们的人际关系产生影响，因此我们需要对情绪进行良好的管理。

一、情绪管理的误区

在情绪管理方面，我们通常会有一些误区。

1. 情绪管理就是将情绪发泄出来

一些人认为情绪管理就是要将情绪发泄出来。如前所述，有研究显示有时将情绪发泄出来反而比情绪没发泄出来更糟糕。在我们的日常生活中，某些情况下不表达出自己的情绪可能是更好的选择。例如，当你的授课老师问你"我的课上得如何"时，如果你觉得老师的课上得很无聊，让你想睡觉，那么，直接表达你的不满可能不是好的回答。

2. 情绪管理就是要消除负面情绪

情绪管理的第二个误区是认为情绪管理就是要消除负面情绪，让自己一直处于非常高兴的状态。其实，任何事物都是有其自身规律的，情绪也一样。情绪有高有低，也是一个自然的过程，因此，让自己一直处于非常开心的状态，本身就是一种不合理的要求。我们在生活中，不仅感受到高兴、愉快等积极的情绪，也能感受到沮丧、悲伤等消极情绪，这些情绪都是自然而然产生的。一些消极情绪本身也是有建设性的。例如，当你生气或者愤怒时，这时的情绪暗示你是对现状不满的，从而激发你去改进现状。研究也表明，适度的紧张能够更好地完成工作。美国心理学家耶克斯和多德森就提出，中等程度的压力水平最有利于学习效果的提高。

3. 情绪管理就是要压抑自己的情绪

情绪管理的第三个误区是认为情绪管理就是压抑自己的情绪。在一些文化和家庭教育中，人们从小就被教育表现出自己的负面情绪是不好的，例如，在中国文化中，人们被教育要冷静，不要激动，要含蓄，要做控制自己情绪的人，逐渐地他们学会了压抑自己的情绪，学会了"感情不外露""能忍就忍了吧""要冷静，不要激动"。许多人压抑自己的情绪，是因为害怕感情的流露会带来不好的后果。如果我表现愤怒或失望，别人可能不喜欢我。如果我对他人表示同情，可能会被认为是软弱的表现。

抑制自己的情绪会对沟通产生不利的影响。首先，我们只有能表达自己的情绪，或至少承认有情绪存在，才能应对它们。一些具有破坏性的情绪，如愤怒和怨恨，容易在心中积累，一旦爆发会严重影响沟通，甚至会对双方关系造成长期破坏。抑制自己的情绪，我们可能因此而忽略那些诱发我们情绪的潜在的需要关注的问题。其次，抑制情绪也就抑制了我们建立良好关系所需要的积极情绪。许多公司领导人不受下属喜欢，一个很重要的原因就在于他们没有对下属表示感情上的关切。一位表现得漠不关心的领导，不管他内心多么在乎下属，如果不把关心表达出来，就不可能激发下属的热情、忠诚，而这些品质对于一个充满活力、高效率运转的团队来说是非常可贵的。

二、无助益情绪的来源

人的情绪包含有助益的情绪和无助益的情绪。有助益的情绪会提高沟通的效率，而无助益的情绪破坏沟通。减少无助益情绪、进行有效情绪管理的一个重要方面，是了解无助益情绪的来源。

1. 情绪 ABC 理论

美国著名心理学家阿尔伯特·艾利斯于 20 世纪 50 年代提出了情绪的 ABC 理论，用于解释人的情绪的来源。该理论认为，人们的情绪及行为反应与人们对事物的想法、看法有关。激发事件 A(activating event 的第一个英文字母)只是引发情绪和行为后果 C(consequence 的第一个英文字母)的间接原因，而引起 C 的直接原因则是个体对激发事件 A 的认知和评价而产生的信念 B(belief 的第一个英文字母)。根据这一理论，合理的信念会引起人们对事物的适度的情绪反应；而人的消极情绪和行为障碍结果，不是由某一事件直接引发的，而是由于经受这一事件的个体对它不正确的认知和评价所产生的错误信念或非理性信念所引发的。因此，每个人都得对自己的情绪负责。因为不是由于别人造成我们喜欢或者不喜欢，当人们陷入情绪障碍之中时，是我们自己使自己感到不快，是我们自己选择了这样的情绪取向。例如，你去逛街，正好碰到了你的一位同学，但这位同学没有与你打招呼，就直接走过去了。此时你可能有两种想法：一种是“他可能正在想别的事情，没有注意到我，没有看到我”；另一种是“是不是他瞧不起我，故意不理我啊”。两种不同的想法就会导致两种不同的情绪和行为反应。前一种想法会让你觉得无所谓，对方的行为是可以理解的；而后一种想法可能会让你觉得愤怒，让你觉得你的同学很没有礼貌，产生不快，因此你在后面的学习生活中减少与对方的交往。

根据情绪的 ABC 理论，人既可以是有理性的、合理的，也可以是无理性的、不合理的。当人们按照理性去思维、去行动时，他们就会很愉快、富有竞争精神，行动有成效。不合理的、不合逻辑的思维则导致情绪上或心理上的困扰。但是，任何人都不可避免地具有或多或少的不合理的思维与信念。了解这些不合理的思维和信念，有助于我们了解无助益情绪的来源。

2. 诱发无助益情绪的认知

以下是存在于人们日常生活中的一些常见的但没有被察觉、影响特别大的不合理观念和思维。

2.1 绝对化

绝对化有两种典型的类型：极端思维与自我预言。第一种典型的绝对化的思维是极端思维。持极端思维的人倾向于用“非黑即白”的思维方式看待事物和评价自己。他们评价事情不是完美，就是非常糟糕。他们的情绪很容易大幅度地波动，当事情顺利时，就觉得自己无所不能，事情稍有不顺，就认为自己一无是处。拥有极端思维的人很容易转化为完美主义者，在人际交往中追求完美。他们认为，在人际交往中，如果某个步骤是不完美的，那么别人就不会喜欢和欣赏他们。他们会努力得到别人的重视和关注，努力试着表现得很完美。陷入完美迷思的人，当他们无法达到自己提出的高标准时，就不容易喜欢自己。过于追求完美，很容易使自己沉浸在消极的气氛中，有时甚至过分自责，把自己看成负面事件的唯一原因，经常产生负面情绪，引发负罪感和痛苦，产生低的自我价值感，影响沟通和人际关系。其实，人都是不完美的，事情也总是具有两面性，很少有绝对的好，也很少有绝对的坏，要学习坦然地接受自己的不完美，诚实地了解自己的潜能，准确全面地评价自己，尽力去实现自己的目标。

绝对化的另一种典型思维是以自己的意愿为出发点，认为某事物必定发生或必定不发生。他们思考的典型逻辑是“我知道，所以你也应该知道”。“你是我的朋友，你应该更了解我”。他们常常将“希望”“想要”等绝对化为“必须”“应该”或“一定要”等。例如，“我必须成功”“别人必须对我好”等等。持有这种绝对化思维的人，容易将对事情的预期看成固定的程序，他们不善于听不同的意见，不会换个角度看问题。这种绝对化其实是因为他们没有区分“是什么”和“应该是什么”。个人的预期固然也可以被理解为合理的，但是，这也仅仅是个人的角度和观点。别人可能有不一样的视角和观点，需要给别人留下余地。每一客观事物都有其自身的发展规律，不可能依个人的意志转移。生活中总是充满了变数和不确定性，我们经历的事件也不能全部都是完美无缺的，周围的人和事情的发展和表现也不会完全符合我们的意愿。混淆“是什么”和“应该是什么”很容易导致我们对世界的抱怨。与其抱怨，不如直接表达自己的愿望。例如，你的室友经常晚归，打扰了你休息，与其抱怨说“你应该准时回宿舍”，还不如说“我希望你能准时回宿舍”。

2.2 过度推论

过度推论也能大大增加负面情绪的效果。过度推论的典型思维是过度概括、以偏概全，常常把“有时”、“某些”过分概括为“总是”、“所有”等。过度推论可能把生活中一些小的事情，习惯性地过度渲染。例如，男友因为堵车偶尔迟到一次，女友就抱怨：“你怎么老是迟到啊？就不能准时一次吗？”这就是夸大了男友迟到的次数，男友多半都会显得很委屈：“我不过是迟到了一次，还是因为堵车。”过度推论也表现在当与别人短暂接触或者对事情尚未有全盘了解之前，就根据某一特定的事件进行推断，进而产生喜欢或者憎恶等强烈的情绪。例如，在上述男友迟到的例子中，要是女友不满意男友解释，就大发脾气："你知道今天周末，很容易堵车，就更应该早点动身啊！约会迟到，就是人品不好，人品不好，我怎么安心嫁给你啊！"这就是根据偶然的事件推论到整个人品，以偏概全了。有些人遭受一些失败后，就会认为自己"一无是处、毫无价值"，这种片面的自我否定往往导致自卑自弃等不良情绪。而这种评价一旦指向他人，就会一味地指责别人，产生怨恨、敌意等消极情绪，这些都是过度推论的思维在影响我们。

2.3 灾难性的自我预言

容易诱发无助益情绪的一个重要的内在思维是灾难性的自我预言。灾难性的自我预言也被称为"世界末日综合征"，也就是我们通常所说的"杞人忧天"。灾难性的自我预言有两种特征。一种特征是认为自己是无助的，面临生活中的困难自己是无能为力的。例如，"现在的社会都有学历歧视，我是专科，找不到什么好工作，也不会有出息的，我能做的就是接受它。""我生性就比较害羞，我想要变得开朗，但是实在是没有办法改变。"其实，找工作重要的是企业觉得你能为他们做什么；想让自己变得开朗重要的是自己愿意还是不愿意下决心去改变。把大多数时候说的"我无能为力"改成"我不愿意"或者"不知道怎样才会更恰当"，会帮助我们减少灾难性的自我预言。

灾难性的自我预言的另一种表现是，某些糟糕的事情可能发生，就武断地认为糟糕的事件一定会发生。例如，如果我去应聘那个工作，一定不会被录取；我邀请她参加我的生日聚会，她一定不会来。当遇到不顺利的事件时，他们也会夸大自己的不良感受。灾难性的自我预言容易导致对事件持续性的负面解释，容易夸大负面信息，从而妨碍理性决策，破坏沟通，削弱人际关系。对事情做最坏的打算有时是未雨绸缪，但过分担心就会陷入糟糕的负面情绪。对任何一件事情来说，都会有比之更坏的情况发生，所以没有一件事情可以被定义为糟糕至极。如果一个人坚持这种"糟糕"观时，那么当他遇到他所谓的百分之百糟糕的事时，就会陷入不良的情绪体验之中，一蹶不振。

三、情绪管理的策略

有效情绪管理的基础，是了解我的情绪是什么（What），了解为什么产生这种情绪（Why），知道怎么办（How）。因此，有效的情绪管理包括理解和谈论情绪、用积极与理性的视角看待消极事件和保持乐观的态度。

1.理解和谈论情绪

我们不了解自己和对方的情绪，往往会阻碍我们在沟通中保持理智。在沟通中，如果沟通双方都没有注意到自己或对方的情绪，我们就很难控制表达感情的方式，双方处理实际问题的效果就会受到影响。即使我们能够有意识地控制自己的情绪，但有时情绪也会不由自主地产生。即使我们在沟通中压抑了我们的情绪，但它最终还是会冒出来，影响我们的行为。因此，情绪管理的重要步骤就是理解和谈论情绪。

1.1 理解自己与他人的情绪

首先，我们可以通过观察来了解自己和他人的情绪。例如，我们可以在沟通中注意自己和他人说话的音调，面部表情和身体姿势。这些都能传递关于我们和他人的情绪的信息。

其次，我们可以暂时让自己从产生情绪的情境中脱离出来，更好地理解自己的情绪。在沟通时，当我们产生激烈的情绪之后，可能没等自己做出理性决定就贸然行事，从而使沟通出现问题。此时，等激烈的情绪平静下来，会更有利于大家做出理性的决策。减轻激烈情绪对沟通的负面影响的一个简单方法就是沟通双方暂停接触，稍事休息。当双方都怒气冲冲或不满情绪高涨时，适当地休息一下，利用这个机会平静一下，也利用这个机会想出一个既能保持互相尊重又能处理眼前问题的方式，更加有利于沟通，帮助双方更好地维持彼此的关系。当然，在激烈的讨论中，如果置身局外很难冷静思考，寻求第三方控制讨论的气氛，也是一种选择。例如，在家庭纠纷中，让家庭中的长辈来进行协调，是一种常见的方法。

我们还可以用想象的沟通来帮助我们理解和管理情绪。想象的沟通是指在沟通之前，想象一下自己如何与他人沟通，预想自己与他人沟通时可能会产生的情绪，这样，我们就能够对沟通可能产生的情绪做预先的处理。例如，你可以预想"什么情况下我会生气?""什么情况下她会生气?""我生气了会做出怎样的反应?""她生气之后需要多久才能平静下来?""她会在意我说的哪些话?""我会在意她说的哪些话?" 预先想到可能出现的情绪，可以帮助我们更好地应对它们。想象的沟通让我们暂时从旁观者的角度，客观分析双方的情绪，并想出对策。这种距离感同样能减少自己情绪的波动对行为产生的影响，有助于让理性起到平衡作用。

1.2 谈论情绪

理清对沟通具有破坏性的情绪，一种重要的对策是公开地谈论情绪。有些人认为，公开谈论自己的情绪是软弱的表现，其实，说出自己的情绪而不是通过行为表现出来，是自信和自制的表现。承认情绪的存在，并且向对方解释产生这些情绪的原因，这样，情绪才不会成为人们建立良好关系的绊脚石，双方才能依据事情本身的是非曲直来解决争端。说出自己的情绪可以表明你的态度是积极的，是想缓和气氛，促进彼此的沟通与合作，而不是来找人斗气或泄愤的。公开谈论情绪会让对方也采取自制的态度，积极地理清自己的情绪，使沟通双方都归于理智。

公开谈论情绪，你可以开门见山。例如，你可以说："对不起，但这件事实在有点儿让我生气了。""对不起，太意外了，我现在情绪实在是有点激动。"你也可以直言不讳，解释一下自己不满的原因。"我感到很恼火。刚才我正解释奖学金的事，结果你们都在各自讲话，声音很大，让我没办法继续下去。奖学金是关系到大家的事情，把规则讲清楚有利于大家，不是吗?"谈论情绪时，你可以声情并茂。例如，眼睛看着对方，降低音量，放缓语速，适当停顿以加强语气。“我觉得很烦……很难将注意力集中在奖学金评定的规则上。我想我们能不能改变一下讨论的气氛。”

在公开谈论情绪的时候，我们要避免责备对方。可以多使用“我”开头的句子。例如，“我刚才可能错误地理解了您的意思，请多多包涵。”在某种程度上，我们会认为自己的情绪是由对方引起的。“我情绪不好，是因为你不讲道理。”在日常沟通中，我们也常常倾向于认为是对方情绪化、不讲理，而对方也是这么看我们的。因此，在沟通中，没有必要责备对方诱发了我们的负面情绪。我们应当对自己的感情和感情的表达方式负责，以及对别人的情绪造成的影响负责。只有这样，我们才能更好地化解情绪的冲动，理性地面对问题。如果我们情绪失控或激怒了对方，一声道歉是很有帮助的。道歉表示对自己的行为负责，不管话说得是否充分，都表明给对方以关切，如此一来，对方也会采取同样负责的态度，这才能使沟通顺利地进行下去，将双方关系拉回正轨。

我们都会产生强烈的情绪，我们应该勇于面对自己的情绪，并对自己的情绪负责。如果对情绪进行掩饰和压抑，情绪就可能会像火山一样，总有一天会爆发，到那时，将对人际关系造成严重的危害。在任何人际交往中，真诚对待感情、直言不讳地讨论感情并且共同面对，将会帮助我们处理理智与情感的冲突。

2.用积极与理性的视角看待消极事件

根据情绪 ABC 理论，我们对事件的态度和观点决定我们的情绪。每件事都有其积极的一面，变换看事情的角度，从积极与理性的视角去看待问题，对事物持积极的态度，会帮助我们克服无助益的情绪。

2.1 多使用积极的字眼

我们在日常谈话中，可以多使用积极的字眼。“失败”“困难”“麻烦”“紧张”等等，是我们在日常生活中常常会说到的负面的字眼。如果你常使用这些负面字眼，一方面可能会让自己觉得恐慌、无助，试想一下，既然有“麻烦”了，那除了自叹倒霉，还能怎么办呢；另一方面，负面的字眼也会影响听话者的心理状态，甚至有时会让听话者觉得自己被指责和被挑剔，从而破坏关系。例如，一对青年男女约会，男性为了使这次约会特别有意义，计划一起骑自行车去郊外远游，结果，自行车在路上坏了，由于是郊外，找不到地方修车，他们不得不扛着自行车走回来了。这时，如果女性采用负面的话语：“你怎么搞的啊，走之前也不好好检查下自行车，又笨头笨脑的，修不了自行车，害得我们不得不扛着自行车回来，不是人骑自行车，而是自行车骑人了，今天的旅行就这样泡汤了，真郁闷。”男性听了多半会觉得不高兴：“你怎么这样啊，自行车又不是我故意搞坏的，就知道找茬，真难伺候啊！”两个人可能不欢而散。如果女性换一种说法：“今天真是一段奇异的让人兴奋的旅行。本来我们是骑自行车的，结果车坏了，我们一起把车扛回来，变成了车骑人的旅行，这真是令人难忘的旅行。”男性可能会因此而感激：“本来是我没安排好这次旅行，结果你这么大度，对我真好啊！”由此可见，同样的事情，说话采用的字眼不同，沟通的效果也就不同。

研究发现，乐观的人很少使用负面的字眼，他们会用正面的字眼来代替。例如，他们不说“有困难”，而说“有挑战”；不说“我担心”，而说“我在乎”；不说“有问题”，而说“有机会”。当你一旦开始使用正面的字眼，心中的感觉就积极起来，更有动力去面对生活。除此以外，乐观的人也会把中性的词语变得更正面。例如，“改变”就是个中性词，因为改变可能是好的，但也可能是变得越来越糟。试试看，如果把“我需要改变”，换成“我需要进步”，这就暗示自己是会越来越好的，自然就乐观起来了。所以，改变你用语中的负面词汇，换成正面积极的词汇，会让你有积极的生活态度，促进沟通和维持良好的人际关系。

2.2 关注积极的方面

观察和看待事物和人时，先关注积极的方面，再关注消极的方面，也能帮助你更好地管理情绪。例如，一位女士和一位男性在网上聊天，交往了很久，女士对这位男士各个方面都很满意，于是决定约会。可是第一次约会的时候，女士就发现这位男士有一个缺点，就是吃饭的时候会发出咀嚼的声音，让这位女士很不满意，于是就拒绝与这位男士进一步交往。这种思考问题的模式，就是关注了他人的消极方面，而没有多从积极方面去看人。吃饭会发出声音，其实只是一件很小的、可以在日后的生活中加以改正的小毛病，并不足以证明对方人品或者价值观有问题，这位女士仅仅因为这一点就拒绝了对方，可能因此错过了一个适合自己的伴侣。总是先看到他人的缺点，就会产生习惯性的负面思维，这样会妨碍你与他人的沟通和交往。在日常生活中保持积极心态的人，他们其实并不是盲目地乐观，只不过他们习惯于先看事情积极的一面，而且乐意把注意力集中在这些令人兴奋之处，并多花精力经营这些优点，因此他们能更好地与他人沟通并和他人维持良好的人际关系。

2.3 不抱怨

在生活中不抱怨，把精力集中在要解决的问题上，也是用积极和理性的视角看待事情。研究发现，乐观的人所列出的烦恼事项远低于一般人，而他们花在抱怨上的时间也远少于一般人。乐观的人在面对挫折的时候，共同的态度是“现在没时间怨天尤人，因为正忙着解决问题”。而当我们少一分钟抱怨，就多一分钟进步。如果你研读著名企业家马云的人生，你就会发现，在前 37 年里，他的人生就充斥着 2 个字：失败！他大学毕业，应聘过 30 份工作，全部被拒绝；想当警察，和 5 个同学一起去，4 个录取，只有他没有被录取；杭州第一个五星级宾馆开业的时候去应聘服务员，也没有被录取；和 24 个人一起应聘杭州肯德基，23 个人被录取，没有被录取的那个还是他。37 岁之后，他成功了，秘诀就是四个字：永不抱怨。把时间花在进步上，而不是抱怨上，这就是成功的秘诀。这也正说明了为何乐观的人比较容易成功，因为他们的时间及精力永远用来改善现状，把注意力的焦点从“往后看、怨天尤人”改为“向前望、解决问题”。

2.4 重新评估负面情绪

当你感受到消极情绪时，处理它的一个有效方式是重新评估负面情绪。重新评估负面情绪，指换个角度思考引起消极情绪的情境，从而降低该情绪的影响。假设你要交某个课程的课程论文，你仔细进行了撰写，而且你认为自己的观点新颖，思路清晰，论文写得很好，但是，导师给你的分数却很低，也没有对你的论文进行积极评价，你觉得很心烦。如果你直接去找老师辩论，可能反倒让事情变得更糟糕。如果你换个角度思考，重新评估，你可以去想，怎样将自己的观点进行更清晰的阐述，怎样使你的论文做得更好；你还可以安慰自己，老师给你低分可能是因为他不同意你的观点，可是他同意我的观点并不表示我就正确，他不同意也不表示我就错误。这样的练习可以帮助你重新评估情绪所在的情境，能够使你从更多的角度分析所处的情境。采取这个策略能够减少你的消极情绪，帮助你更有效地沟通。

3.保持乐观的态度

保持乐观的态度是一种重要的情绪管理方式。心理学的大量研究也表明，保持乐观的态度有益身心健康。我们的身体会因为压力过大导致肾上腺素及压力激素过多，从而导致免疫系统失调，保持乐观的态度能减少压力对我们身体的影响，使我们的免疫系统保持活力。医学研究发现，乐观的人比悲观的人更少患感冒、心脏病、血管病变及中风等。也有研究发现，成功者通常对自己深具信心，对未来保持乐观态度，而且具有极佳的挫折忍耐力。也有研究发现，乐观的人财富积累得比较快，因为对未来有信心，愿意积极去开创，往往也能在理财上获得比较好的成就。乐观积极的态度，以及懂得肯定生活中小小成就的智慧，是良好沟通能力和获得幸福的关键。

3.1 60 秒快速乐观法

美国两位专门研究“乐观”的心理学家麦瑟及楚安尼曾整理出 60 秒快速乐观法，方法简单而且效果神速，能让人立刻变得乐观起来。这种方法包含两个基本的行为：一是抬头挺胸；二是用愉快的声音说话。生理和心理是息息相关的，我们身体的姿势也会影响我们的心理状态。当心情低落、情绪不佳的时候，我们往往也是无精打采、垂头丧气；而心情愉快时，自然是抬头挺胸、昂首阔步了。换一个角度来看，当一个人抬头挺胸的时候，呼吸会比较顺畅，而深呼吸能帮助我们缓解压力。抬头挺胸时，我们会觉得比较能够应付压力，也就容易产生“这没什么大不了”“我能应付”的乐观态度。同样，在人际沟通中，当我们说话时，同样的一句话，用不同的语调来说，传达的意义可能完全不同。你可以试试下面的练习。

A.很生气地说：“你真讨人厌！”（用你最穷凶极恶的表情及声调吼出来。）

B.很撒娇地说：“你真讨人厌！”（用你最惹人怜爱的语调，拉着尾音说出来。）

显然这两种说话的方式传递的是不一样的含义。然而，许多人却往往不知道自己说话的声音会不经意地泄露出心情。例如，有人在接电话时，习惯性地大声说："喂！"很容易让电话另一端的人还未开口，就已感觉到他有火气。正因为我们的语气能传递情绪，那么，想让自己变得乐观，就请你先假装你就是一个幸福的人，用很愉快的语调说话。这样久了，也便成真了。总之，无论是抬头挺胸，还是用愉快的声音讲话，都是为了通过我们的行为来改变态度。当我们有乐观自信的行为，就会自然而然地影响我们的心理状态了。

3.2 幸亏没有更糟

保持乐观的另一个秘诀是"幸亏没有更糟"。"幸亏没有更糟"是心理学博士张怡筠常常在《心灵花园》节目里教观众的一条缓解烦恼的方法。生活中我们的抱怨无处不在，学会安慰自己"幸亏没有更糟"是一个好方法。恼人的事情已经成为事实，如果再赔上糟糕的心情，那损失不仅不会减少，而且还会扩大。庆幸没有更糟糕，调整看待事件的态度，用一个好心情开始后面的日子。例如，你穿上你新买的裙子，一辆车经过你旁边，把脏水溅到了你身上，把你的新裙子给弄脏了，多糟糕的事情啊。如果运用"幸亏没有更糟"这个缓解烦恼的技术，你可能会想，"幸好车没撞到我身上，只是把衣服弄脏了"。换个角度看问题，就可能大大缓解因为衣服弄脏引起的不愉快。美国一家超市总裁路易斯·刘就常常在他的工作和生活中运用"幸亏没有更糟"这一方法。路易斯·刘的超市是德州10家最具竞争力的超市之一，其成功的秘诀那就是"幸亏没有更糟"。路易斯超市的员工普遍反映，他们的总裁是个很乐观很有宽容心的好人。在工作中出点纰漏，要是在别的超市，员工们可能就要被呵斥、被扣薪水甚至被解雇，但是路易斯·刘不会这么干，他总是安慰员工，没什么，小事情而已，幸亏没有更糟。所以，大家工作起来更能放开手脚，干劲也挺足，时刻想着要努力工作来回报总裁的宽容大度。"幸亏没有更糟"，当我们在生活和工作中遇到一些挫折和困难的时候，请千万不要垂头丧气，要尽快忘记痛楚，尽量往好的方面去想，幸亏没有更糟。

拓展阅读

我们该怎样表达愤怒

表达愤怒并不是稍有不顺就火冒三丈，暴跳如雷，胡乱发泄，如果这样做，不仅于事无补，反而会破坏沟通，对亲密关系也是一种伤害，自己更得不到任何心理补偿。在生活中，我们常听到人们说"你要气死我啊""你让我伤透心了"这样的话，认为是别人让我们愤怒，别人应该认错或者受到责备。其实，根据前面所讲的情绪ABC理论，我们生气并不是因为他人的行为，而是表明了我们未充分满足的需要。愤怒的价值，其实是提醒自己有未满足的需要。那么，当我们生气的时候，我们该怎样来表达我们的愤怒呢？

首先，当我们生气之后，可以先停下来，深呼吸，什么都别做。此时，我们特别要注意不要去指责或惩罚对方。以指责或者惩罚对方的方式去沟通，很难取得积极的回应，因为对大多人来说，被指责和惩罚使我们很难把注意力集中到满足对方的需要上去。同时，指责和惩罚也不利于我们了解事实的真相，帮助我们更好地解决问题。即使问题得到了解决，也会产生新的问题。

其次，当我们深呼吸的时候，我们可以用心去体会，好好想想是什么想法让自己生气的。例如，“这不公平！这是典型的歧视！”等等。接着，试着去了解自己想要满足的需要。例如，你需要接纳、尊重、被承认和认可等等。

最后，你可以用语言来表达自己的愤怒。愤怒的表达可以在充分认识到事情的不合理性和愤怒的必要性的基础上，就事论事，并注意到表达的方式、语气、态度。

复习巩固

1.情绪管理的常见误区有哪些？
2.情绪 ABC 理论的内容是什么？
3.诱发无助益情绪的认知因素有哪些？
4.如何有效地管理情绪？

本章小结

情绪有生理唤醒、主观体验、外部行为三个过程。依据情绪的性质可分为快乐、愤怒、恐惧、悲哀，依据情绪的状态可分为心境、激情、应激。情绪对沟通有重大的影响：情绪上的感染力能使听话者更容易信服；负面情绪诱发负面思维，使个人感知与实际情况产生差距。

性别、社会习俗、情绪智力、个性和父母的教养方式等影响情绪的表达。在沟通中注意辨认情绪、区分情绪和行为、用语言描述情绪、接纳和尊重他人的情绪，能够使自己的情绪得到尊重的同时，也不伤害他人。

认为情绪管理就是要将情绪发泄出来、消除负面情绪或者压抑自己的情绪是情绪管理中常见的误区。情绪是我们生活的一部分，我们需要承认它、尊重它才能应对它。管理我们的情绪，需要特别注意无助益情绪。

本章关键词语

情绪　情绪的类型　情绪的过程　情绪与沟通　影响情绪的因素　情绪的表达　无助益情绪　情绪ABC理论　情绪管理

章后练习

1.关于情绪的叙述,下列说法不正确的是(　　)。

A.指人们在内心活动过程中所产生的心理体验

B.人脑对客观事物与人的需要之间的关系的反映

C.人们在心理活动中,对客观事物的态度体验

D.人们在心理活动中,对客观世界的心理体验

2."忧者见之则忧,喜者见之则喜",这是受一个人的(　　)的影响所致。

A.情操　　B.心境　　C.热情　　D.应激

3. 依据情绪状态分类,可以分为(　　)。

A.情操　　B.心境　　C.激情　　D.应激

4. 当人处于应激状态时会出现肌肉紧张、血压升高等反应,这是情绪的(　　)表现。

A.主观体验　　B.外部表现　　C.生理唤醒　　D.行为反应

5.依据情绪的性质,情绪分为(　　)。

A.喜怒哀乐　　B.喜怒哀惧　　C.酸甜苦辣　　D.悲欢离合

6.情绪和情感是人对客观事物的态度体验及相应的行为反应,它是以(　　)为中介的一种心理活动。

A.对客观事物的感知

B.个体的愿望和需要

C.事物本身所具有的特性

D.个体的能力与人格

7.下面属于情绪而不属于情感的是(　　)。

A.对艺术作品的欣赏

B.对祖国的热爱

C.助人为乐的幸福感

D.高考被录取带来的喜悦

8. 个性会影响情绪表达,下列不属于个性方面的内容的是(　　)。

A.宜人性　　B.外向性　　C.神经质　　D.稳定性

9.影响情绪表达的因素不包括(　　)。

A.性别　　B.年龄　　C.社会习俗　　D.情绪智力

10.美国著名心理学家阿尔伯特·艾利斯提出了情绪的ABC理论,其中A代表(　　),B代表(　　),C代表(　　)。

A.信念　　B.激发事件　　C.行为后果　　D.直接原因

11.情绪管理的误区不包括(　　)。

A.发泄情绪　　B.保持乐观　　C.消除负面情绪　　D.压抑情绪

12.无助益情绪的来源不包括(　　)。

A.绝对化　　B.急于辩驳　　C.过度推理　　D.灾难性的自我预言

13.下列属于绝对化典型的特征的是(　　)。

A.抱怨思维　　B.糟糕思维　　C.从自己意愿出发　　D.从他人意愿出发

14.心理的"人",就是所谓的人格,不包括(　　)。

A.意志力　　B.认知　　C.情感　　D.注意力

15.公开谈论情绪时,你可以(　　)。

A.责备对方　　B.开门见山　　C.加以掩饰　　D.口若悬河

第八章　沟通中的冲突及其应对

在人际沟通中，冲突是难以避免的。冲突既是沟通中的危机，也是改善关系的机会。在本章中，你将学习到：(1)什么是人际冲突，人际冲突有哪些特征；(2)哪些行为模式容易诱发冲突；(3)实际生活中怎样建设性地应对冲突。

第一节　沟通中的冲突

冲突在很多人眼里是一个令人不悦的名词，因为在人们关于冲突的大多数经验中，冲突意味着麻烦。这种麻烦可大可小，也许是同学之间不愉快的争执，也可能是国与国之间发起的战争。冲突的过程似乎总伴随着尴尬、争吵、冷战、暴力。我们不得不承认，很多人在生活中都对冲突抱有敬而远之的心态，但是对于每个人来说冲突都是不可避免的，生活中的每一个侧面都可能存在它的身影。那么冲突到底是什么？冲突是否如我们所想总是有害的？本节中，我们将探讨人际冲突的含义，并就人际冲突的某些特性做一些讨论。

一、沟通中冲突的特征

1. 冲突的要素

什么是人际冲突？人际冲突是一种广泛存在的社会现象，很多学者都对冲突提出自己的看法，这些看法在关注的焦点和阐述的角度存上在差异，Thomas 和 Rahim 就曾指出："并不存在一个被普遍接受的冲突定义。"随着研究的深入，关于冲突的定义也在不断发展。琼斯认为冲突是一个人被迫做出两个或更多个互不兼容的反应时所处的状态。托马斯认为冲突是起始于参与者觉察到他人侵害或准备侵害自身利益的一个过程。Rahim，M. A. 认为冲突是社会实体内部或社会实体之间出现不相容、不调和或不一致的一种互动历程。俞文钊认为冲突是由于工作群体或个人试图满足自身需要而使另一工作群体或个人受到挫折的社会心理现象。冲突表现为由于双方的观点、需要、欲望、利益或要求不兼容而引起的一种激烈争斗。特纳认为冲突是"双方之间公开与直接的互动，在冲突的每一方的行动都是力图阻止对方达到目标"。黄培伦认为冲突是"行为主体之间，由于目的、手段分歧而导致的行为对立状态"。从上述观点可以看出，冲突是一个过程，这个过程的主体可以是个人或群体；冲突是一种明确表达出来的分歧。

不同学者从不同的侧面为人际冲突下了定义，这些定义在一定程度上都揭示了冲突的某些特征。我们也可以列一份人际冲突清单，写下人际冲突的背景、主题、主体、形式，归纳出人际冲突的特征。

无论什么形式的人际冲突，都存在共同的特征。人际沟通学家威廉·威尔莫特和乔伊斯·霍克为人际冲突提供了一个广泛的定义：两个或两个以上相互依赖的个体之间，感到彼此的目标不相匹配、资源不足以及彼此的行为对对方实现目标产生干扰的时候，所表现出来的明确的斗争。

根据威廉·威尔莫特和乔伊斯·霍克所提出的定义，我们可以仔细分析定义人际冲突所要具备的关键要素：明确表达出来的斗争、彼此间的相互依赖、感到目标的不匹配、感到资源的不足和来自对方的阻挠。

1.1 明确表达出来的斗争

人际冲突是一种外化的分歧，只有双方都意识到矛盾的存在，并且对矛盾采取行动，冲突才会真正存在。例如，你可能很不喜欢某个明星的穿衣风格，但你们之间不一定会产生冲突，除非你采取某些行动让明星了解到你对她的品位的不认同，冲突才会存在。冲突是明确表达出来的斗争，除了语言，还可以通过非语言的形式表现，例如讽刺的语调、不友善的目光、冷漠的回避等。

1.2 彼此间的相互依赖

只有相互依赖的个体之间才会产生冲突，当个体彼此独立，也就没有产生冲突的需要。产生冲突是因为一方的行为会影响另一方的利益，这样一层联系是冲突发生的前提。这也就是为什么我们的生活中总是存在各种各样的冲突，因为我们的生活依赖于与其他人、其他群体发生各种联系，这种联系存在于朋友、家人、组织、国家之间。彼此之间依赖的程度越高，产生冲突的频率也就可能越高，例如与父母、爱人、朋友之间产生冲突的概率高于与你的邻居。

实际上，意识到冲突双方彼此依赖，是建设性地处理冲突的前提。很多人在解决冲突的过程中把问题弄得越来越复杂，可能就是因为没有意识到彼此相互依赖这一点，在应对冲突时采取的策略更为极端化。

1.3 感到目标的不匹配

冲突的导火索往往来自双方意识到彼此的目标是不匹配的，这种不匹配不是单纯地指目标不同，它还体现在双方认为彼此的目标无法同时满足，一方的获得是以另一方的失去为前提。例如，你的室友参加歌唱比赛，想在寝室练歌；而你希望能在安静的寝室里为明天的考试突击复习。你们的目标是不匹配的，如果室友在寝室练歌，那么你就不能有一个安静的环境来复习；如果你得到安静的环境，你的室友就将为该在哪里练歌而头疼了。

当然，目标匹配与否有时取决于双方对目标的认知，这种认知受经验的影响，即在目标并不是完全不相容的情况下，如果双方能意识到可以在一定程度上满足各自的目标，而不是只关注自己的目标，那么冲突就能得到避免或是解决。例如，在上述的例子中，你可以和室友进行一次沟通，分配对寝室的使用时间，上午和晚上你可以进行自己的复习，而整个下午可以让室友在寝室尽情地练歌。

1.4 感知到资源的不足

人际冲突的发生有时是因为人们感知到资源的不足，资源的不足通常体现在时间和金钱上。职场中员工与老板之间常会发生冲突，这些冲突很多涉及时间与金钱。老板总是希望员工花更多时间加班，员工则更希望有更多时间与家人在一起；员工希望能得到更多的工资，而老板则更想用钱扩大生产。不只在职场中我们会感知到资源的不足，日常生活中我们也常常为怎样分配和使用时间产生冲突。好不容易得到的假期究竟是和家人在一起，还是一个人享受休闲时光？你的妻子可能会希望你能和家人在一起相处，但你可能更想一个人放松一下。

1.5 来自对方的阻挠

存在分歧并不意味着冲突就会发生，只有当一方的需要因另一方的阻挠而得不到满足时，冲突才会表现出来。例如，你喜欢钢琴，但你的母亲喜欢小提琴，你和你的母亲之间存在分歧，这仅仅是你们在乐器喜好上的不同。但是，当你的母亲要求你学习小提琴而不是钢琴时，这种分歧才有可能转变为冲突，你的需要因为母亲的阻挠得不到满足。

2. 冲突的维度

我们可以从三个维度进一步了解和认识冲突：内容维度、关系维度和程序维度。我们对一场冲突的认识与记忆大多是它的内容维度，即发生的冲突是围绕什么事件展开的，引起它的主题是什么。但是对人际关系来说，有时冲突的关系维度更有意义。举个例子，艾米和劳拉是室友，有一天艾米不在寝室，劳拉偷偷穿了她的裙子去参加一场聚会，结果不小心弄脏了。艾米回来后知道了这件事，很生气地和劳拉进行争论。劳拉觉得没有争论的必要，不过就是把她的衣服弄脏，洗干净就行了。她关注的是内容维度，即她弄脏了艾米的衣服。艾米却不这样认为，因为她更加关注的是这次冲突中的关系维度，即劳拉在没有经过她同意的情况下就擅自穿她的衣服，这是一种不尊重她的表现。

关系维度很少涉及冲突的内容，它聚焦在双方对彼此关系所产生的认知和情绪上，它更为重要，造成的影响也更深远，受到伤害就很难修复。所以在处理冲突时，更多的是要处理好关系维度这个部分。

冲突的程序维度是指我们在处理冲突时希望采用的规则与程序。例如，艾米希望自己能和劳拉开诚布公地对这一冲突进行沟通，把双方的想法都讲出来，共同解决问题。劳拉却希望双方都不要再谈论这件事，回避冲突。她们在冲突的程序维度上是不一致的，这种不一致会导致她们很难处理彼此的冲突，沟通很难进行下去。

二、沟通中冲突的性质

很多人总把冲突看作麻烦的代名词，认为它总是与负面情绪联系在一起，这是人们从过去经验中得出的结论。但是，冲突是否真的如人们对它的印象那样，有百害而无一利？是否可以通过某些策略来完全避免冲突？

1.冲突是自然的

很多人常常觉得生活不如意，他们发现生活中充斥着各种各样的冲突，这些冲突可能意味着他们的很多需求得不到满足。所以很多为冲突所累的人幻想存在一个更为和谐的社会，人与人之间没有或仅存在少数的冲突，每个人的需求都能得到满足。就像老子"小国寡民"的思想，一个国家的疆域不要太大，人民不要太多，这样人与人相处产生的冲突就会更少。但是，人是一种社会性的生物，不可能活在"真空"之中，我们总是与周围的人发生着这样那样的联系，因为联系而产生依赖，冲突的发生也就存在可能。

冲突的存在是合理的，也是必须的。因为冲突的发生意味着我们的人际关系是彼此依赖、互相影响的。我们与不同的人存在着或近或远的联系，无论彼此之间多么互相包容，目标有多么相近，都不能避免冲突，即使在家人、恋人、朋友之间依然存在冲突，所以冲突的发生是一件非常正常的事。

2.冲突有利有弊

日常生活中的经验让我们对冲突所带来的弊端深有体会，冲突造成的伤害有时不仅是情绪上的，我们的身体也可能受到冲突的影响。冲突会带来焦虑，国家之间的冲突可能会引起战争，扰乱社会秩序，带来经济损失。家庭的冲突可能引起冷暴力，恋人之间的冲突可能带来言语攻击、身体攻击。

那冲突是否如我们所想，没有任何益处？仔细回想生活中发生过的冲突，我们对它更倾向于采取回避，因为我们的经验告诉我们，回避冲突可以减少麻烦，获得短暂的平静。但是冲突是否一定会带来不好的结果？我们可以这样猜想，有时破坏人际关系的不是冲突本身，而是我们处理冲突的方式。冲突带来的麻烦并不是它本身造成的，而是我们处理冲突的过程导致的，我们为解决冲突进行的沟通没有取得想要的效果。如果我们在处理冲突时能采用更有建设性的应对方式，就能得到更有收益的结果，而不是那些让我们头疼的麻烦。冲突就像一个信号弹，让我们发现人际关系中存在的问题。当我们用富有建设性的应对方式，也许我们就可以从中获得持续的收益，这些收益有时可以促进彼此之间的关系。就像上文中提到的例子，你想学钢琴，而你的母亲希望你学小提琴。在就学什么乐器发生冲突之前，你们可能没有就这个问题进行过沟通，你的母亲可能按照自己的想法来做出决定，而这场冲突会让你的母亲了解到你喜欢什么，你的需求是什么，看到彼此之间存在的分歧，从而有处理分歧的可能。因此，冲突是可能带来益处的。

3.回避冲突对沟通有严重的不良后果

一些人习惯在沟通中回避冲突，他们认为，减少冲突是维持良好关系的方式。其实，这是对沟通中冲突处理的误区。例如，在婚姻关系中，一般人的直觉是，在夫妻关系中，夫妻吵架的频率越高，则婚姻就越不幸福。然而，心理学的实证研究却发现，痛苦的夫妻与幸福夫妻争吵的频率没有显著差异。换言之，那些幸福的夫妻之间争吵的次数与那些不幸福的夫妻争吵次数是一样多的，不仅如此，他们吵架的内容也差不多，都集中在日常的琐事上。综合三十年的研究，他们发现，争吵的频率与内容不能完全决定夫妻是否离婚，长期避免冲突才是造成夫妻离婚的最重要的原因。因此，沟通中有冲突本身不是问题，我们怎么去处理和应对冲突，才是问题的关键。

生活中的心理学

亲密关系中的辩证张力

人们在生活中常常存在这样一种体验，感觉到自己与他人之间的关系进入了一种矛盾状态，当然我们能意识到这种矛盾，但可能会感觉无法协调，无法找到一个适合的点以求得平衡。例如，有的人在希望能和某一个人保持亲近关系的同时，又期望保有自己的独立空间；乐于与他人保持稳定关系的同时，又希望这种关系中能有一些惊喜；有时候想要告诉对方自己的秘密，又想保留一些隐私。这些矛盾的心情就是关系学家所说的“辩证性矛盾”的状态，即人对一种亲密关系产生了多种诉求，而有时这些诉求同等重要却又相互排斥，为了实现这些诉求，我们就不得不陷入一种辩证的张力之中，不断拉扯，不断平衡。这些辩证张力在亲密关系中是非常普遍的，通常体现为三类矛盾。

独立与亲密之间的矛盾。这一类辩证性矛盾在亲子关系与夫妻关系中很容易发现。例如，在青春期时，孩子在希望与父母保持亲密关系的同时，开始渴望独立，获得一种自主感。这时他们会陷入这种辩证性矛盾，而且可能会在两极上来回摇摆，因为他们才刚刚开始学习怎样去平衡它。夫妻之间也存在这样一种张力，我们从与伴侣保持的亲密联系中获得满足，但是太过亲密又觉得无法呼吸，所以又渴望有自己的独立空间。

公开与隐私之间的矛盾。从我们与朋友的交往中可以看到这种矛盾。例如，当朋友询问你与丈夫之间的相处情况，因为她对你的关心，你可能很想告诉她关于你丈夫的事。但是因为可能涉及你丈夫的隐私，又希望能为他保密。

稳定与新奇之间的矛盾。每个人都希望与他人建立一种稳定的关系，但是在某些更为亲密的关系例如夫妻关系中，太过稳定的关系有时候会让人觉得乏味，没有惊喜。然而当关系中充满新奇时，又会让人缺乏安定感。人们常说的“七年之痒”可能就是这种矛盾无法调和所带来的结果。

辩证性矛盾为亲密关系带来考验，需要去尝试与发现，当我们能平衡好这些矛盾时，可能会让彼此之间的关系变得更加牢固与坚韧。但是，如果这些矛盾无法找到一个适合的点，可能就会给我们的亲密关系带来伤害。

复习巩固

1.人际冲突的关键要素是什么？

2.我们可以从内容、关系和程序三个维度进一步了解和认识冲突，这三个维度的含义是什么？

3.冲突的性质有哪些？

第二节　沟通中诱发冲突的行为及其应对

一、容易诱发冲突的行为

冲突是一种个体和他人之间的互动，不仅仅取决于其中一方的行为方式。导致冲突的因素有很多，例如性别、文化等，都能够导致冲突。然而，心理学的研究发现，一些行为特别容易诱发沟通中的冲突，从而影响我们的人际关系。例如，夫妻关系是日常生活中一种很重要的亲密关系，大部分人一生中有很长一段时间都处于这样一种关系中。被公认为对婚姻研究做出很大贡献的学者高特曼夫妇，花费数十年的时间，对数千人进行实证研究，并曾花费十八年的时间长期追踪其中六百五十对夫妻。他们在婚姻持久预测和婚姻指导上进行了深度研究，发现了一系列容易诱发婚姻冲突甚至导致离婚的行为。

哪些行为特别容易诱发沟通中的冲突，严重破坏人际关系呢？约翰·高特曼认为，夫妻间有四类严重破坏婚姻关系的行为：批评、轻蔑、防卫、筑墙。他以《圣经·启示录》第六章中的“灾祸四骑士”——“白”、“红”、“黑”、“灰”四匹马来比喻以上四类“婚姻终结者”。《圣经》中，每一匹马出现时，都意味着会给世间带来巨大的灾难。婚姻中，上述每一种行为的出现都可能会给夫妻双方造成极大的伤害。除了约翰·高特曼提出的导致婚姻破裂的“四大杀手”外，以丹佛大学的豪尔·马克蒙博士为首的研究群体也对什么样的行为会造成夫妻关系破裂这一课题进行了研究，他们提出了婚姻的四大毒瘤：战火升高、否定、负向诠释、逃避。

从约翰·高特曼和豪尔·马克蒙对婚姻的研究中，可以看出他们都认为夫妻间的互动中有几类行为对婚姻的杀伤力不容忽视。旅美临床心理学家黄维仁与约翰·高特曼和豪尔·马克蒙两位学者讨论后，将他们的研究成果进行整理，提出了四大“爱情超级终结者”：(1)抱怨、批评、蔑视；(2)防卫；(3)筑墙；(4)负面诠释。我们认为，这四种行为不仅影响夫妻间的沟通，也容易诱发我们日常生活其他方面的冲突。

1.抱怨、批评、蔑视

日常生活中，夫妻之间、朋友之间甚至父母与孩子之间总是充斥着各种各样的事情，他们试图通过沟通在这些事上达成一致，但有时因为各自的需要与期盼不同，或者在沟通中存在非良性互动，有些问题就得不到解决，进而对彼此产生失望、埋怨等情绪，抱怨也就不可避免。差异导致分歧，分歧引起抱怨，抱怨是生活的一部分。有时，抱怨并不是一件坏事。抱怨通常描述的是事实和感受，很少涉及对他人的评价，例如，“怎么这么晚才回来？饭菜都凉了，我也等得好饿啊！”“你买衣服能不能在减价的时候再买。”抱怨总体上对沟通和关系的影响较小，它让沟通中的个体了解彼此的诉求，发现问题，解决问题。容易导致冲突的行为是持续的抱怨。短时间内抱怨次数太多，也相当具有杀伤力。例如，“你头发太长，好难看啊！今天你衣服颜色不对，和裤子不配。怎么忘了帮我把干洗店的衣服拿回来。一回家就看电视，怎么也不到厨房来帮我一下。”听话者听到一连串的抱怨，心情自然大受影响。

不适宜的抱怨可能转化为一种对对方的批评。当抱怨聚焦在对人的价值观或者人格的判断上，而不是针对冲突本身的内容时，抱怨就会表达出一种对对方的批评。例如，“你怎么搞的，老是让别人等你，让别人迁就你。”“你这人真浪费，不晓得打折的时候去买啊。”心理学的研究指出，说出此类话语的说话者可能没有恶意，但是当人听到此类对其人格特征进行判断的句子时，容易产生被否定、不被尊重的感觉。

如果人格评价之外再加上攻击性的词汇，抱怨就变成更为严重的破坏关系、导致冲突的蔑视了。例如，妻子对丈夫为了应酬每天喝得醉醺醺这件事表达不满。正常的抱怨可能只会说：“我知道应酬少不了要喝酒，但是你每次喝酒回来都是醉醺醺的，把孩子都吵醒了。而且我很担心你的身体，你就不能少喝点吗？”妻子对丈夫喝酒太多发出抱怨，但这种抱怨传达出对丈夫的体谅和担心，有利于和丈夫进行喝酒问题的沟通。而不适宜的抱怨可能就会说：“天天喝得醉醺醺的回来，你的应酬就那么多？那怎么到现在都没有升迁，没本事，再喝酒也喝不出个业绩来……”这种抱怨变成一种批评，表达出对丈夫的轻视和否定，他的自我价值受到来自妻子的评价的威胁，容易引起丈夫的反击。

从上面的例子可以看出，抱怨不一定引发冲突，但当抱怨含有对对方的价值和人格的否定与轻视时，就变成一种批评，而批评无疑会使沟通的焦点从对事件的讨论转移到对对方的攻击和自我的防卫上，从而容易诱发沟通中的冲突，破坏关系。

2.防卫

抱怨往往会带来第二个危险信号“防卫反击”。防卫的出现不是无缘无故的，只有我们受到攻击或自认为受到攻击时，才可能本能地出现防卫行为。

2.1 防卫产生的原因

一般说到防卫，很容易联想到因为身体受到攻击而采取防卫，但我们发现在爱情或者婚姻中有时并没有身体攻击，防卫行为却时常出现。是什么引起我们的防卫？

生活中，防卫总是出现在我们被否定、被批评之后，感受到来自对方的威胁，并且这种威胁指向我们的自我形象。在人际交往中，我们总试图控制自己在他人眼中的形象，当对方接受并喜欢我们表现出来的自我形象时，我们能从中获得满足，并不会出现防卫行为。而当对方的言语或举动流露出威胁我们自我形象的信息时，一方面，我们的自我价值感会受到挑战；另一方面，认知失调会带来不一致感，这些令我们不舒服的感受本能地促使我们产生抗拒，防卫也就自然而然地产生了。这里所说的认知失调，是指自我认知与对方表现出来的关于我们的认知在态度和行为上存在矛盾和冲突，这种冲突会带来不一致感，从而迫使我们采取措施去消灭冲突。防卫在这里就是一种有效并具有破坏性的手段，它能使我们在一定程度上摆脱不一致感带来的难受，但相互防卫可能造成恶性循环，导致战火升高。夫妻之间“翻旧账”就是一种典型的相互防卫的现象，不停地攻击对方，保护自己，使气氛变得越来越紧张。“翻旧账”对夫妻关系的破坏力比我们想象的大。

2.2 防卫时的行为表现

了解防卫产生的原因的同时，我们也有必要关注防卫出现时有哪些表现。了解这些表现有助于更清楚地看到我们生活中出现的防卫行为，从而有意识地控制它的出现并减少它带来的伤害。黄维仁提出了三种防卫行为的表现。

(1)当面临冲突时，不肯承担责任，不会道歉，把过错推给别人，喜欢使自己扮演无辜角色，使对方不知不觉扮演迫害者角色。例如，“要不是你乱花钱，我会把钱偷偷藏起来?”“要不是你无理取闹，我会和你吵架?”

(2) 看不到他人的有理之处，只急着指出对方的错误。例如，“你有什么资格说我，至少我都是准时交作业的”。

(3)一面保护自己，一面猛攻对方的弱点。例如，“我为什么总是批评你，还不是因为你身上缺点太多，又不会吸取教训”。

除了黄维仁提出的这三种防卫行为之外，也有一些其他的防卫行为。有些人在防卫时，会产生一些攻击他人的行为。例如，在沟通中反唇相讥:“我很感谢在我休息的时候可以和你一起吃垃圾食品和看肥皂剧。”我们也会扭曲所听到的批评进行自我防卫。例如，我们可能会借自己较强的一面掩饰自己较弱的一面。“我物理不好，但是语文还不错。”我们也会通过表现出无助和不能做的样子，来掩饰我们实际上不想做的意图，用“不行”替换“不要”。例如，“我想和你建立亲密关系，但是我试了很多次，就是不行。”

防卫在我们的自我保护中有其存在的价值，但它也在保护的过程中带来很多无形的伤害。我们往往只把焦点放在自己被攻击、受伤害上，从而拒绝理智地看待问题，没有试图去理解对方的想法，误会变得越来越深，“翻旧账”的现象也就不可避免地出现，让当前的冲突变得更加不可调和。

2.3 防卫的类型

日常生活中，防卫的身影随处可见，它可能藏在我们的话语中，也可能躲在我们的行为里，有时候我们可能没有意识到自己的言行都存在防卫的色彩。下面，我们对防卫的类型进行说明，分析防卫的身影会隐藏在哪里。

2.3.1 回避

回避是一种消极的防卫，试图通过某些方式来躲避那些让自己受到伤害的信息。例如，当遭受到来自伴侣的连续攻击或批评时，离开沟通现场，不与对方待在同一个空间，物理上直接阻止自己受到攻击。这种防卫可能会带来更糟糕的情况，因为这种拒绝的姿态常常是表明“我不想理你”“我讨厌你，不想与你说话”，而这些无疑会给对方带来更多的伤害，引起更强烈的不满情绪。现代心理学的研究已经证实，避免冲突反而会带来更大的冲突。除了离开现场外，我们也会通过压抑或是表示漠不关心来隔离威胁自我价值的信息，这是一种体现在心理上的防卫。防卫者通过假装没有注意到这些威胁信息，若无其事地继续其他的话题，压抑自己内心体验到的伤害，或是承认这些信息，但是伪装出一种不在乎的表象，让自己看上去完全不受影响，从根本上说也是压抑伤害，假装坚强。还有一种“逃避”的防卫，假压抑真反击，就是在受到伤害时把情感压抑下来，然后在不具威胁的场景中发泄出来，以摆脱挫折感，获得平衡。

2.3.2 反击

反击是一种积极的防卫，但这种防卫常常带来战火升高的结果。这里的反击，主要是指口头上的反击，用语言上的侵犯来实现防卫。这种防卫是通过贬低别人抬高自己，来获得心理上的平衡。例如，妻子说：“你为什么又要换手机，现在这个手机买了半年都不到，完全没有问题。而且一部手机就是几千块，你把钱都拿去买这种多余的东西，我们到底还要不要过日子。”丈夫马上回击说：“你怎么不说说你自己，你的衣柜都已经挤得什么都装不下了，你还三天两头买衣服，一件衣服也是好几百，家里的大部分钱都花在你的衣服上。你有什么资格来说我。”接下来可能就是夫妻之间相互“翻旧账”，最终可能会偏离沟通的初衷。

2.3.3 找借口

找借口是一种看似积极实则消极的防卫，因为这种防卫存在推卸责任的意味。它常常含有几种形态，例如合理化、补偿。合理化就是我们最常用的防卫，表达出一种做这个决定与自己的意愿无关、只与现实有关的意思，从而为自己不被接受的行为提出一种合理的解释。例如：“我又不是真的喜欢抽烟，但是工作压力大，不抽工作怎么完得成。”“我真的想帮你这个忙，但是我再怎么学也肯定达不到你的要求。”“我买衣服还不是为了你，我穿得漂亮你就有面子。”另一种找借口的防卫就是补偿，通过其他方面的给予来弥补自己受到攻击的部分。例如，妻子埋怨丈夫说：“你居然忘了昨天是我的生日，我做好饭一直等你，等到菜都凉了你才回来。”丈夫说：“我不是故意忘的，你不是喜欢那一家店的包包吗，我特意去买了一个给你，你看看喜欢吗?”丈夫用送礼物的方式弥补忘记妻子生日的事，防止来自妻子的埋怨。

3.筑墙

筑墙从字面意思理解就是在沟通双方之间树立一道墙，使沟通过程中断。我们经常在日常生活中看到沟通中的一方采取这种方式。例如，妻子站在一旁不停地指责丈夫的过错，丈夫坐在沙发上一言不发，感受到丈夫的沉默，妻子怒火更加高涨。在争吵的过程中，一方急着与对方沟通，希望得到回应解决问题，而另一方急着把自己封闭起来，逃避让自己感到敏感不安的话题。从日常生活中，我们可以看到逃避的几种形态：打岔，提出新的话题，企图转移对方的注意力；频频点头，用敷衍的态度应付对方的提问，希望对方尽快停止交谈；不回答，不正视对方，不给予对方回应等。沟通过程中出现筑墙，有时看上去是使冲突得到暂停，防止争吵的局面出现，但当筑墙的出现不是为了暂时冷静理清思绪，而是拒绝沟通，可能会使冲突更难以消除。

沟通受到筑墙的阻碍，会让说的一方体验到一种强烈的挫折感，这种挫折感会带来更多的愤怒，从而加剧矛盾。有研究表明，在婚姻中，当丈夫对冲突采取筑墙时，妻子的心跳与血压都会急剧上升，因为这种逃避行为对她而言意味着否定和拒绝，这会给她带来极大的伤害和威胁。

4.负面诠释

当抱怨、批评、蔑视、防卫、筑墙等经常出现在人际沟通中时，负面诠释就很容易出现，导致冲突。人的行为依赖于经验，试想当婚姻充斥着否定、防卫、逃避，双方都感受到来自对方的排斥、冷漠，内心对婚姻幸福度的评价还会剩多少分？生活中不断积累的伤害遮盖了双方的眼睛，看不到对方做出的努力，甚至在对对方行为进行解读的过程中存在恶意猜想，冲突在不良的互动中愈演愈烈。负面诠释也容易出现镜像效应。所谓镜像效应，就是不正确的认知占了主导，在自己预设的错误认知的框架内“过滤”有关对方的信息，把那些能够证明自己的预设的信息留下，常常无意识地过滤那些同自己的预设相悖的信息，而思维的惯性进一步加强了镜像效应的生命力，在这个过程中错误认知又不断地被再生产。例如，最近几个月夫妻之间关系比较紧张，丈夫想缓和一下彼此之间的气氛，特意邀请妻子出去吃晚餐，没想到妻子收到邀请后的反应不是高兴而是充满怀疑，说：“你约我出去是想和我谈离婚的问题吧，我就知道你不想和我过了，就这么急着摆脱我！”当恶意怀疑的种子埋下，整个婚姻生活就会染上黑暗的色彩，夫妻双方对婚姻的认知就会进入痛苦、没有希望的区域。

以上是在沟通中容易导致冲突发生的几种行为，这些行为具有强大的杀伤力，对关系造成的威胁不可估量。在这里，我们不是说这些行为出现就一定意味着关系会破裂。有些学者的研究发现，幸福和不幸福的婚姻中以上几种行为都会出现，只是在幸福的婚姻中这些行为是偶发的，他们能意识到这些行为所带来的伤害，并且能采取具有建设性的方式来应对。而不幸福的婚姻中，夫妻之间会让这些导致冲突的行为反复出现，让沟通陷入一种恶性循环，像一个死结把彼此缠住，无法解脱。

二、建设性地处理沟通中的冲突

现实生活可能带给我们很多关于冲突的不良经验，但是冲突也让我们发现问题，使改变成为可能；冲突带来的结果可能并不取决于冲突本身，而是与你处理冲突的方式有关。例如，冲突发生时，我们容易被情绪所掌控，有时甚至会失去理智，这时就冲突进行的沟通可能不是为了处理问题，更多带有发泄情绪的色彩。因此，在情绪激化的状态下，想要理性分析冲突中的种种因素是很难办到的，所以关于冲突的沟通应该在事态稍显平息之后开始进行。在冲突时，能采取客观分析的态度，找到冲突的根源，使双方在一定程度上达成共识；在冲突中，带着责任感来看待冲突，强调自己在解决冲突中的责任，对此形成责任感，摆脱固有立场的束缚，承认冲突不只是别人的过错，解决冲突也不是在帮助别人收拾烂摊子。以上解决冲突的行为和态度，可以称为"建设性地处理冲突"。

所谓建设性地处理冲突，是指冲突的处理必须着眼未来，考虑事态的长远发展，有利于人际关系的维系和发展。建设性地处理冲突，与情绪化、惯有的处理方式不同，需要更理性，需要个人更多的努力。建设性地处理冲突的技巧有很多，以下着重介绍几个方面：避免心理防卫、自信应对批评、勇于道歉、双赢方法、重视冲突的情境。

1.避免心理防卫

沟通中产生冲突，容易导致人际关系的紧张状态，处理不当则容易导致冲突升级，使沟通的效率受到影响，严重的甚至会破坏关系。在冲突中产生心理防卫，把责任都归于感到被威胁的人身上，过分地保护自己的自尊，那么，沟通双方则很难坦诚地沟通，冲突难以在对立的氛围中得到解决。建设性地处理冲突，可以采用支持性的沟通方式，避免心理防卫所导致的隔阂与敌意。支持行为包括采取描述式沟通、直面问题、平等协商等方法，使对方得到心理支持，有助于冲突的化解。

1.1 不妄加评论，采用描述性沟通

言语是情感的一种载体，言语表达常常带有强弱不等的感情色彩，褒贬都体现了较为强烈的价值偏向。在人际沟通中，多采用描述性沟通而非评价性沟通，较有利于化解冲突。描述性沟通侧重描述自己的想法和观点，主要采用"我"句式，针对自己，重点阐述自己的感受和想法。而评价式沟通侧重价值判断，句子中经常包含有"你"，反映的是说话者的价值取向，是对另一方价值取向高低的评定。每个人都有自尊，都有自己所认同的自我价值，公开质疑一个人的能力、价值观等，很容易引发他人防御心理。如果沟通双方地位平等，评价别人会给人一种身处高位的印象，容易引发高度的心理防御。如果评论含有负性的信息，则容易使听话者觉得自尊受损，产生反感和抵触情绪。

评价性沟通常常是对立和冲突的导火索，而采用描述性沟通，能缓和沟通的紧张气氛，使问题得到更好的解决。例如，在沟通中，评价性沟通"你知不知道你究竟在说什么?""这地方真乱!"容易诱发听话者的防卫，如果改用描述性的沟通"我不明白你所要表达的意思。""如果你不打扫，我们的生活会很脏乱，这点让我有点生气"可能会大大减少冲突。

在进行描述性沟通时，说话者真诚而不掩饰能起到更好的效果。真诚的表达意味着在沟通中不操纵对方，也不能为了获得别人的信任与同情而故意表现得很真诚。有些人故意把坦白沟通作为一种达成自己目标的手段。例如，在夫妻和恋人之间经常会出现这样的场面。一个对另一个说：你看看，我就为了爱你，放弃在美国高薪的工作；

我就为了这个家，才这么拼命地挣钱养家，所以你必须对我好。在这种对话中，说话者也可以说得很真诚，但其行为的本质，却是以“爱”的名义进行的强制性控制，让他人按照自己的意愿去做。这种沟通模式，即使是真诚的，也会对他人产生一种被强迫、被勒索的感受，并不利于沟通。真正的描述性沟通，是诚实地表达自己内心真实的想法，同时不操纵他人或隐藏自己的目标。

1.2 直面问题

冲突情境下，企图控制一切，指责对方未尽责任，是另一种引发心理防御的方式。在沟通中相互指责，争论对错，试图控制对方，对于解决冲突没有积极意义。有时人际沟通之所以产生冲突，只是因为沟通双方立场不同、人生经验不同而已，是没有什么对错可言的。沟通的目的是什么，这在一定程度上决定了解决冲突的目标和方法。为了更好地解决人际冲突，沟通应该立足现在，着眼未来，共同寻找最优的解决方法。因此，在沟通中，与其判断谁对谁错，控制对方，还不如直面问题，以解决问题为导向。例如，你有一个重要的电话要等，希望别人不要使用你的电话，你如果说“你接下来两小时最好离电话远一点”，这样容易引起他人的心理防卫，不如说“我在等一个重要的电话，想麻烦你一下，让电话暂时保持畅通不占线”更为恰当。

在沟通中直面问题，要注意避免支配性的话语。支配性话语的主要特点是不顾他人的需要和兴趣，自顾自地解释和决定事情。例如，“你照我的话去做，事情就会成功”“只有一个方法来解决问题了，这就是……”。控制是亲密关系的敌人，在沟通中也是如此。支配性话语容易引起他人的心理防卫，导致沟通中的冲突。问题导向的冲突应对方式应该更加理性，把沟通的焦点集中于满足他人和自己的需求，让每个人都有良好的结果，让每个人都觉得自己是赢家。

1.3 平等协商

人际冲突的解决有赖于冲突各方的共同努力，平等协商是良好沟通的前提。优秀的沟通者都是平等地对待沟通对象，争取相互尊重，在此基础上进行深入的了解。而自高一等的架势显示出一种内心的优越感，这种“别人都不如我”的姿态极易招致人的反感，良好的沟通根本无从谈起。高傲和优越感营造了一种竞争和对立的氛围，各方难以全身心投入冲突解决中，不利于冲突的化解。

相信自己完全正确、认为自己的方法是唯一正确的方法、坚持认为自己知道全部事实，这些行为和态度都容易引发他人的防卫，因为这样的沟通者把注意力集中在自己所持的观点上，漠视了他人的观点，也漠视他人观点的重要性，容易使听话者觉得自己受到冒犯，转而采用防卫行为。而协商的方式不容易诱发心理防卫，尊重他人的意见，当他人的意见看起来更合理的时候也能改变自己的立场，这样更容易沟通，更容易化解沟通中的冲突，使问题更容易得到解决。

2.自信地面对批评

每个人都可能面对过别人的指责和批评。有的人会被动地回应批评，他们可能会变得沉默寡言、脸红、哭泣或者逃离，也可能假装没有听到批评者说的什么，或者为了避免冲突迅速地同意批评者说的每件事情。如果自认为没有过错，无端遭受一阵责难，会感受到一种不公正感。被动地对他人的批评做出回应，则可能抑制愤怒，使个体感到抑郁。如果你立刻以牙还牙，进行言语回击，这会让你和你的批评者互相对立，从而招致更多的批评，使冲突升级，对于解决冲突有害无益。批评和诋毁有太多差别，更算不上攻击。而每当人们在批评和攻击之间画上了等号，强烈的情绪冲动便完全占据了优势，失去了清晰的逻辑思考。在情绪化的回击之前，或许会丧失理智，使你根本不会去考虑这种冲动行为的后果。建设性的应对方法是先弄清事实，然后表示一定的赞同和支持。

2.1 澄清事实

面对批评时，人们习惯性地进行反击，往往忽视了批评的内容，也没有认真考虑过内容是否真实。在并不清楚冲突内容的前提下回击对方，冲动地发泄情绪，不顾一切为自己辩护，这不是明智之举。对方的批评，有时会严重脱离事实，有时会在表达上出现偏差，也可能出现自己对对方的用意产生错误理解。因此，在遭受批评时，首先澄清事实很重要，这是进一步行动的必要依据。

澄清事实之前，有必要让对方充分表达，不要急着说出你的看法。听取别人的批评是有价值的，可以大概了解其批评的内容，也许其中不乏中肯的评价。通过两种角度的对比，能更全面地看待相关事情，对自己的立场也有更清晰的认识。

有时，对方的批评是极为概括的。例如，“你不值得信任！”“你这个人简直无法理喻……”，诸如此类的批评，除了传达出一种否认的态度外，缺乏批评的具体依据，此时应该将问题具体化。具体化可以采取提问的方式，挑出批评中你认为批评者感觉最强烈的部分。例如，询问对方“是什么让你觉得我不值得信任？”“是什么让你觉得我不可理喻？”。而“你到底想说什么？”“我做的有什么问题吗？”之类的问题不仅本身过于笼统，而且听起来会让对方感觉你有防御性，会阻碍批评者表达真正的感觉和希望。

除了直接提问，还可以采用先猜测后引导的方法，逐步向事实靠近。针对批评中的线索，有意识地引导对方逐步深入话题，得到更多具体信息。一旦有了线索，自己可以依据经验猜测对方所指的事情，然后尝试引导话题，证实自己的猜想。

2.2 考虑批评者的观点

除了关注事实本身，还不能忽视批评者。如果执着于自己的立场，很在意别人的评价，批评更可能导致冲突。让批评者提供一个具体的例子，仔细倾听并判断他的感觉、想法和希望。批评者的言语透露出其需求，这些需求才是其批评的关键，需要加以关注。动机体现了需求，知晓对方的需求有助于沟通，尽量不浪费时间和精力。例如，如果别人心烦意乱，随意指责，此时便不必十分在意批评的内容，因为此时批评更像是在发泄烦恼。而如果别人十分郑重地历数你的过错，此时就不得不倾听具体内容了。了解对方为什么采取批评的沟通方式，需要对沟通情境、对方的个性、批评方式等具有敏锐的觉察力。关注批评者，可以提供更多有关批评的信息，减少与别人对立的可能性。

对批评者的关注有多种具体形式，可以采取积极倾听，也可以围绕对方展开话题，一些小动作也能传达积极的信号。换一个角度看问题，积极地倾听，尝试客观地解释批评者的用意。通常，批评者发现有人在倾听自己的抱怨时，态度会相对温和。考虑批评者的观点，更加体现了足够的尊重，是对外界批评的积极应对。

2.3 接受批评

如果对方的批评很有道理，与事实相符，此时最有利于解决冲突的自然是接受批评。建设性的批评能够帮助你提高自我。当你犯了错误的时候，建设性的批评可以理解为对你行为的一种积极的反馈，可以帮助你学习如何不再犯这个错误。有时你受到的批评没有建设性，但却是正确的。当你接受你所受到的批评时，不管它是有建设性的批评还是只是一个没有必要的提醒，你都要承认批评者是正确的。同意对方批评的事实，真诚地面对批评，这也是对别人的尊重。

有时你受到的批评是你不同意的、非建设性的、操纵性的批评，这些批评的目的是为了贬低你。那么，你也可以在坚持自己观点的同时，发现批评中你可以同意的某些东西，使批评者冷静下来，继续交流一些重要的问题或是结束对话。接受批评并不是卑躬屈膝，低人一等，而是勇敢地正视自己的问题。

批评者：你讲了这么长时间的故事，无非是在卖弄自己。

回应：我理解你的看法，我一直喜欢聊自己的经历。

上面对批评者的回应并不具有攻击性，理解对方的批评，但并不表示为被批评的事情负责。接受批评，依然可以保留自己的立场，在平等的基础上相互沟通。

可以从批评者说的内容中找出一些你同意的部分，例如，找出一部分事实并且承认他们是正确的，忽视其余的批评。修改批评者使用的绝对化的词，例如“总是”“从不”，重新说出你同意的句子，但是不要扭曲批评者最初的意思。

批评者：你总是在玩游戏，你一天不玩游戏，日子就没法过了啊！

回应：是的，我玩游戏的时间比较多。

同样，我们也可以理解批评者的感受。此时，你并不需要认同批评者的结论，而是试着站在批评者的角度，以他们的眼光看问题，回应他们的情绪。

批评者：我不完全相信你现在头痛，我觉得你只是不想洗碗。

回应：我完全理解你为什么这么想，我的确不喜欢洗碗，但我现在真的是头痛。

个性成熟的人不会否认自己的不足和所犯错误，这是积极的生活方式。很多人虽然口头上接受批评，但不一定真实，言语中透露出怨气，心有不甘，一些表达方式显得很勉强，如“你对，你对，我错了”，大家都能察觉到这是在敷衍。接受批评往往和道歉联系在一起，承认对方的批评，如有必要还应该主动道歉，以消除冲突的负面影响。

3.学会道歉

我们是否曾为一段关系的无法挽回感到遗憾？很多时候，我们明白自己的失误，只要道个歉，冲突就能消除，但就是怎样都说不出口。为什么有时候做出了道歉的行为，对方却没有给予想要的回应？说出道歉很难，道歉被对方接受很难，这一重重的困难似乎让道歉堵在喉里，欲吐不能。

人们不喜欢道歉，因为道歉意味着要承担责任，要承认自己的不完美。但是没有道歉，愤怒就会聚集。冲突带来的创伤如何抚平？受损的关系如何修复？内心的内疚感如何减轻？冲突已经发生，并带来不好的结果，我们为此产生负面的情感，但这不意味着我们对这些结果只能照单全收，我们可以用道歉去弥补那些已经造成的伤害。

其实很多人已经感受到了道歉在生活中所扮演的重要角色，但是依然无法在需要道歉的情境中，做出道歉的行为。这可能是因为我们在成长过程中受外在文化的影响，生活在一个不习惯道歉的环境中，我们很难把道歉内化为自己的行为模式。但是，很庆幸，道歉是一门能被学习的艺术，我们可以学会道歉。

享誉全球的婚恋辅导专家盖瑞·查普曼博士和詹妮弗·托马斯博士对道歉进行了研究，发现道歉包含5个最主要的方面，他们称其为道歉的5种语言。下文中，我们将对这5种道歉的语言进行说明，通过了解和使用这些语言来处理冲突造成的关系后遗症。当然，你也可以试着从中发现自己偏爱的道歉语言。

3.1 表达歉意

人们道歉时最常说的一句话是“对不起”，通过语言向对方表达自己内心的歉意。这种歉意的表达是情感上的，为自己的行为对对方造成伤害，感到深深的内疚和痛苦。但道歉不只是说“对不起”，人们更在乎的是“对不起”三个字后面的歉意与诚意。道歉始于怀有歉疚之意，但我们也能在生活中发现，有些人只是将“对不起”当作道歉的代名词，说出来只是为了避免更多麻烦，敷衍了事。这种敷衍的道歉毫无诚意，当接受歉意的人从中感觉到对方表达歉意的目的是想停止争论，而不是认识到对自己造成的伤害而心生内疚，新一轮的怒火也就有了导火索，人际冲突的解决也就无从谈起。

那么，什么样的道歉是有诚意的？

甲：你不是答应过我今天晚上的聚会绝对不会迟到的吗？

乙：对不起，但是你真的把聚会的时间安排得太早了。

在说了“对不起”之后，马上说出自己的借口，甚至把错误归结到对方的头上，这种道歉不会显得真诚，反而给人逃避责任之感。即使有正当的理由时，可以在道歉之后，另找合适的时机进行说明，而不必当场进行争辩。

真诚的道歉不应该作为要求对方同样表达歉意的筹码。我们不能在表达歉意的同时，迫使对方做出相同的回应。例如，“我都为自己爱乱花钱的习惯向你道歉了，你为什么不为自己不做家务感到抱歉？”

真情流露的道歉才会是真诚的，表明已经意识到自己的错误，愿意为自己的过错承担责任。但是在表达的过程中,准确的语言表达是必要的,“对不起”并不是万能的道歉语句,应该具体谈论自己的行为,并对给对方造成的伤害表示歉意。

3.2 承认过错

“你以为说一句‘对不起’就可以了?”并不完全是一句玩笑话。“对不起”是一种最为常见的道歉语言,但对某些人来说,伤害不是一句“对不起”就能抚平的。除了表达歉意,他们还需要对方承认自己的过错,真正知道自己的某些行为是错误的。

很多人不愿主动道歉、承认过错,是源于内心过于强烈的自尊感和面子观念。人们似乎存在这样一种观念:道歉即弱者,有损自尊,是一件令人羞耻的事。道歉意味着退让和弱势,因此,人们会对是否道歉犹豫不决。有时候迫不得已道歉,但又心有不甘,常常一边道歉,一边自我辩解。这种表达歉意的方式很难让人觉得真诚,容易引起当事人的反感。

承认自己的过错,在冲突过程中做出让步,可以让矛盾得以缓解。一个人真诚地承认过错,应该首先在心底承认自己的错误,并通过言语表达出来,让对方知道。承认错误,对自己的所作所为负责,意味着敢于承担责任。认错时不要只是不停地说“我错了”,说出自己的错误之处更能让对方感受到你道歉的诚意。承认错误并不是流于形式的敷衍行为,真诚而具体的言语表达是不可或缺的内容。

3.3 弥补过失

平等公正的观念深深扎根于人们的脑海中,在人际关系中,破坏公平就等于破坏了隐性的心理契约,成为人际冲突的导火索。道歉,是一种做出补偿的行为,追求心理上的平衡。道歉之后的补偿或积极改变就是天平一端的筹码,达到一种心理上的平衡。

道歉的诚意没有一个客观衡量的标准,有的人认为表达歉意就足以说明其诚意;有的人则要听到对方承认了自己的过错才会感受到道歉的诚意;有的人要看到对方对自己的过错进行弥补和补偿,才会相信对方道歉的真诚。一个人如果真心为对别人造成伤害感到抱歉,他的内疚心与公平感就会促使他尽自己所能去弥补。当然,有些错误可以直接进行弥补,但有些无法挽回的过失就只能从其他方面弥补。

弥补过失除了获得心理上的平衡之外,也表达着这样一种意义,即在乎并且重视彼此之间的这一段关系。虽然发生过冲突,并对对方造成伤害,但他们还是渴望能有机会弥补,修复彼此受到伤害的关系。

3.4 真诚悔改

实际生活中,大多数道歉都以口头表达歉意而结束,似乎这成为人们习惯的道歉模式。但有时说出了一句“对不起”,也勇敢地承认了自己的过错,人际冲突却不一定得到彻底解决。如一个人经常迟到,每次迟到之后总是诚恳地道歉并承认自己的错误,你会信任此人吗?恐怕不会,经验告诉我们此人很可能下次继续迟到。一个人可以随口说出“对不起”,可以承认自己失责,却不一定做出相应的改变。下一次迟到,冲突依然存在，问题依然没有得到解决。

千里之堤，溃于蚁穴。人际冲突的问题，常常是由于人们对细节的忽视。一次次地重蹈覆辙，实际是在削弱下一次道歉的真诚度，增加解决冲突的困难。不做出主动改变，之前获得的信任就荡然无存，这是口头道歉失败的重要原因。在有些人看来，道歉不应该只是口头说说，而应该拿出行动，只有在行为上做出表示，道歉才会显得真诚。很多夫妻为鸡毛蒜皮的小事发生争吵，发现自己不对的地方也的确会向对方承认错误，但是下次依然再犯。这种口头承认、行为不改的道歉，会让平复下来的怒火再一次升温。所以在这个时候，道歉除了说出“对不起”之外，还应该表明这样一种意思：“我错了，责任在我，我应该做出改变。”通过行动传达说服力，改变是道歉真诚度最好的指标。

这种道歉语言叫作“真诚悔改”，偏爱这种道歉语言的人需要的不只是对方承认自己的错误，他们更想看到对方在行为方式上的改变，只有行为上的转变才能让他们看到道歉的诚意。

“真诚悔改”包括两个层面：一是“悔”，向对方说出自己的歉意，并表达自己改变的意愿；二是“改”，真正在行为上做出改变。这两者缺一不可。悔改是发自内心的，我们发现自己伤害了所爱之人，不想这样错下去，所以希望做出行为的改变，并向对方说出这个决定。这种做出改变的决定，表明我们不再为自己的过错找借口，而是为自己的行为承担全部责任。有的人可能认为说的都是虚的，不如直接做，于是没有向对方说明自己想要改变的意愿。但是我们不说出来，对方就不能接收到我们内疚及想改变的信息，他们可能会沉浸在对我们屡教不改的失望中。也许很久之后，他们会看到你的变化，但他们可能还不知道促使你改变的原因。

我们向对方表达悔改之心时，也可以真诚地告诉对方，有的改变对自己来说是困难的，可能自己无法一下子就改好，但是真的愿意去改变，希望他们对我们能有耐心。当他们知道我们愿意做出改变，便会感受到道歉的真诚，因而就会原谅我们，而不需要等到改变真正发生之后。

3.5 请求原谅

在整个道歉过程中，这是最容易忽视的部分。很多人在表达歉意后，觉得自己竭尽全力了，就顺其自然地等待结果的出现。但除了被动地等待结果，道歉一方还可以做得更多，比如主动请求原谅。

通常，我们总是习惯性地忽视请求原谅的重要性。在大众的思维中，道歉是有求于人，第一步就请求原谅太过冒失，容易适得其反，很难显得有诚意。但是，在表达歉意和承认错误之后，在恰当的时机提出这种请求，正好可以体现自己修复关系的诚意。当然，请求原谅的前提是认识到自己的错误，在言语上表达歉意，行为上做出改变。

道歉是一门生活中的学问，每个人都可以很好地掌握其中的要领，灵活运用。每一种语言都很重要，但对个人来说，每个人都有自己偏好的道歉语言，其中一两种语言在沟通中会比其他的更有效。听到自己喜爱的道歉语言，更容易消除隔阂，拉近心理距离。说出对方偏爱的道歉语言，会更容易获得原谅。相反，用对方不偏爱的道歉语言，对方会很难判断你的道歉是否真诚，可能无法获得你期望的回应。了解别人偏爱的道歉语言，对冲突后的关系修复具有很大的作用。

想一想，自己在接受道歉时，最希望听到什么内容。一句简单的“对不起”是否已足够？是否需要承认过失，是否需要弥补过失，是否需要改变行为习惯，是否需要主动请求谅解，这些都因人因事而异。每个人都有自己偏好的道歉方式，对不同的人道歉时，同一种表达的作用并不相同。人际沟通的过程中，知道别人偏爱的道歉语言会让沟通更有效，对关系的维系也大有裨益。

4.双赢方法

4.1 双赢的界定

人际冲突的具体表现形式可能有无数种，但依据冲突的理论模型，解决冲突的方式却是相对有限的。托马斯从自负和合作性两个维度，将人际冲突处理模式划分为五种类型：(1)竞争，双方只都考虑自己的利益，争夺资源或权力；(2)逃避，对冲突抱悲观的态度，不考虑别人的利益，也不关心自己的得失，不直面冲突；(3)退让，牺牲自己的利益以满足对方的要求，换取人际关系的和谐；(4)折中，双方做出让步，各自牺牲一部分利益，让双方的目标都能得到部分满足；(5)合作，双方为了解决冲突共同努力，考虑双方的利益，实现共赢。

双赢是一种更具建设性的处理冲突的方法。双赢的最终目的是找到让冲突双方都满意的解决之道，将双方的利益都考虑在内，调动了双方解决冲突的积极性，不再聚焦于各自的得失，而是聚焦于问题的解决，这是双赢方法的优势之一。双赢创设了一种情境，冲突各方集中精力，共同参与问题解决。在合作过程中，不再仅仅围绕“我的得失如何”，也不是一味考虑对方的立场而做出牺牲，双方的平等是其基本前提。

4.2 双赢的冲突处理模式

双赢的方法显然需要更多的冷静与思考，这让开始试着用双赢的方法解决冲突的人们感到有些困难，但当人们熟悉并已灵活掌握这种方法后，就可以运用该方法在人际交往中更为理性地解决冲突，给人际交往带来很大的益处。沟通是相互的，人际交往也是相互的，一方咄咄逼人，另一方自然难以平心静气；如果一方主动采取建设性的冲突处理方法，也就为双赢的实现打开了大门。那双赢这种建设性的冲突处理方式究竟是怎样实现的呢？研究人际关系的学者曾对具体的步骤进行过研究，把处理冲突的步骤分为确认问题、确认双方的需求、考虑双方的观点、探讨具体方法并实施、检验效果等步骤。

4.2.1 明确自己的问题和需要

发现冲突的具体来源，可以更加清晰地认识到各方的需求，解决冲突的方向才会更明确。在双赢的冲突处理模式中，首先要对自己的需求做一个分析，明确你的需求是内容维度上的还是关系维度上的。同时，你还必须明确这样一点，即引起冲突的问题都是“你的问题”，是你觉得室友在寝室唱歌打扰你学习，是“你”认为和合伙人在利润分配上不公平，而你的室友或者合伙人可能不认为在这些方面存在任何问题。带着这是解决“你的问题”的态度来处理冲突，沟通的立场和语言可能就会有很大不同。

在明确自己的问题和需要后，我们就需要找到合适的时机进入处理冲突的沟通过程。这一点很重要，有些冲突其实只要沟通清楚就能很好地解决，但因为沟通的时机没选好，冲突对象没有平静下来或没有做好沟通的准备，那么本来可以解决的问题可能就会以争吵结束。所以，在你确定问题后希望能与对方进行沟通时，试着向对方确认现在是否是适合解决问题的时机。如果对方同意，那就可以进入沟通过程；如果对方认为现在的时间不适合，那双方就再商定一个确切的、适合的时间。

4.2.2 描述自己的问题和需要

冲突发生的根源是我们的某些需求因为对方的阻挠得不到满足，为了更好地处理冲突，我们不仅要明确自己的问题和需要，还应该让对方了解我们的问题和需要，这样为解决冲突而进行的沟通才会明确而富有成效。

如果不把我们的需求说出来，对方可能仅仅对冲突的表面问题做出回应，而忽略我们真正的需求。例如，妻子抱怨最近一段时间辛苦做好了菜，丈夫却没按时回到家。表面上她似乎在抱怨自己辛苦做的饭菜丈夫没有珍惜，但她真正的需求是希望与丈夫能有更多相处的时间。如果妻子在与丈夫的沟通中，只是一味地表达对于丈夫没有按时回家吃饭的抱怨，丈夫就可能会感到委屈，自己是为了赚钱养家才这样拼命工作的，自己也很不想晚回家。所以在沟通中，我们应该准确地描述自己的问题和需要，并且要确定对方了解你所说的内容。

当然，怎样描述自己的需要以使对方更清楚地接收到你的信息，以及怎样验证对方是否真的了解你的意思，都是需要注意的。用描述性的语言说出你的感受、问题与需求，而不是情绪性的或评价性的，会更容易被对方倾听并接受。

4.2.3 考虑对方的观点

沟通是一个人际互动过程，双方平等地参与其中。双赢这种冲突处理模式的最终目的就是找到一种满足彼此的需求的方式，在我们表达自己的需要之后，考虑别人的需求也是不可或缺的。除了达到沟通的公平性，考虑对方的观点也有利于双赢的实现。当对方在沟通中看到自己的需求被关注、被尊重，积极性就会更高，在处理冲突中的配合度也会更高。当然，考虑对方的观点之前，你需要确认自己确实理解了对方想要表达的意思。

4.2.4 讨论解决方法

各方的需求已经得到明晰，接下来就应该着手确定方法，即找到一个切实可行的方法满足双方的需要。首先集思广益，写出所有具有可行性的方案，尽可能多地提出意见和想法。之后需要对这些方案进行评估，在这个过程中，需要每一方都表达出关于这些方案的真实意见，直到找到一个似乎能让参与者都满意的方案。这里的“似乎”表达的含义是，这是一个可修改、可变化的灵活方案，因为在方案真正实行的过程中，可能会有新的因素需要进行考虑。方案的可行性与有效性是确保双赢实现的关键。

4.2.5 检验方案的效果

方案实施后，考察方案的效果也是必不可少的，这是后续行动的基础和前提。如果双赢的解决方法效果不理想，就需要从全局考虑方案的内容，找到导致失败的步骤。必要时需要重新思考，甚至重新制订解订方案，直到获得参与者都满意的沟通结果。

但是在现实生活中，人们解决人际冲突时，会不会把双赢策略时时列为首选？答案不言而喻，这是不可能也是不必要的。双赢需要理性地参与，需要对事件进行精细的分析，需要找到一种让双方都满意的方案，这意味着达到双赢需要的时间、精力往往会更多。同时，人们在选择应对冲突的方式时，会去衡量这段关系是否值得付出努力去寻求解决之道，而且在某些情境中双赢是很难达到的。

5.重视冲突的情境

在处理冲突的过程中，使用哪种冲突处理模式有时并不取决于处理模式本身的优劣，而是取决于冲突的情境。我们在生活中也有这样的体会。举一个例子。“囚徒困境”讲述的是一个有关博弈的故事，两名嫌疑犯作案后被警方抓获，警方分别审理两人。警察分别告诉他们，如果两人都否认有罪，各判刑一年；如果只有一人否认，则否认者被判十年，坦白者被释放；如果双方都坦白，则各判八年。显然，在这个例子当中，最好的方法就是合作，双方都否认有罪，这样就只各判刑一年。但实际的结果却并不是这样，两个嫌疑犯都选择坦白，都被判了八年。这是因为不管同伙选择什么，每个囚徒的最优选择是坦白。如果同伙否认有罪，而自己坦白的话就能得到释放，不坦白的话判一年；如果同伙坦白，自己也坦白的话判八年，而不坦白就会判十年。为什么明明在可能双赢的情况下，人们却选择放弃合作？这是因为参与者不确定对方选择某一选项的概率，于是倾向于理智地分析，试图寻找一个“不败”的选项，即无论对方选择什么，自己都能立于不败之地，虽然这个可能不是最优，但却是最“安全”的选择。“囚徒困境”为我们展示了情境因素对人们选择冲突处理模式的影响。冲突的应对方式必须和具体情境相匹配，每一种应对方式都有其应用范围。当然这并没有否认双赢这种冲突处理模式本身的建设性。

前文已经提到过冲突的应对方式可分为五种：竞争、逃避、退让、妥协、合作，这里的合作就是指双赢。合作的冲突互动方式更有建设性，但不是说其他的互动方式都是不好的。例如，逃避实质上并未解决冲突，冲突各方之间的矛盾并未消除。然而逃避问题，不主动解决冲突，在一些情况下也是可取的。例如，当冲突涉及的主题并不重要，或解决冲突的代价太高时，退让会产生一输一赢的局面。如果这段人际关系对自己很重要，在争执中人们就会更容易做出让步，让关系得以维系。另外，如果冲突主题对对方更加重要，对自己意义不大时，输赢已不再重要，做出让步也更容易。

总之，每一种互动方式都有它适应的冲突情境，选择哪种冲突应对方式取决于冲突者对关系的评价、冲突的情境以及冲突者的目标等，不存在唯一正确的解决冲突的方法。

复习巩固

1.哪些行为容易诱发沟通中的冲突?
2.如何建设性地解决沟通中的冲突?

本章小结

沟通中的冲突是两个或两个以上相互依赖的个体之间,感到彼此的目标不相匹配、资源的不足以及彼此的行为对对方达成目标产生干扰的时候,所表现出来的明确的斗争。明确表达出来的斗争、彼此间的相互依赖、感到目标的不匹配、感到资源的不足和来自对方的阻挠,构成了沟通中冲突的关键要素。同时,冲突包括内容维度、关系维度和程序维度三个维度。

冲突在沟通中是自然而然出现的,是有利有弊的。冲突会使身心紧张、影响我们的生活,严重的甚至能导致战争,但是,冲突也能使我们发现生活中的问题,如果能良好地解决冲突,冲突反而会给我们带来益处。心理学的研究已经证明,冲突本身不是问题,回避冲突才是问题。

四种行为类型特别容易在沟通中诱发冲突:(1)抱怨、批评、蔑视;(2)防卫;(3)筑墙;(4)负面诠释。在沟通中从有利于人际关系的维系和发展的角度建设性地解决冲突,则需要我们避免心理防卫、自信应对批评、勇于道歉、采用双赢方法并重视冲突的情境。

本章关键词语

冲突　冲突的特征　冲突的维度　冲突的性质　诱发冲突的行为　道歉的五种语言　冲突的处理模式

章后练习

1.下列哪个选项不属于冲突的维度?(　　)

A.强度维度　　B.内容维度　　C.关系维度　　D.程序维度

2.下列哪些是本书中提到的亲密关系的四大“爱情超级终结者”?(　　)

A.打岔　B. 筑墙　C. 批评　D.负面诠释　E.防卫　F.争吵

3.防卫的表现有哪些?(　　)

A.不肯承担责任,不会道歉,把过错推给别人,喜欢使自己扮演无辜角色,使对方不知不觉扮演迫害者角色

B.看不到伴侣的有理之处,只急着指出对方的错误

C.一面保护自己，一面猛攻对方之弱点

D.用怀疑或恶意的眼光揣测对方的行为和态度

4.下列哪些属于防卫的类型？（　　）

A.回避　　B.打岔　　C.反击　　D.找理由

5.与防卫行为评价性沟通相对立的支持性沟通是下列哪项？（　　）

A.问题导向沟通　B.同理心　　C.协商　　D.描述式沟通

6.下列哪项属于问题导向的沟通？（　　）

A.这份任务按这样的安排进行是最合适的

B.今天的晚餐我已经定好餐厅了，我们就在那里吃

C.因为发现一些问题，一会儿我们可以对任务细节再商量一下吗

D.你最好在我回来之前把家里打扫干净

7.下列哪些属于筑墙的表现？（　　）

A.打岔，提出新的话题，企图转移对方的注意力

B.频频点头，用敷衍的态度应付对方的提问，希望对方尽快满意停止交谈

C.假装有事，离开现场

D.不回答，不正视对方，不给予对方回应

8.下列哪些是文中提到的建设性地解决冲突的技巧？（　　）

A.避免心理防卫　　B.应对批评　　C.勇于道歉　　D.倾听　　E.双赢

9.下列哪个不属于亲密关系中存在的辩证张力？（　　）

A. 独立与亲密　　B.公开与隐私　　C.稳定与新奇　　D.讨好与批评

10.研究者托马斯根据自负和合作性两个维度，将人际冲突处理模式划分为哪几种类型？（　　）

A.竞争　B.逃避　C.退让　D.折中　E.合作　F.争论　G.拒绝

11.下列哪些选项属于道歉的艺术？（　　）

A.表达歉意　　B.承认过错　　C.弥补过失　　D.真诚悔改　　E.请求原谅

12.双赢方法的具体步骤包括以下哪几个方面？（　　）

A. 明确自己的问题和需要

B. 描述自己的问题与需要

C. 考虑对方的观点

D. 讨论解决方法

E. 检验方案效果

13.辨析：冲突是不是一定会带来不好的结果？

14.辨析：双赢是处理冲突最好的选择。

附录一　参考答案

第一章

第一节　节后复习巩固

1.沟通对我们的生理和心理健康具有重要的作用，还是良好人际交往的基础，是自我认同与自我成长的途径，是事业成功的得力助手。

2.通常整个沟通过程由七个要素组成，包括信息源、信息、通道、信息接收者、反馈、障碍和背景。

3.人际沟通的主要类型包括：语词沟通和非语词沟通、口语沟通和书面沟通、有意沟通和无意沟通、正式沟通与非正式沟通、个人内沟通和人际沟通。

第二节　节后复习巩固

1.沟通中常见的误区：一是没有考虑到每个人对问题的看法不同；二是过分看重对等。常见的困惑包括沟通中是否应无条件赞同对方、是否需要不断让步和是否等对方先主动。

2.摆脱偏见、持开放态度、放弃对等、不受意见不一的影响、认识到让步不是必须，积极主动地参与沟通，能帮助我们进行良好的沟通。

3.沟通的基本准则包括保持理智与情感的平衡，试图理解对方，做决定之前征求和倾听对方的意见，让人信赖，不强迫，接受他人。

章后练习题

1. B C　2. A B C D　3. A　4. B　5. A B C D　6. A B C D　7. A B C D E F　8. A B C D　9. 说话是个人或群体之间仅仅将信息进行了传递，而仅仅是信息的传递并不能称之为沟通。10. “相互之间不说话”并不意味着关系已经破裂；“无所不谈”也并不表明双方关系很亲密。良好沟通不必以良好友谊为前提。

第二章

第一节　节后复习巩固

1. 人际知觉对沟通的影响一是体现在投射效应上，二是体现在渗入人际知觉的情感因素上。

2. 人际知觉中对沟通容易产生影响的典型心理效应包括首因效应、近因效应、晕轮效应、知觉定式、自我中心和情绪效应。

3. 枕头法有5个基本的步骤,包括:(1)立场一:我对你错;(2)立场二:我错你对;(3)立场三:双方都对,但双方也都有错;(4)立场四:这个问题不重要;(5)结论:四个立场都有道理。

第二节 节后复习巩固

1. 自我概念是由反映评价、社会比较和自我感觉三部分构成。自我概念具有自我引导、自我解释、自我期望和自我归因的作用。

2. 自我表露的益处包括增加自我认知与自我认同、维持和加强亲密关系、情绪宣泄和促进交流。自我表露有时也是有风险的。我们可能会被拒绝。当你透露了一些别人不知道的事情,可能这些信息会导致他人对你的反感。

3. 自信的沟通是以直接、坚定、积极甚至在必要时以坚持的态度进行真诚自在的表达,并且在这种表达中重视促进人际关系平等、维护自己的利益和行使自己的权利的同时不践踏他人的权利进行沟通为特点的。

章后练习题

1.C 2.A 3.D 4.D 5.A B C 6.A B C D 7.A C E 8.B 9.A B C D 10.A B E 11.A B C D E 12.D 13. 错。知觉定式既有积极的一面,也有消极的一面。积极的一面表现为可以简化认知过程,提高认知效率。消极的一面表现为知觉定式往往有偏差,容易产生先入为主的错误。

第三章

第一节 节后复习巩固

1. 倾听包含需要全身心投入关注别人的讲话内容、对听到的信息进行重组和处理的是口头的信息。

2. 根据HURIER模型,倾听包含听、理解、记忆、解释、评价和回应6个阶段,这6个阶段在倾听过程中没有严格的先后顺序,但通常都包含在倾听过程中。

3. 根据倾听的目的,可以划分为咨询性倾听、批判性倾听和设身处地的倾听。

4. 根据倾听的方式,可以划分为他人导向型、行动导向型、内容导向型和时间导向型四种类型的倾听。

第二节 节后复习巩固

1. 倾听中常见的障碍有比较、猜测心思、演练、选择性倾听、评判、注意力分散、感同身受、劝告、争辩、自以为是、打岔和安抚。

2. 常见的导致无效倾听的原因包括噪音和不良身体状况、信息量过大、思维速度、努力程度、认知因素、缺乏训练和媒体的影响。

3. 有效倾听的核心主要是把握两个层面的内容:(1)全面收集信息;(2)适时作出恰当的反应。

章后练习题

1. B　2. C　3. B　4. A　5. C　6. C　7. B　8. A　9. A　10. A

第四章

第一节　节后复习巩固

1. 语言是用来进行意义交流的符号,是长期交流中形成的规则系统。

2.语言对沟通的影响可以体现在以下几个方面:(1)语言会影响会话的权利形态;(2)不同的人称代词能蕴含不同的含义。

3.语言沟通中使用人称代词的基本原则是:使用"我"字的语言没有反映出自私、自夸,使用"你"字不应掺杂对他人的评判而应是赞美、关怀,使用"我们"的语言包含他人而非代表他人。

第二节　节后复习巩固

1. 语言沟通包含四个方面的内容:感知到的、想到的、感受到的、所需要的。

2. 影响语言清晰表达的因素有信息混淆、模棱两可、暗示、越界。

3. 清晰有效完整地表达和注意说话的用词能帮助我们改善语言的应用。

第三节　节后复习巩固

1. 肯定性沟通是给沟通对象传递有价值的沟通,表达的是对他人的赞赏与尊重。重视表达、承认和赞同对方能促进肯定性沟通。

2. 在沟通中及时给予对方赞许和肯定、使用疑问句来替代祈使句、开门见山和延迟回复都能在一定程度上给沟通对象保留面子。

3. 语言说服可以采用锚定、利用登门槛效应、互惠、社会确认等方式。

4. 语言的滥用包括说谎和冒犯性语言。

章后练习题

1.A B C D　2. D　3. D　4. A　5. B　6. D

判断辨析题 1. 对　2. 错。说谎只须具备信息的传递者知道信息是虚假的、信息的传递者必须有意识地传递信息和信息的传递者必须是企图让接受者相信所传递的内容这三个方面的要素,而说谎者本身作为信息的传递者是不可能相信一个并不真实的谎言的。

第五章

第一节　节后复习巩固

1. 非语言信息在沟通中可以传递信息、传递人与人之间个人关系的信号和有自我保护的作用。

2. 非语言交流有形象直观、行为动作丰富多样、同时具有确定和不确定两个方面的特征，这些特点使其在沟通中扮演独特的角色。

3. 社会文化差异、性别和个性对非语言交流有显著的影响。

4. 非语言交流是无意识的、具有原始性与自发性，因此传递的信息很难与内心违背，因此具有确定性的一面；但是，非语言信息传递的信息也容易被误判，同一种动作姿势，在不同的社会文化背景下可能代表不同的内涵与意义，这些因素又体现了非语言交流的不确定。

第二节　节后复习巩固

1. 肢体语言包括眼神、面部微表情和肢体动作等。

2. 距离、话题、人际关系、个性、戴墨镜或者反光镜等会影响眼神交流。

章后练习题

1.A B D　2.A B C D　3.A B C D　4.A　5.A B C D　6.A　7.A B C D　8.A B C D E　9.B　10.A B C D　11.C　12.D

13. 这是错误的。非语言特征的确能准确地传递一些内心隐秘的心理，但非语言特征在不同文化、不同情境中也会有不同的解读。这些因素也会使非语言沟通变得不清晰。

第六章

第一节　节后复习巩固

1.男女两性沟通模式的差异主要体现在三个方面：(1)男性比女性更倾向于采用权力型的说话方式；(2)在谈话中男性倾向于解决问题，而女性则倾向于表达情绪；(3)男性倾向于工具性谈话，女性倾向于表意性谈话。

2.与男性对话时，需要优先注意：(1)注意身份地位，尊重独立性；(2)明确立场，关注事实，将注意力集中于要解决的问题上；(3)表达尊重。

3.与女性对话时，需要优先注意：(1)建立联系，避免对方孤独、被排斥；(2)共情倾听，关注情绪；(3)时常表示关怀，保障安全感。

第二节　节后复习巩固

1.根据霍夫斯塔德的理论，不同文化的人的价值观差异体现在权力距离、个人主义和集体主义、男性价值还是女性价值、不确定性规避这几个方面。

2.语言因素、沟通风格、非语言因素、民族中心主义、思维模式等方面都容易导致跨文化沟通的不顺畅。

章后练习题

1. D 2.D 3.B 4.C 5.C 6.B 7.A 8.B 9.D 10.C

第七章

第一节 节后复习巩固

1. 依据情绪的性质，情绪分为基本情绪和复杂情绪；依据情绪状态，情绪可分为心境、激情与应激。

2. 美国心理学家伊扎德认为，情绪包括生理层面上的生理唤醒、认知层面上的主观体验、表达层面上的外部行为。当情绪产生时，这三个层面共同活动，构成一个完整的情绪体验过程。

3.情绪对沟通的影响主要体现在两个方面：情绪上的感染力能决定沟通的效率与影响的力度、强烈情绪对沟通和人际关系有不良影响。

第二节 节后复习巩固

1.性别、社会习俗、情绪智力、个性以及父母的教养方式等，都会影响情绪的表达。

2.在沟通中表达情绪，需要我们首先辨认情绪、能够区分情绪与行为，然后学会用语言来表达情绪，同时也要学会尊重和接纳他人的情绪。

第三节 节后复习巩固

1.认为情绪管理就是要发泄情绪、消除负面情绪或者压抑自己的情绪是情绪管理中常见的误区。

2. 情绪的ABC理论是美国著名心理学家阿尔伯特·艾利斯于20世纪50年代提出的用于解释人的情绪来源的理论。该理论认为，人们的情绪及行为反应与人们对事物的想法、看法有关。激发事件A(activating event的第一个英文字母)只是引发情绪和行为后果C(consequence的第一个英文字母)的间接原因，而引起C的直接原因则是个体对激发事件A的认知和评价而产生的信念B(belief的第一个英文字母)。

3.认知绝对化、过度推论和灾难性自我预言都容易在认知上诱发我们的无助益情绪。

4.理解和谈论情绪、用积极与理性的视角看待消极事件、保持乐观的态度有助于我们有效地管理情绪。

章后练习题

1.D 2.B 3.BCD 4.C 5.B 6.B 7.D 8.D 9.B 10.B A C 11.B 12.B 13.C 14.D 15.B

第八章

第一节　节后复习巩固

1. 人际冲突所具备的关键要素：明确表达出来的斗争、彼此间的相互依赖、感到目标的不匹配、感到资源的不足和来自对方的阻挠。

2.冲突的内容维度即发生的冲突是围绕什么事件展开的，引起它的主题是什么；关系维度聚焦在双方对彼此关系所产生的认知和情绪上；程序维度是指我们在处理冲突时希望采用的规则与程序。

3.冲突是自然产生的、是有利有弊的，回避冲突对沟通有严重的不良后果。

第二节　节后复习巩固

1.四类行为特别容易引发沟通中的冲突：(1)抱怨、批评、蔑视；(2)防卫；(3)筑墙；(4)负面诠释。

2.建设性地解决沟通中的冲突，需要避免心理防卫、自信面对批评、学会道歉、在沟通中建设性的采用双赢的方法，并重视冲突所在情境。

章后练习题

1.A　2.B C D E　3.A B C　4. A C D　5.D　6.C　7. A B D　8.A B C E　9.D　10.A B C D E　11.A B C D E　12.A B C D E

13. 不一定。冲突带来的结果好坏不取决于冲突本身，而是处理冲突的方式。当采取建设性的冲突应对方式，可能会获得持续性的收益。

14. 不一定。双赢在很多情况下会是一种处理冲突的好方法。但在选择哪种处理冲突的方式上会受到具体情境的影响。

附录二　参考文献

中文文献

[1]阿黛尔·法伯，伊莱恩·伊莱恩·玛兹丽施. 如何说孩子才会听，怎么听孩子才肯说. 安燕玲译. 北京：中央编译出版社，2007.

[2]鲍登. 看懂肢体语言. 王笑笑译. 北京：中国人民大学出版社，2013.

[3]宝贡敏，汪洁. 人际冲突理论研究评述 .技术经济，2007，26(11)，12-16.

[4]宝贡敏，卓嘉. 冲突处理模式的维度划分与测量. 浙江大学学报(人文社会科学版)，2008，38(4)，136－145.

[5]彼得·卡雷特. 体态秘语——肢体语言手册. 季广茂，邱娟，丁洁如译. 北京：首都师范大学出版社，2010.

[6]常乐. 高效沟通. 北京：中国华侨出版社，2004.

[7]代安娜，侯巍巍. 沟通的艺术——男人女人这样交流最有效. 北京：中国铁道出版社，2011.

[8]戴尔·卡内基. 有效沟通的艺术. 曹景龙译. 北京：北京理工大学出版社，2010.

[9]戴健林，王乐伟. 人际冲突：理论模型与化解方式的研究.华南师范大学学报(社会科学版)，2008，6，110-116.

[10]戴维斯，艾舍尔曼，麦凯. 放松和减压手册(第1版). 宋苏晨译. 南京：译林出版社，2010.

[11]德博拉·坦嫩. 男女亲密对话. 吴幸宜译. 海口：南方出版社，2008.

[12]德斯蒙德·莫里斯. 看人：肢体语言导读. 刘文荣译. 上海：文汇出版社，2008.

[13]盖瑞·查普曼，詹妮弗·托马斯. 道歉的五种语言. 吕海霞译. 北京：中国电影出版社，2007.

[14]F.菲利浦·赖斯，金·盖尔·多金著. 青春期：发展，关系和文化(第11版). 陆洋，林磊，陈菲译. 上海：上海人民出版社，2009.

[15]黄曬莉. 华人人际和谐与冲突. 重庆：重庆大学出版社，2007.

[16]黄维仁. 活在爱中的秘诀. 北京：中国轻工业出版社，2010.

[17]黄希庭. 心理学导论. 北京：人民教育出版社，2007.

[18]贾毓婷. 我的第一堂情绪管理课. 北京：科学技术文献出版社，2011.

[19]凯文·霍根. 说服——透视沟通和说服心理的学问. 苏静，颜雷声译. 北京：中国劳动社会保障出版社，2004.

[20]科里·弗洛伊德. 沟通的力量——成功人际交往的12法. 李育辉译. 北京：机械工业出版社，2011.

[21]雷斯·吉卜林. 人性的力量——如何自信而有效地与人沟通. 邱宏译. 北京：中国发展出版社，2009.

[22]李博克. 社交肢体语言揭秘. 北京：金盾出版社，2010.

[23]利奥波德·贝拉克，萨姆·辛克莱尔·贝克. 解读面孔. 蔡曙光译. 北京：社会科学文献出版社，2008.

[24]林菁. 皮亚杰的儿童“自我中心”理论述评 [J]. 学前教育研究，2001，1，23-25.

[25]刘伟. 肢体语言——比说话更有效的沟通技巧. 北京：中国时代经济出版社，2007.

[26]罗伯特·阿尔伯蒂，马歇尔·埃蒙斯. 应该这样表达你自己——自信和平等的沟通技巧. 张毅，谭靖译. 北京：京华出版社，2009.

[27]罗兰·米勒，丹尼尔·珀尔曼. 亲密关系(第5版). 王伟平译. 北京：人民邮电出版社，2011.

[28]罗杰·费希尔，斯科特·布朗. 沟通力. 王燕译. 北京：中信出版社，2012.

[29]罗纳德·B.阿德勒，拉塞尔·F.普罗科特著. 沟通的艺术——看入人里 看出人外(第12版). 黄素菲译. 北京：世界图书出版公司，2010.

[30]玛丽·艾伦·奥图尔，艾丽莎·鲍曼. FBI行为分析学. 吴超译. 南京：江苏文艺出版社，2013.

[31]麦肯·马修等. 沟通的艺术. 严宵扉译. 北京：北京师范大学出版社，2009.

[32]纳瓦罗. FBI教你读心术. 王丽译. 长春：吉林文史出版社，2011.

[33]彭凯平，王伊兰. 跨文化沟通心理学. 北京：北京师范大学出版社，2009.

[34]Robin Dunbar，Louise Barrett & John Lycett. 进化心理学——从猿到人的心灵演化之路. 万美婷译. 北京：中国轻工业出版社，2011.

[35]桑德拉·黑贝尔斯，理查德·威沃尔二世. 有效沟通. 李业昆译. 北京：华夏出版社，2005.

[36]斯蒂芬·P.罗宾斯著. 组织行为学(第七版). 孙建敏，李原等译. 北京：中国人民大学出版社，1997.

[37]宋犀坤. 管理你的情绪. 北京：法律出版社，2011.

[38]苏珊·海特乐. 爱就是彼此珍惜:缔造幸福婚姻的秘诀. 黄维仁改,李淑烟译. 南昌：江西人民出版社，2010.

[39]桶口裕一. 两性幸福沟通——听懂男人心. 袁光译. 北京：中国人民大学出版社，2012.

[40]桶口裕一. 两性幸福沟通——俘获男人心. 周艳译. 北京：中国人民大学出版社，2012.

[41]图塞. 微动作心理学:行为语言学大师教你读懂身体语言. 李伟译. 南京：译林出版社，2013.

[42]王邈. 行为心理学——肢体语言解读与识谎. 北京：化学工业出版社，2013.

[43]维吉尼亚·萨提亚. 萨提亚家庭治疗模式. 聂晶译. 北京：世界图书出版公司北京公司，2007.

[44]维吉尼亚·萨提亚. 新家庭如何塑造人. 易春丽,叶冬梅等译. 北京：世界图书公司北京公司，2006.

[45]欣悦. 妙用肢体语言. 北京：中国纺织出版社，2009.

[46]徐显国. 心的解码. 北京：北京大学出版社，2012.

[47]亚德里安·弗海姆. 体态语言. 张炜凡译. 上海：上海人民出版社，2006.

[48]亚伦·皮斯，芭芭拉·皮斯. 身体语言密码. 王甜甜译. 北京：中国城市出版社，2007.

[49]余世维. 有效沟通. 北京：北京大学出版社，2009.

[50]约翰·阿代尔. 人际沟通. 燕清联合译. 海口：海南出版社，2008.

[51]约瑟夫·P.福加斯. 社会交际心理学——人际行为研究. 张保生，李晖，樊传明译. 北京：中国人民大学出版社，2012.

[52]詹姆斯·W.范德赞登，托马斯·L.克兰德尔，科琳·海恩斯·克兰德尔. 人类发展(第八版). 俞国良，黄峥，樊召锋译. 北京：中国人民大学出版社，2011.

[53]张昊民. 管理沟通. 上海：格致出版社，2008.

[54]张怡筠. 爱情其实很简单. 漓江：漓江出版社，2012.

[55]张怡筠. 幸福其实很简单. 漓江：漓江出版社，2008.

[56]章志光. 社会心理学. 北京：人民教育出版社，1996.

[57]周增文. 肢体语言的心理秘密. 北京：北京工业大学出版社，2008.

英文文献

[1]Adler, R., & Proctor, R. F. Looking out, looking in (13th Revised edition) [M]. California: Wadsworth Publishing Co Inc, 2010.

[2]Barki, H., & Hartwick, J. Conceptualizing the construct of interpersonal conflict [J]. International Journal of Conflict Management, 2004, 15(3), 216-244.

[3]Flioyd, K. Human affection exchange V: Attitudes of the highly affectionate [J]. Communication Quarterly. 2002, 135-152.

[4]Kuhnke, E. Body Language For Dummies [M]. Manhattan: John Wiley & Sons, 2007.

[5]Li, H., Yuan, J. J., & Lin, C. D. The neural mechanism underlying the female advantage in identifying negative emotions: an event—related potential study [J]. Neuroimage, 2008, 40(4), 1921—1929.[6]Melhl, M. R., Vazire, S., Ramirez—Esparza, N., Slatcher, R. B., & Pennebaker, J. W. Are women really more talkative than men? [J]. Science, 2007, 317, 82.

[7]Pondy, L. R. Organizational Conflict: Concepts and Models [J]. Administrative Science Quarterly, 1967, 296—320.

[8]Ross, R. G. & DeWine, S. Assessing the Ross—Dewine Conflict Management Message Style [J]. Management Communication Quarterly, 1988, 1(3), 389—413.

[9]Ting—Toome, S., Gao,G., Yan, Z., Kim, H. S., Lin, S.—L., & Nishid, T. Culture, face maintenance, and styles of handling interpersonal conflict: a study in five cultures [J]. The International Journal of Conflict Management, 1991, 2(4), 275—296.

[10]Thomas, K. W. Conflict and Conflict Management: Reflections and Update [J]. Journal of Organizational Behavior, 1992, 13, 265—274.

[11]Wood, J. A critical responses to Iohn Gray's Mars and Venus portrayals of men and women [J]. Southern communication journals , 2002, 37, 201—210.